Die Bonusregelungen des § 26 Abs. 2 S. 3 des Rundfunkstaatsvertrages

Studien zum deutschen und europäischen Medienrecht

herausgegeben von Dieter Dörr und Udo Fink

mit Unterstützung der Dr. Feldbausch Stiftung

Bd. 18

PETER LANG
Frankfurt am Main · Berlin · Bern · Bruxelles · New York · Oxford · Wien

Sabine Groh

Die Bonusregelungen des § 26 Abs. 2 S. 3 des Rundfunkstaatsvertrages

PETER LANG
Europäischer Verlag der Wissenschaften

Bibliografische Information Der Deutschen Bibliothek
Die Deutsche Bibliothek verzeichnet diese Publikation in der Deutschen Nationalbibliografie; detaillierte bibliografische Daten sind im Internet über <http://dnb.ddb.de> abrufbar.

Zugl.: Mainz, Univ., Diss., 2005

D 77
ISSN 1438-4981
ISBN 3-631-53911-8

www.peterlang.de

Meinen Eltern

Vorwort des Herausgebers

Mit der vorliegenden Abhandlung wendet sich Sabine Groh einer wichtigen Frage im Rahmen der Vorschriften des Rundfunkstaatsvertrages zu, die die Meinungsvielfalt im bundesweit verbreiteten privaten Fernsehen sichern sollen. Der Rundfunkstaatsvertrag hat, um die Meinungsvielfalt im bundesweiten privaten Fernsehen zu sichern bzw. vorherrschende Meinungsmacht in diesem Bereich zu verhindern, seit dem 3. Rundfunkänderungsstaatsvertrag das viel diskutierte Zuschaueranteilsmodell mit einer so genannten Vermutungsregelung eingeführt und dieses im 6. Rundfunkänderungsstaatsvertrag durch eine weitere Vermutungsregelung und zwei Bonusregelungen ergänzt.

Entscheidende Bedeutung in dem gesamten Regelungskomplex kommt den Bonusvorschriften zu, die im 7. Rundfunkänderungsstaatsvertrag nach kürzester Zeit eine erneute Änderung erfahren haben. Hier bringt die Verfasserin Licht in das schwer zu durchschauende Regelungsgestrüpp und zeigt einen Lösungsweg auf, der auch den verfassungsrechtlichen Vorgaben gerecht wird. Logisch und klar nachvollziehbar hat sie ihre Arbeit nach einer kurzen Einleitung in vier Kapitel unterteilt, an die sich eine Zusammenfassung in Thesen anschließt. Das erste Kapitel beleuchtet die Entwicklung des Rundfunksystems in Deutschland. Das zweite Kapitel hat das Verhältnis von Medienrecht und wettbewerbsrechtlicher Fusionskontrolle zum Gegenstand. Das dritte Kapitel beschäftigt sich mit dem eigentlichen Vielfaltssicherungsrecht nach dem Rundfunkstaatsvertrag. Im vierten Kapitel wendet sich die Verfasserin den beiden Bonusregelungen im § 26 Abs. 2 Satz 3 RStV zu.

Die Verfasserin behandelt in ihrer Dissertation die zentralen Fragen der Sicherung der Meinungsvielfalt. Zu begrüßen ist insbesondere, dass sie das komplizierte Zusammenspiel der Bonusregelungen mit den Vermutungsregelungen des § 26 RStV durchschaubar gemacht hat. Ihr ist auch nicht entgangen, warum die Regelungen so gestaltet wurden, wie sie nunmehr im Rundfunkstaatsvertrag zu finden sind. Die Schwächen der Bonusregelungen werden von der Verfasserin genau beschrieben; insbesondere analysiert sie zutreffend, dass die Bonusregelungen im Zusammenspiel dazu führen, den Anwendungsbereich der neuen 25 %-Vermutungsregelung in erheblichem Umfang einzuschränken. Auch der verfassungsrechtliche Hintergrund der Bestimmungen, die die Meinungsvielfalt im privaten Rundfunk betreffen, wird zutreffend aufgezeigt.

Mainz, im Juli 2005

Dieter Dörr

Vorwort der Autorin

Die vorliegende Abhandlung ist die geringfügig überarbeitete Fassung meiner vom Fachbereich Rechts- und Wirtschaftswissenschaften der Johannes Gutenberg-Universität Mainz im Herbst 2004 angenommenen Dissertation.

Obwohl nur mein Name auf dem Einband steht, haben zahlreiche Personen Anteil an dem Gelingen der Arbeit:

Ein besonders herzlicher Dank gebührt meinem Doktorvater, Herrn Prof. Dr. Dieter Dörr für seine Unterstützung von der Themensuche bis zur Veröffentlichung, insbesondere für die Erstattung des Erstgutachtens.

Ebenso möchte ich dem gesamten „Lehrstuhl-Team" danken, insbesondere Frau Elke Kindgen-Bauer sowie Caroline Volkmann und Valerie Schüller. Besonders dankbar bin ich Frau Christine Heer-Reißmann für ihre Unterstützung. Auch Frau Birgit Harz vom Mainzer Medieninstitut danke ich für ihre Hilfe im Rahmen der Veröffentlichung.

Danken möchte ich weiterhin Herrn Prof. Dr. Karl-E. Hain für die zügige Erstattung des Zweitgutachtens sowie Herrn Prof. Dr. Michael Hettinger und Herrn Prof. Dr. Volker Erb, die mich im Rigorosum geprüft haben.

Besonders dankbar bin ich meinen Eltern, Hansgeorg und Lilli Groh, die mir das Studium und die Promotion ermöglicht und in diesem Zusammenhang so manche schwierige Zeit mit mir durchgestanden haben.

Schließlich möchte ich mich bei all denen bedanken, die mir durch ihre persönliche Unterstützung die Energie zum Durchhalten gegeben haben. Danke insbesondere Nello und Nita, Ragi, Beatsch und Hase.

Mainz, im Juni 2005 Sabine Groh

Inhaltsverzeichnis

Abkürzungsverzeichnis

A

a.A.	anderer Ansicht
ABl.	Amtsblatt
ABlEG	Amtsblatt der EG
Abs.	Absatz
a.E.	am Ende
AfP	Archiv für Presserecht (Zeitschrift)
AGF	Arbeitsgemeinschaft Fernsehforschung
ALM	Arbeitsgemeinschaft der Landesmedienanstalten in der Bundesrepublik Deutschland
Alt.	Alternative
AöR	Archiv des öffentlichen Rechts (Zeitschrift)
ARD	Arbeitsgemeinschaft der öffentlich-rechtlichen Rundfunkanstalten Deutschlands
ARD III	Fernsehsender
Art.	Artikel

B

B.	Beschluss
Ba-Wü	Baden-Württemberg
BayMG	Bayerisches Mediengesetz
BK	Bonner Kommentar
BLM	Bayerische Landeszentrale für neue Medien
BV	Bayerische Verfassung
BVerfG	Bundesverfassungsgericht
BVerfGE	Entscheidungen des Bundesverfassungsgerichts
bzgl.	bezüglich
bzw.	beziehungsweise

D

d. h.	das heißt
ders./dies./dass.	derselbe/dieselbe/dasselbe
Diss.	Dissertation
DJT	Deutscher Juristentag

DLM	Direktorenkonferenz der Landesmedienanstalten
DÖV	Die öffentliche Verwaltung (Zeitschrift)
3Sat	Fernsehsender
Drs.	Drucksache
DSF	Fernsehsender
DSZR	Gemeinsame Richtlinie der Landesmedienanstalten über die Sendezeit für unabhängige Dritte - Drittsendezeitrichtlinie
DVBl	Deutsches Verwaltungsblatt (Zeitschrift)

E

ebd.	ebenda
EG	Europäische Gemeinschaft
EGMR	Europäischer Gerichtshof für Menschenrechte
EL	Ergänzungslieferung
EMR	Europäisches Medienrecht
EMRK	Europäische Menschensrechtskonvention
EU	Europäische Union
EuGH	Europäischer Gerichtshof
EuGRZ	Europäische Grundrechtezeitschrift (Zeitschrift)
EuR	Europarecht (Zeitschrift)
EuZW	Europäische Zeitschrift für Wirtschaftsrecht (Zeitschrift)
EWG	Europäische Wirtschaftsgemeinschaft

F

f.	folgend
ff.	fortfolgend
Fn.	Fußnote
FKVO	Funktionskontrollverordnung

G

G	Gutachten
GEZ	Gebühreneinzugszentrale der öffentlich-rechtlichen Rundfunkanstalten in der Bundesrepublik Deutschland
GfK	Gesellschaft für Konsumgüterforschung
GG	Grundgesetz
GWB	Gesetz gegen Wettbewerbsbeschränkungen

H

Habil.	Habilitation
HaBuStR	Handbuch des Staatsrechts der Bundesrepublik Deutschland

Hrsg.	Herausgeber
Hs.	Halbsatz

I

i.R.d.	im Rahmen des
i.S.v.	im Sinne von
i.V.m.	in Verbindung mit

J

JuS	Juristische Schulung (Zeitschrift)
JZ	Juristen Zeitung (Zeitschrift)

K

Kap.	Kapitel
KDLM	Konferenz der Direktoren der Landesmedienanstalten
KEF	Kommission zur Ermittlung des Finanzbedarfs der Rundfunkanstalten
KEK	Kommission zur Ermittlung der Konzentration im Medienbereich
K&R	Kommunikation und Recht (Zeitschrift)

L

LMA	Landesmedienanstalt(en)
LMedG	Landesmediengesetz

M

MMR	MultiMediaRecht (Zeitschrift)
MP	Media Perspektiven (Zeitschrift)
MTV	Fernsehsender
MTV 2 Pop	Fernsehsender

N

NJW	Neue Juristische Wochenschrift (Zeitschrift)
Nr.	Nummer
n-tv	Fernsehsender
NVwZ	Neue Zeitschrift für Verwaltungsrecht (Zeitschrift)
N24	Fernsehsender

P

Plenarprot.	Plenarprotokoll
PRO 7	Fernsehsender

R

Rn.	Randnote
Rspr.	Rechtsprechung
RTL	Fernsehsender
RTL II	Fernsehsender
RStV	Rundfunkstaatsvertrag

S

SAT.1	Fernsehsender
S.	Satz/Seite
s.	siehe
sog.	sogenannt
StR	Das Staatsrecht der Bundesrepublik Deutschland
st. Rspr.	Ständige Rechtsprechung
Super RTL	Fernsehsender

T

TKG	Telekommunikationsgesetz
TV	Television
Tz	Teilziffer

V

vgl.	vergleiche
v.	vom
VwA	Verwaltungsarchiv (Zeitschrift)
VwVfG	Verwaltungsverfahrensgesetz
VOX	Fernsehsender

W

WDR	Westdeutscher Rundfunk

Z

ZeuS	Zeitschrift für Europäische Studien (Zeitschrift)
ZöR	Zeitschrift für öffentliches Recht (Zeitschrift)
ZPO	Zivilprozessordnung
ZUM	Zeitschrift für Urheber- und Medienrecht (Zeitschrift)
ZVS	Zentralstelle für die Vergabe von Studienplätzen

Literaturverzeichnis

(in alphabethischer Reihenfolge)

Alexy, Robert: Theorie der Grundrechte, 2. Auflage, Frankfurt am Main, 1994

Bamberger, Christian: Haftung der Konzentrationswächter gegenüber den LMA, AfP 2000, 131

Berg, Axel: Nizza und die Ergebnisse des Konvents, ZEuS 2003, 353

Berg, Klaus/Kiefer, Marie-Luise: Massenkommunikation I – V. Eine Langzeitstudie zur Mediennutzung und Medienbewertung 1964 – 2000, Baden-Baden 1978, 1982, 1987, 1992, 1996.

–/Ridder, Christa-Maria: Massenkommunikation VI. Eine Langzeitstudie zur Mediennutzung und Medienbewertung 1964 – 2000, Baden-Baden 2002.

Berthoud, Martin: Struktur und Ziele der AGF, in: Zuschaueranteile als Massstab vorherrschender Meinungsmacht, S. 119 ff., Berlin 1999, zit.: Zuschaueranteile

Bethge, Herbert: Freiheit und Gebundenheit der Massenmedien, DVBl. 1983, 369

–: Der Grundrechtsschutz privater Rundfunkveranstalter, NVwZ 1997, 1

Beucher, Klaus/Leyendecker, Ludwig/von Rosenberg, Oliver: Mediengesetze, München 1999, zit.: Beucher/Leyendecker/von Rosenberg

Bohl, Christoph: Konzentrationskontrolle in den Elektronischen Medien, Diss., Baden-Baden 2000

Bork, Reinhard: Geringfügige Unterschreitung des Zuschaueranteils – Betrachtungen zu § 26 Abs. 2 S. 2 RStV, K & R 1998, 183

Bornemann, Roland: Der Sechste Rundfunkänderungsstaatsvertrag – ein Überblick, K & R 2002, 301

–: BVerfG: „ extra radio“, MMR 1998, 415

Braml, Claudia: Das Teleshopping und die Rundfunkfreiheit, Diss., Frankfurt am Main 1999

Bremer, Eckhard: Der Rundfunk in der Verfassungs- und Wirtschaftsordnung Deutschlands, in: Bremer/Esser/Hoffmann, Baden-Baden 1992

Buchwald, Manfred: Mediensymposion Speyer, ZUM 1995, 258

Bullinger, Martin: Elektronische Medien als Marktplatz der Meinungen, AöR 108, 161

Bumke, Ulrich: Kommentierung des § 20 RStV in: Beck'scher Kommentar zum Rundfunkrecht, München 2003, zit.: Beck`scher Kommentar

Callewaert, Johann: Die EMRK und die EU-Grundrechtecharta – Bestandsaufnahme einer Harmonisierung auf halbem Weg, EuGRZ, 2003, 198

Calliess, Christian: Kommentierung von Art. 5 EGV, in: Callies/Ruffert, Kommentar des Vertrages über die Europäische Union und des Vertrages zur Gründung der Europäischen Gemeinschaft – EUV/EGV, 2. Auflage , Neuwied 2002; zit.: Callies/Ruffert

–: Die Charta der Grundrechte der Europäischen Union – Fragen der Konzeption, Kompetenz und Verbindlichkeit, EuZW 2001, 261

Charissé, Peter: Die Rundfunkveranstaltungsfreiheit und das Zulassungsregime der Rundfunk- und Mediengesetze, Diss., Frankfurt am Main 1999

Clausen-Muradian, Elisabeth: Konzentrationskontrolle im privaten Rundfunk – Der neue Rundfunkstaatsvertrag 1997, ZUM 1996, 934

–: Konzentrationstendenzen und Wettbewerb im Bereich des privaten kommerziellen Rundfunks und die Rechtsprobleme staatlicher Rundfunkaufsicht, Diss., Frankfurt am Main 1998, zit.: Clausen-Muradian

Cuntz, Christian F.: Die AGF/GfK-Fernsehforschung als Basis der Ermittlung der Zuschaueranteile durch die KEK nach § 27 des Rundfunkstaatsvertrags oder auch: Wir müssen die Welt nicht neu erfinden!, in: Zuschaueranteile als Maßstab vorherrschender Meinungsmacht, S 123 ff., Berlin 1999, zit.: Zuschaueranteile

Darkow, Michael: Methodische Anmerkungen zum Marktanteilsmodell, in: Medienvielfalt ohne Kontrolle? Vom Bayerischen Medienführerschein zur Kieler Unbedenklichkeit, S. 46 ff., München 1996, zit.: Medienvielfalt ohne Kontrolle

Darschin, Wolfgang/Gerhard, Heinz: Tendenzen im Zuschauerverhalten, MP 2003, 158

Degenhart, Christoph: Zur Novellierung des § 21 RuStV – Diskussionsbeiträge, AfP 1995, 548

–: Kommentierung von Art 5 GG in: Bonner Kommentar zum Grundgesetz, 104. Lieferung, Heidelberg März 2003; zit.: BK

Denninger, Erhard: Staatliche Hilfe zur Grundrechtsausübung, in: Handbuch des Staatsrechts der Bundesrepublik Deutschland, § 113, Heidelberg 1992; zit.: HabuStr, § 113

Dörr, Dieter: Sicherung der Meinungsvielfalt, in: Mainzer Rechtshandbuch der neuen Medien, S. 81 ff., Heidelberg 2003; zit.: Mainzer Rechtshandbuch

–: Das für die Medienkonzentration maßgebliche Verfahrensrecht, in.: Die Sicherung der Meinungsvielfalt, Berlin 1995, S. 331 ff., zit.: Die Sicherung der Meinungsvielfalt

–: Die KEK – ein taugliches Instrument zur Bekämpfung der Medienkonzentration?, MP 1998, 54
–: Maßnahmen zur Vielfaltsicherung gelungen?, MP 1996, 621
–: Medienfreiheit im Binnenmarkt, AfP 2003, 202
–: Rundfunkfreiheit für private Rundfunkanbieter, JuS 2000, 179
–: Unabhängig und Gemeinnützig?, in: ARD-Jahrbuch 2000, Frankfurt 2000
–: Der Einfluss der Judikatur des Bundesverfassungsgerichts auf das Medienrecht, VwA 2001, 149
–: Die Entwicklung des Medienrechts, NJW 1995, 2263
–: Die Entwicklung des Medienrechts, NJW 1997, 1341
–/**Eckl, Judith:** Die Entwicklung des Medienrechts, NJW 1999, 1925
–/**Beucher, Klaus/Eisenbeis, Jochen/Jost, Eberhard:** Die Einflüsse europäischer Entwicklungen auf das Bund-Länder-Verhältnis im Rundfunkwesen, München 1992
–/**Janik, Victor/Zorn, Nicole:** Der Zugang zum digitalen Kabel, Berlin 2002
Eberle, Carl-Eugen: Rundfunkübertragung: Rechtsfragen der Nutzung terrestrischer Rundfunkfrequenzen, Berlin 1989
Ebsen, Christian: Fensterprogramme im Privatrundfunk als Mittel zur Sicherung von Meinungsvielfalt, Diss., Frankfurt am Main 2003
Eichler, Boris: Programmquoten zur Vielfaltsicherung im Rahmen ausgestaltender Rundfunkgesetzgebung, ZUM 1995, 599
Emmerich, Volker: Rundfunk im Wettbewerbsrecht, AfP 1989, 433
Engel, Christoph: Sonderlasten für Fernsehveranstalter mit einem Zuschaueranteil von 10 %, ZUM 2000, 345
–: Die Messung der Fernsehnutzung als Voraussetzung eines Marktanteilsmodells zur Kontrolle der Medienkonzentration, ZUM 1995, 653
–: Medienrechtliche Konzentrationsvorsorge, in: Die Sicherung der Meinungsvielfalt, S. 221 ff., Berlin 1995; zit.: Die Sicherung der Meinungsvielfalt
–: Vorsorge gegen die Konzentration im privaten Rundfunk mit den Mitteln des Rundfunkrechts – eine Analyse von § 21 Rundfunkstaatsvertrag 1991, ZUM 1993, 557
–: Privater Rundfunk vor der Europäischen Menschenrechtskonvention, Habil., Baden Baden 1993
Engels, Stefan: Verfassungsrechtliche Strukturvorgaben für Rundfunkkonzentrationsregelungen, ZUM 1996, 44
Fink, Udo: Wem dient die Rundfunkfreiheit?, DÖV 1992, 805
Fischer, Klemens: Konvent zur Zukunft Europas, Baden-Baden 2003
Flechsig, Norbert: Kommentierung von § 34 RStV in: Beck`scher Kommentar zum Rundfunkrecht, München 2003, zit.: Beck`scher Kommentar

Forsthoff, Ulrich: Kommentierung von Art. 52 EGV in: Grabitz/Hilf, Das Recht der Europäischen Union, 23. Ergänzungslieferung, München 2004, zit.: Grabitz/Hilf

Frowein, Jochen Abr.: Kommentierung von Art. 10 EMRK in Frowein/Peukert, EMRK-Kommentar, 2. Auflage, Kehl, Strassburg, Arlington 1996

Gast, Jan Willem: Die Achtung der Pressefreiheit, in: Nizza, die Grundrechte-Charta und ihre Bedeutung für die Medien in Europa, S. 77 ff., Baden-Baden 2001

Gersdorf, Hubertus: Rundfunkordnungsrecht, in: Mainzer Rechtshandbuch der Neuen Medien, S. 81 ff., Heidelberg 2003, zit.: Mainzer Rechtshandbuch

–: Medienrechtliche Anforderungen an die Veranstaltung privater Vollprogramme unter besonderer Berücksichtigung des Merkmals der Information, ZUM 2002, 106

Giani, Paul Leo: Quoten als juristische Bemessungsgrundlage für den Marktanteil, in: Einschaltquoten, Medienwissenschaftliche und rechtliche Aspekte der Ermittlung von Zuschauermarktanteilen, Kurzstatements, S. 55 ff., München/Berlin 1997, zit.: Einschaltquoten

Gnauck, Jürgen: Plenarprotokoll vom 10.12.2000, BT-Drs. 14/124, S. 11918 ff.

Gounalakis, Georgios: Konvergenz der Medien – Sollte das Recht der Medien harmonisiert werden? Gutachten C für den 64. Deutschen Juristentag, München 2002

Hain, Karl-Eberhard: Vorherrschende Meinungsmacht und Fensterprogramme, AfP 2000, 329

–: Rundfunkfreiheit und Rundfunkordnung, Diss., Baden-Baden 1993

–: Vorherrschende Meinungsmacht i.S.d. § 26 Abs. 1, 2 RStV, MMR 2000, 537

Hartstein, Reinhard/Ring, Wolf-Dieter/Kreile, Johannes/Dörr, Dieter/Stettner, Rupert: Kommentar zum Rundfunkstaatsvertrag, München, Stand: 21. Ergänzungslieferung 2004, zit: Hartstein/Ring/Kreile/Dörr/Stettner

Hasebrink, Uwe: Zur Berücksichtigung medienrelevanter verwandter Märkte bei der Anwendung des Zuschaueranteilsmodells (§ 26 Abs. 2 S. 2 RStV), Kommunikationswissenschaftliches Gutachten für die KEK, Hamburg 2003, zit.: Hasebrink

–: Das Zuschaueranteilsmodell: Herausforderungen durch Pay-TV und Online-Medien, Kommunikationswissenschaftliches Gutachten für die KEK, Hamburg 2001, zit.: Hasebrink Gutachten 2001

Hector, Pascal: Die Charta der Grundrechte der europäischen Union, in: Bröhmer, Wissenschaftliches Kolloquium aus Anlass des 65. Geburtstags von Prof. Dr. Dr. h. c. mult. Georg Ress, S. 180 ff., Baden-Baden 2002, zit.: Grundrechtsschutz

Henle, Victor: Die Position der Landesmedienanstalten zum Verhältnis von Medienrecht und Kartellrecht, in: Konzentrationskontrolle im Rundfunk und wettbewerbliche Fusionskontrolle, S. 59 ff., Berlin 2001, zit.: Konzentrationskontrolle

–: Erfahrungsbericht der Landesmedienanstalten zur Sicherung der Veranstalter- und Beteiligungsvielfalt im bundesweit verbreiteten Rundfunk, in: Die Sicherung der Meinungsvielfalt, S. 9 ff., Berlin 1995, zit.: Die Sicherung der Meinungsvielfalt

Hepach, Stefan: Der Kompetenzrahmen der KEK nach dem Sechsten Rundfunkstaatsvertrag, ZUM 2003, 112

–: Die Kommission zur Ermittlung der Konzentration im Medienbereich: Verselbständigungstendenzen eines Organs unter Berufung auf das rundfunkspezifische Gebot einer effizienten Konzentrationskontrolle?, ZUM 1999, 603

Hermann, Günter: Rundfunkrecht, Rundfunk und Fernsehen in den neuen Medien, München 1994

–: Anmerkung zum Beschluss des Bundesverfassungsgerichts vom 20.2.1998, ZUM 1998, 311

Hess, Wolfgang: Medienkonzentrationsrecht nach dem neuen Rundfunkstaatsvertrag, AfP 1997, 680

–: Medienkartellrecht, AfP 2002, 313

Hesse, Albrecht: Die Organisation des Rundfunks in der Bundesrepublik Deutschland, München 1999

Hieronimy, Ruth: Pluralismus der Medien? in: Nizza, die Grundrechte-Charta und ihre Bedeutung für die Medien in Europa, S. 53 ff., Baden-Baden 2001

Hoffmann-Riem, Wolfgang: Medienfreiheit und der außenplurale Rundfunk, AöR 109, 304

–: Rundfunkrecht neben Wirtschaftsrecht, Baden-Baden 1991

Hoffmeister, Frank: Art. 10 EMRK in der Rechtsprechung des Europäischen Gerichtshofs für Menschenrechte 1994 – 1999, EuGRZ 2000, 358

Isensee, Josef: Grundrechtsvoraussetzungen und Verfassungserwartungen, in: Handbuch des Staatsrechts der Bundesrepublik Deutschland, § 115, Heidelberg 1992, zit.: HabuStr, § 115

Janik, Victor: Kapitulation vor der eingetretenen Konzentration?, AfP 2002, 104

Jarass, Hans. D.: In welcher Weise empfiehlt es sich, die Ordnung des Rundfunks und sein Verhältnis zu anderen Medien – auch unter dem Gesichtspunkt der Harmonisierung – zu regeln?, in: Gutachten G für den 56. DJT, München 1986; zit.: Gutachten G für den 56. DJT

–: Grundrechte als Wertentscheidungen bzw. objektivrechtliche Prinzipien in der Rechtsprechung des Bundesverfassungsgerichts, AöR 110, 363

–/Pieroth, Bodo: Grundgesetz für die Bundesrepublik Deutschland, 5. Auflage, München 2000

Kaase, Max: Welche Aussagen erlauben die Zuschaueranteile über den Einfluss der Fernsehprogramme auf die Meinungsbildung? in: Zuschaueranteile als Massstab vorherrschender Meinungsmacht, S. 17 ff., Berlin 1999, zit.: Zuschaueranteile

KDLM: B. v. 07.11.1998, ZUM 1998, 1054

KEK: Fortschreitende Medienkonzentration im Zeichen der Konvergenz, Berlin 2001, zit.: KEK, 1. Konzentrationsbericht

–: Sicherung der Meinungsvielfalt in Zeiten des Umbruchs, Berlin 2003, zit.: KEK, 2. Konzentrationsbericht

–: 5. Jahresbericht, Potsdam 2002;

–: 6. Jahresbericht, Potsdam 2003;

Kleemann, Dietrich: Die Anwendung der europäischen Fusionskontrolle im Bereich der elektronischen Medien unter besonderer Berücksichtigung von Art. 21 Abs. 3 FKVO, in: Konzentrationskontrolle im Rundfunk und wettbewerbliche Fusionskontrolle, S. 39 ff., Berlin 2001, zit.: Konzentrationskontrolle

Klees, Andreas: Der Vorschlag für eine neue EG-Fusionskontrolle, EuZW 2003, 197

Klingler, Walter/Roters, Gunnar/Zöllner, Oliver (Hrsg.): Fernsehforschung in Deutschland. Themen, Akteure, Methoden. Baden-Baden 1998

–/Roters, Gunnar, Gerhards, Maria (Hrsg): Medienrezeption seit 1945, 2. Auflage, Baden-Baden 1999

Knothe, Matthias: Novellierung des Rundfunkstaatsvertrages, ZUM 1997, 6

–/Lebens, Julia: Rundfunkspezifische Konzentrationskontrolle des Bundeskartellamtes, AfP 2000, 125

Koenig, Christian: Kommentierung von Art. 25 GG in: von Mangoldt/Klein/Starck, Kommentar zum Grundgesetz, München 2000, zit.: von Mangoldt/Klein/Starck

König, Michael/Trafkowski, Armin: Zum Anwendungsbereich der Rundfunkklausel des § 38 Abs. 3 GWB, ZUM 2003, 513

Kreile, Johannes: Die Reform des Rundfunkstaatsvertrages – Neue Wege bei der Vielfaltsicherung im privaten Rundfunk, NJW 1997, 1330

–/Stumpf, Christoph: Das neue „Medienkartellrecht", Die Sicherung der Meinungsvielfalt im novellierten Rundfunkstaatsvertrag, MMR 1998, 192

Kresse, Hermann: Marktöffnung und Pluralitätssicherung, in: Pluralismus, Markt- und Medienkonzentration: Positionen, S. 11 ff., Berlin 1995, zit.: Pluralismus, Markt- und Medienkonzentration

Kuch, Hansjörg: Das Zuschaueranteilsmodell – Grundlage der Sicherung der Meinungsvielfalt im Fernsehen, ZUM 1997, 12

Kübler, Friedrich: Medienkonzentrationskontrolle im Streit, MP 1999, 379

–: Konzentrationskontrolle des bundesweiten Rundfunks, in: Die Sicherung der Meinungsvielfalt, S. 287 ff., Berlin 1995, zit.: Die Sicherung der Meinungsvielfalt

–: Die Konzentration im Medienbereich und ihre Kontrolle, in.: Stern/Prütting, Marktmacht und Konzentrationskontrolle auf dem Fernsehmarkt, S. 7 ff., München 2000, zit.: Stern/Prütting

Langenfeld, Christine: Die Stellung der EMRK im Verfassungsrecht der Bundesrepublik Deutschland, in: Bröhmer, Wissenschaftliches Kolloquium aus Anlass des 65. Geburtstags von Prof. Dr. Dr. h. c. mult. Georg Ress, S. 95 ff., Baden-Baden 2002, zit.: Grundrechtsschutz

Lehr, Gernot: Verfassungs- und verwaltungsrechtliche Fragen der Novellierung der rundfunkrechtlichen Konzentrationskontrolle unter besonderer Berücksichtigung des Zuschaueranteilsmodells, ZUM 1995, 667

–: Quoten als juristische Bemessungsgrundlage für den Marktanteil, in: Einschaltquoten, Medienwissenschaftliche und rechtliche Aspekte der Ermittlung von Zuschauermarktanteilen, Kurzstatements, S. 64 ff., München/Berlin 1997, zit.: Einschaltquoten

–: Juristische Implikationen des Marktanteilsmodells, in: Medienvielfalt ohne Kontrolle? Vom Bayerischen Medienführerschein bis zur Kieler Unbedenklichkeit; S. 56 ff., München 1996, zit.: Medienvielfalt ohne Kontrolle

–: Juristische Implikationen eines Marktanteilsmodells zur Konzentrationskontrolle im Bereich der elektronischen Medien, in: Pluralismus, Markt und Medienkonzentration: Positionen, S. 95 ff., Berlin 1995, zit.: Pluralismus, Markt und Medienkonzentration

Lerche, Peter: Grundrechtlicher Schutzbereich, Grundrechtsprägung, Grundrechtseingriff, Inhalt und Schranken der Freiheitsrechte, in: Handbuch des Staatsrechts der Bundesrepublik Deutschland, § 121, Heidelberg 1992, zit.: HabuStr § 121

Magiera, Siegfried: Die Grundrechte-Charta der Europäischen Union, DÖV 2000, 1017

Mailänder, Peter: Konzentrationskontrolle zur Sicherung von Meinungsvielfalt im privaten Rundfunk, Diss., Baden-Baden 2000

Martinek, Michael: Die Zurechnung von Zuschaueranteilen nach §§ 25 ff. des Rundfunkstaatsvertrages 1996, München/Berlin 1998

Mestmäcker, Ernst-Joachim: Die Anwendung der rundfunkspezifischen Konzentrationskontrolle nach dem Rundfunkstaatsvertrag, in: Konzentrations-

kontrolle im Rundfunk und wettbewerbliche Fusionskontrolle, S. 83 ff., Berlin 2001, zit.: Konzentrationskontrolle
–: Kommentierung von § 35 GWB in: Immenga/Mestmäcker, GWB-Kommentar, München 2001, zit.: Immenga/Mestmäcker
Meyer, Jürgen/Hölscheidt, Sven: Die Europäische Verfassung des Europäischen Konvents, EuZW 2003 S. 613
Möschel, Wernhard: Kommentierung von § 19 GWB in: Immenga/Mestmäcker, GWB-Kommentar, München 2001, zit.: Immenga/Mestmäcker
Monopolkommission: Wettbewerbspolitik in Zeiten des Umbruchs, Hauptgutachten XI., Baden-Baden 1996
Neft, Hans: KEK und KDLM – unorthodoxe Organkonfiguration zur Sicherung der Meinungsvielfalt im Fernsehen, ZUM 1999, 97
–: Meinungsdominanz im Fernsehen – Aufgreifkriterien des neuen § 26 II RStV, ZUM 1998, 458
Ossyra, Markus: Konzentrationskontrolle über private Rundfunkveranstalter, Diss., Frankfurt am Main 1999
Paetow, Klaus: Die Anwendung der Fusionskontrolle des GWB im Bereich der elektronischen Medien, in: Konzentrationskontrolle im Rundfunk und wettbewerbliche Fusionskontrolle, S. 11 ff., Berlin 2001, zit.: Konzentrationskontrolle
Pelny, Stefan: Konzentrationskontrolle für den privaten Rundfunk – Wirksame Sicherung der Meinungsvielfalt durch Konzentrationskontrolle, AfP 1998, 35
Prütting, Hanns: Marktmacht und Konzentrationskontrolle auf dem Fernsehmarkt, S. 1 ff., in: Stern/Prütting, Marktmacht und Konzentrationskontrolle auf dem Fernsehmarkt, München 2000, zit.: Stern/Prütting
–: Die Vermutung vorherrschender Meinungsmacht, S. 115 ff., in: Stern/Prütting, Marktmacht und Konzentrationskontrolle auf dem Fernsehmarkt, München 2000, zit.: Stern/Prütting
Ranacher, Christian: Die Bindung der Mitgliedstaaten an die Gemeinschaftsgrundrechte, ZÖR 2003, 21, 94
Randelzhofer, Albrecht: Kommentierung von Art. 52 EGV, in: Grabitz/Hilf, Das Recht der Europäischen Union, Stand Hauptwerk: 23. Ergänzungslieferung, München 2004, zit.: Grabitz/Hilf
Renck-Laufke, Martha: Probleme der Konzentrationskontrolle im privaten Fernsehen, ZUM 2000, 105
–: Was ist und was kann die KEK?, ZUM 2000, 369
–: Sechster Rundfunkänderungsstaatsvertrag und Medienkonzentration, ZUM 2003, 109
–: Medienrecht gegen die Verfassung, ZUM 1998, 390

Ress, Georg: Verfassungsrechtliche Auswirkungen der Fortentwicklung völkerrechtlicher Verträge, in: Festschrift für Wolfgang Zeidler, S. 1775 ff., Berlin 1987, zit.: Zeidler-Festschrift

Ricker, Reinhart/Schiwy, Peter: Rundfunkverfassungsrecht, München 1997, zit.: Ricker/Schiwy

Ridder, Helmut: Die Zuständigkeit zur Gesetzgebung über den Rundfunk, S. 292 ff. in Zehner: Der Fernsehstreit vor dem Bundesverfassungsgericht, Karlsruhe 1964

Röper, Horst: Formationen deutscher Medienmultis 2002, MP 2003, 406

–: Formationen deutscher Medienmultis 2003, MP 2004, 54

Rossen, Helge: Freie Meinungsbildung durch den Rundfunk, Diss., Baden-Baden 1988

Rossen-Stadtfeld, Helge: Kommentierung von § 25 RStV, in: Beck`scher Kommentar zum Rundfunkrecht, München 2003, zit.: Beck`scher Kommentar

Ruck, Silke: Zur Unterscheidung von Ausgestaltungs- und Schrankengesetzen im Bereich der Rundfunkfreiheit, AöR 117, 543

Schardt, Andreas: Quoten als juristische Bemessungsgrundlage für den Marktanteil, in: Einschaltquoten, Medienwissenschaftliche und rechtliche Aspekte der Ermittlung von Zuschauermarktanteilen, Kurzstatements, S. 72 ff., München/Berlin 1997, zit.: Einschaltquoten

Schenk, Michael: Medienwirkungsforschung, 2. Auflage, Tübingen 2002

Scheuch, Erwin: Eine Bewertung des Marktanteilsmodells aus kommunikationswissenschaftlicher Sicht, S. 133 ff., in: Stern/Prütting, Marktmacht und Konzentrationskontrolle auf dem Fernsehmarkt, München 2000, zit.: Stern/Prütting

Scheuner, Ulrich: Die Zuständigkeit des Bundes im Bereich des Rundfunks, S. 314 ff., in: Zehner, Der Fernsehstreit vor dem Bundesverfassungsgericht, Karlsruhe 1964

Schlette, Volker: Die Einrichtung eines Fensterprogramms gemäß §§ 26 V, 31 Rundfunkstaatsvertrag als Mittel der Vielfaltsicherung im privaten Fernsehen, ZUM 1999, 802

Schmitt Glaeser, Walter: Die Rundfunkfreiheit in der Rechtsprechung des Bundesverfassungsgerichts, AöR 112, 215

Schmittmann, Michael: Europäischer Verfassungsentwurf von Thessaloniki und die Medien, AfP 2003, 313

Schoch, Friedrich: Konvergenz der Medien – Sollte das Recht der Medien harmonisiert werden?, JZ 2002, 798

Schuler-Harms, Margarete: Kommentierung von § 35 RStV, in: Beck`scher Kommentar zum Rundfunkrecht, München 2003, zit.: Beck`scher Kommentar

Schulze-Fielitz, Helmut: Kommentierung von Art. 5 GG, in: Dreier, Hans, Grundgesetz, Kommentar, Tübingen 1996

Schwarze, Jürgen: Die Medien in der europäischen Verfassungsreform, AfP 2003, 209

–: Ein pragmatischer Verfassungsentwurf – Analyse und Bewertung des vom Europäischen Verfassungskonvent vorgelegten Entwurfs eines Vertrages über eine Verfassung in Europa, EuR 2003, 535

–: Europäische Verfassungsperspektiven nach Nizza, NJW 2002, 993

Spindler, Gerald: Referat M für den 64. Deutschen Juristentag, München 2002

Starck, Christian: Kommentierung von Art. 5 GG in: von Mangoldt/Klein/Starck, Kommentar zum Grundgesetz, München 2000, zit.: von Mangoldt/Klein/Starck

Stern, Klaus: § 69, Die objektiv-rechtlichen Grundrechtsgehalte, in: Das Staatsrecht der Bundesrepublik Deutschland, 2. Auflage, München 1984; zit.: Stern, StR

–: § 73, Die Bindung der Gesetzgebung, in: Das Staatsrecht der Bundesrepublik Deutschland, 2. Auflage, München 1984, zit.: Stern, StR

–: Idee und Elemente eines Systems der Grundrechte, in: Handbuch des Staatsrechts der Bundesrepublik Deutschland, § 109, Heidelberg 1992, zit.: HabuStr § 109

Stettner, Rupert: Verfassungsrechtliche Aspekte der Novellierung des Rundfunkstaatsvertrags, in: LPR MedienColloquium, S. 79 ff., Ludwigshafen 1996, zit.: LPR MedienColloquium

–: Anmerkung zum Beschluss des Ersten Senats des Bundesverfassungsgerichts vom 20. Februar 1998, ZUM 1998, 312

Stock, Martin: Konzentrationskontrolle in Deutschland nach der Neufassung des Rundfunkstaatsvertrags (1996), in: Stock/Röper/Holznagel, Medienmarkt und Meinungsmacht, S. 1 ff., Berlin 1997; zit.: Medienmarkt und Meinungsmacht

–: Meinungsvielfalt und Meinungsmacht, JZ 1997, 583

–: EU-Medienfreiheit – Kommunikationsgrundrecht oder Unternehmerfreiheit?, K & R 2001, 289

–: Medienfreiheit in der EU „geachtet" (Art. 11 Grundrechtecharta) – ein Plädoyer für Nachbesserungen im Verfassungskonvent, EuR, 2002, 566

–: Medienfreiheit in der EU-Grundrechtecharta: Art. 10 EMRK erfassen und modernisieren, Frankfurt am Main 2000, zit.: Medienfreiheit in der EU-Grundrechtecharta

Stockmann, Kurt: Stellungnahme zu den verfahrensrechtlichen Anforderungen an eine medienrechtlich effektive Konzentrationskontrolle, in: Die Sicherung der Meinungsvielfalt, S. 435 ff., Berlin 1995, zit.: Die Sicherung der Meinungsvielfalt

–/Zigelski, Sabine: Novellierung des Rundfunkstaatsvertrages, ZUM 1995, 537

Ter Steeg, Marcus: Eine neue Kompetenzordnung für die EU, EuZW 2003, 325

Thaenert, Wolfgang: Praktische Fragen zur Anwendung der konzentrationsrechtlichen Vorschriften des Rundfunkstaatsvertrages, S. 97 ff., in: Stern/Prütting, Marktmacht und Konzentrationskontrolle auf dem Fernsehmarkt, München 2000, zit.: Stern/Prütting

Trafkowski, Armin: Medienkartellrecht – Die Notwendigkeit der Harmonisierung zweier Rechtsgebiete, K&R 2002, 62

–: Medienkartellrecht, Die Sicherung des Wettbewerbs auf den Märkten der elektronischen Medien, Diss., München 2002

Trebbe, Joachim: Mini-Einschaltquoten für Spartenkanäle: Möglichkeiten – Grenzen – Alternativen, in: Einschaltquoten, Medienwissenschaftliche und rechtliche Aspekte der Ermittlung von Zuschauermarktanteilen, S. 19 ff., München/Berlin 1997, zit.: Einschaltquoten

Trute, Hans-Heinrich: Kommentierung von §§ 26, 27, 34 RStV, in: Beck`scher Kommentar zum Rundfunkrecht, München 2003, zit.: Beck`scher Kommentar

Ukrow, Jörg: Entstehungsgeschichte, in: Hartstein/Ring/Kreile/Dörr/Stettner, Stand: 24. Ergänzungslieferung, München 2004

Vesting, Thomas: Kommentierung von § 1 RStV, in: Beck`scher Kommentar zum Rundfunkrecht, München 2003, zit.: Beck`scher Kommentar

Vinke, Harald: Kommentierung von § 27 und § 34 in: Beck`scher Kommentar zum Rundfunkrecht, München 2003, zit.: Beck`scher Kommentar

Von Bogdandy, Armin: Kommentierung zu Art. 10 EGV, in: Grabitz/Hilf, Das Recht der Europäischen Union, Stand Hauptwerk: 23. Ergänzungslieferung, München 2004, zit.: Grabitz/Hilf

Von Danwitz, Thomas: Die Sicherung der Meinungsvielfalt im Privatfernsehen nach der Kirch-Pleite, ZUM 2002, 769

Westphal, Dietrich: Anmerkung zum Beschluss des BVerfG vom 20.02.1998, MMR 1998, 198

Wolf, Joachim: Vom Grundrechtsschutz „ in Europa“ zu allgemeinverbindlich geltenden europäischen Grundrechten – Wege der Grundrechtssicherung unterhalb der Ebene europäischer Verfassungsgebung, in: Bröhmer, Wissenschaftliches Kolloquium aus Anlass des 65. Geburtstags von Prof. Dr. Dr. h. c. mult. Georg Ress, S. 9 ff., Baden-Baden 2002, zit.: Grundrechtsschutz

Zehner, Günter (Hrsg.): Der Fernsehstreit vor dem Bundesverfassungsgericht, Eine Dokumentation des Prozessmaterials, 2 Bände, Karlsruhe 1964

Zagouras, Georgios: Konvergenz und Kartellrecht, Diss., München 2002

Zmeck, Gottfried: Konzentrationskontrolle des privaten Fernsehens nach § 21 Rundfunkstaatsvertrag, AfP 1995, 545

Anmerkung:

Die zitierten Entscheidungen der KEK sind frei zugänglich und im Internet abrufbar unter www.kek.online.de - Stichwort: Entscheidungen; die Pressemitteilungen sind abrufbar unter www.kek-online.de - Stichwort: Presse.

Die zitierten Pressemitteilungen der DLM sind abrufbar unter: www.alm.de - Stichwort: Aktuelles, Pressemitteilungen.

Einleitung

Die zentrale Bedeutung der Massenkommunikationsmedien für die öffentliche und individuelle Meinungsbildung und eine funktionierende Demokratie ist häufig hervorgehoben worden[1]. Das Bundesverfassungsgericht hat dies im sog. Lebach-Urteil wie folgt beschrieben:

„Hörfunk und Fernsehen gehören in gleicher Weise wie die Presse zu den unentbehrlichen Massenkommunikationsmitteln, denen sowohl für die Verbindung zwischen Volk und den Staatsorganen wie für deren Kontrolle als auch für die Integration der Gemeinschaft in allen Lebensbereichen eine maßgebende Wirkung zukommt. Sie verschaffen dem Bürger die erforderliche umfassende Information über das Zeitgeschehen und über Entwicklungen im Staatswesen und im gesellschaftlichen Leben. Sie ermöglichen die öffentliche Diskussion und halten sie in Gang, indem sie Kenntnis von den verschiedenen Meinungen vermitteln, dem Einzelnen und den verschiedenen gesellschaftlichen Gruppen Gelegenheit geben, meinungsbildend zu wirken, und sie stellen selbst einen entscheidenden Faktor in dem permanenten Prozess der öffentlichen Meinungs- und Willensbildung dar.“[2]

Dabei kommt dem Rundfunk[3] gegenüber der Presse aufgrund der Reichweite und Aktualität eine besondere Bedeutung zu[4]. Das Fernsehen ermöglicht darüber hinaus eine Berichterstattung in Bild und Ton und erweckt somit den Anschein der Authentizität[5]; seine besondere Bedeutung spiegelt sich in der Praxis auch in Reichweite und Nutzungsdauer[6].

Hinzu kommt, dass sich Presse- und Rundfunkbereich unterschiedlich entwickelt haben: Im Pressebereich ist ein ausdifferenzierter Markt entstanden, während sich der Rundfunk aufgrund technischer Besonderheiten und wegen des hohen finanziellen Aufwands in einer „Sondersituation“ befindet, der durch besondere Vorkehrungen Rechnung getragen werden muss[7].

---

1 *Dörr*, ARD-Jahrbuch 2000, 20, 21; *Buchwald*, ZUM 1995, 258, 259; st. Rspr. des Bundesverfassungsgerichts, vgl. BVerfGE 7, 198, 208.
2 BVerfGE 35, 202, 222.
3 Vgl. zum Rundfunkbegriff Kap. 1 II 1).
4 BVerfGE 90, 60, 87.
5 BVerfGE 97, 228, 256.
6 Vgl. *Hasebrink*, S.14 ff; *Darschin/Gerhard*, MP 2003, 158.
7 BVerfGE 35, 202, 261.

Ausgangspunkt der Entwicklung im Rundfunk war zunächst ein öffentlich-rechtliches Sendemonopol. Obwohl bereits im sog. „ersten Rundfunkurteil" des Bundesverfassungsgerichts[8] anklang, dass auch die private Veranstaltung von Rundfunk unter gewissen Voraussetzungen denkbar ist[9], wurde erst im Jahr 1984 im Zuge neuer technischer Übertragungsmöglichkeiten privater Rundfunk zugelassen und das duale System aus öffentlich-rechtlichen und privaten Rundfunkveranstaltern entstand[10]. Seit dieser Zeit hat der private Rundfunk zunehmend an Bedeutung gewonnen. In Deutschland gibt es eine Vielzahl von privaten Programmen[11], die aufgrund des Wettbewerbs um Rezipienten, Werbeanteile und Programmrechte und einer zunehmenden Konzentration quasi zwischen zwei großen Anbietergruppen aufgeteilt sind[12]: nahezu alle privaten Fernsehprogramme, auf die ein Zuschaueranteil von 60 % entfällt[13], sind einer der beiden großen Anbietergruppen zuzurechnen; auszunehmen ist hiervon Premiere[14]. Hinzu kommt die Verknüpfung des Fernsehmarktes mit weiteren Meinungsmärkten, etwa im Bereich des Hörfunks oder der Presse[15].

Die Entwicklung ist im Hinblick auf die Meinungsvielfalt nicht unproblematisch.

Vor diesem Hintergrund ist die Rechtssprechung des Bundesverfassungsgerichts zur Rundfunkfreiheit des Art. 5 Abs. 1 S. 2 GG zu sehen. Die Rundfunkfreiheit ist besonders schutzbedürftig. Das Bundesverfassungsgericht hat in mehreren Entscheidungen die Landesgesetzgeber in die Pflicht genommen und betont, dass diese aufgrund ihrer Zuständigkeit nach Art. 70 GG verpflichtet seien, sicherzustellen, dass die Vielfalt der bestehenden Meinungsrichtungen in möglichster Breite und Vollständigkeit zum Ausdruck komme[16] und die Entstehung

---

8 BVerfGE 12, 205.

9 BVerfGE 12, 205, 262; KEK, 1. Konzentrationsbericht, S. 8.

10 KEK, 1. Konzentrationsbericht, S. 48; dies., 2. Konzentrationsbericht, S. 16: 53 private Programme mit bundesweiter Lizenz (Stand: September 2003).

11 Vgl. die aktuelle Programmliste der KEK unter www.kek-online.de.

12 RTL Group der Bertelsmann/CLT-UFA mit den Programmen RTL, Super RTL, RTL II und VOX; die frühere Kirch-Gruppe, jetzt: Saban Capital Group, der die Programme SAT.1, Pro7, Kabel 1, N24, und NEUN LIVE zuzurechnen sind; KEK, 1. Konzentrationsbericht, S. 96 ff.; 103 ff.; *Röper*, MP 2002, 406 ff.; Röper, MP 2004, 54 ff.; MP Basisdaten 2002; aktuelle Daten der KEK sind abrufbar unter www.kek-online.de.

13 Vgl. *Darschin/Gerhard*, MP 2003, 158.

14 Seit der Übernahme der ehemaligen Kirch-Veranstalter durch die Saban Capital Group ist Premiere eigenständig.

15 *Röper*, MP 2002, 406; aktuelle Daten der KEK sind abrufbar unter www.kek-online.de.

16 BVerfGE 12, 205, 262 f.

von vorherrschender Meinungsmacht verhindert werde[17]. Die Länder dürften zur Sicherstellung dieser Aufgabe nicht nur Abwehrmaßnahmen ergreifen, sondern müssten eine positive Ordnung schaffen[18].

Die Länder haben die vom Bundesverfassungsgericht geforderte positive Ordnung zur Vielfaltsicherung in ihren Landesmediengesetzen und insbesondere durch die Unterzeichnung von bisher sieben Rundfunkstaatsverträgen, die für den bundesweiten Fernsehmarkt, der für die öffentliche Meinungsbildung und im wirtschaftlichen Bereich eine besondere Relevanz aufweist, umgesetzt[19]. So hat sich das sogenannte „Medienkonzentrationsrecht" als besonderes Recht zur Sicherung der Meinungsvielfalt herausgebildet. Der Begriff ist insofern nicht unproblematisch, als die Regelungen im Medienbereich in erster Linie die Vielfaltsicherung und die Verhinderung von vorherrschender Meinungsmacht zum Gegenstand haben, während der Begriff des Konzentrationsrechts eher auf das Wirtschaftsrecht bezogen ist. Er hat sich jedoch inzwischen als Bezeichnung des Vielfaltsicherungsrechts etabliert.

Diese Regelungen im Rundfunkbereich bestehen neben denen des Kartellrechts, das im nationalen Recht im Gesetz gegen Wettbewerbsbeschränkungen geregelt ist. Dieses Nebeneinander wird häufig kritisiert. Beide Regelungsbereiche verfolgen unterschiedliche Zielsetzungen: Das Kartellrecht soll das Entstehen von wirtschaftlicher Marktmacht verhindern, das Medienkonzentrationsrecht das von vorherrschender Meinungsmacht. Zwar bedingt und fördert das Bestehen von wirtschaftlicher Vielfalt zugleich das Bestehen von Meinungsvielfalt[20], denn je mehr Anbieter auf dem Markt tätig sind, desto breiter sind Angebot und Meinungsspektrum[21]. Dennoch weisen beide Regelwerke aufgrund der unterschiedlichen Zielsetzungen verschiedene Angriffspunkte und Mechanismen auf, so dass das Kartellrecht allein die Sicherung der Meinungsvielfalt nicht effektiv erreichen könnte[22]. Darüber hinaus wäre die Zusammenführung beider Rechtsgebiete auch deshalb problematisch, da das Kartellrecht gemäß Art. 74

17 BVerfGE 73, 118, 160.

18 BVerfGE 57, 295, 322.

19 *Dörr*, Mainzer Rechtshandbuch, Rn. 90; jedoch waren diese nicht in der Lage, die Aufteilung des privaten Fernsehmarktes auf zwei Anbietergruppen zu verhindern; teilweise wird die Auffassung vertreten, dass das bis zum Erlass des 3. Rundfunkstaatsvertrags bestehende Medienkonzentrationsrecht die Bildung von Anbietergruppen sogar begünstigt habe, vgl. hierzu ausführlicher Kap. 3 II.

20 BVerfGE 57, 295, 322.

21 So sehen einige Landesmediengesetze vor, dass vor Lizenzerteilung an Rundfunkveranstalter eine kartellrechtliche Unbedenklichkeitsbescheinigung vorgelegt werden muss, vgl. etwa § 25 Abs. 4 LMedG BaWü, sowie *Dörr*, Mainzer Rechtshandbuch, Rn. 111 mit weiteren Beispielen.

22 So auch BVerfGE 57, 295, 322.

Nr. 16 GG in die Zuständigkeit des Bundes fällt, während im Medienbereich nach Art. 70 GG die Länder zuständig sind.

Die medienkonzentrationsrechtlichen Regelungen des Rundfunkstaatsvertrags wurden mit dem 3. Rundfunkstaatsvertrag auf der Grundlage des sog. Zuschaueranteilsmodells weitgehend umgestaltet. Zur abschließenden Beurteilung über Fragestellungen zur Sicherung der Meinungsvielfalt im Rahmen der bundesweiten Veranstaltung von Fernsehprogrammen wurde als eigenständiges Gremium die als Organ der jeweiligen Landesmedienanstalten agierende Kommission zur Ermittlung der Konzentration im Medienbereich (KEK) neu eingeführt[23].

Ihre Aufgabe ist in erster Linie die Anwendung und Auslegung der materiellrechtlichen Vielfaltsicherungsregelungen des Rundfunkstaatsvertrags, in deren Zentrum § 26 RStV steht.

Dieser sieht in Abs. 1 vor, dass private Veranstalter eine unbeschränkte Anzahl von Fernsehprogrammen veranstalten dürfen, es sei denn, vorherrschende Meinungsmacht wird erreicht[24].

Abs. 2 RStV enthält mehrere – widerlegbare – Vermutungsregelungen, die unter anderem an Zuschaueranteile anknüpfen[25]. Die Regelung des § 26 Abs. 2 S. 1 RStV sieht vor, dass das Bestehen von vorherrschender Meinungsmacht vermutet wird, wenn die einem Unternehmen zurechenbaren Programme im Durchschnitt eines Jahres einen Zuschaueranteil von 30 % erreichen. Gleiches gilt nach § 26 Abs. 2 S. 2 RStV bei Erreichen eines Zuschaueranteils von 25 %, sofern das Unternehmen auf einem medienrelevanten verwandten Markt, also einem Markt, der mit dem Medienbereich in Zusammenhang steht, eine marktbeherrschende Stellung hat oder eine Gesamtbeurteilung seiner Aktivitäten im Fernsehen und auf medienrelevanten verwandten Märkten ergibt, dass der dadurch erzielte Meinungseinfluss dem eines Unternehmens mit einem Zuschaueranteil von 30 % im Fernsehen entspricht.

Diese Regelungen, die in ihrer Anwendung nicht unproblematisch sind und einige Streitfragen aufwerfen, werden ergänzt durch die mit dem 6. Rundfunkstaatsvertrag 2002 eingeführten und im 7. Rundfunkstaatsvertrag 2004 geänderten sog. „Bonusreglungen“ des § 26 Abs. 2 S. 3 RStV, die im Mittelpunkt dieser Arbeit stehen. Die recht verschachtelten Regelungen sind in ihren Voraussetzungen und Wirkungen umstritten und werden häufig kritisiert; insbesondere zwischen der KEK und den Landesmedienanstalten herrscht Uneinigkeit über deren Auslegung.

---

23 Vgl. ausführlicher hierzu Kap. 3 IV 2 a).

24 Vgl. hierzu ausführlich Kap. 3 VI.

25 Vgl. hierzu Kap. 3 VII.

Die Bonusregelungen knüpfen an § 26 Abs. 2 S. 2 RStV an und besagen, dass von dem tatsächlichen Zuschaueranteil, der in Verbindung mit den sonstigen dort genannten Voraussetzungen geeignet wäre, die Vermutungswirkung auszulösen, zwei Prozentpunkte in Abzug zu bringen sind, wenn in dem dem Unternehmen zurechenbaren Vollprogramm mit dem höchsten Zuschaueranteil Regionalfensterprogramme, also zeitlich und regional begrenzte Programme im Rahmen eines weiterreichenden Programms, gemäß § 25 Abs. 4 RStV in angemessenem, mindestens im bisherigen Umfang aufgenommen sind (Fassung 6. Rundfunkstaatsvertrag, § 26 Abs. 2 S. 2 Hs. 1); in der Fassung des 7. Rundfunkstaatsvertrags sind die Worte „in angemessenem, mindestens im bisherigen Umfang" gestrichen. Bei gleichzeitiger Aufnahme von Sendezeit für unabhängige Dritte, die einem unabhängigen Veranstalter unter gewissen Voraussetzungen eingeräumt ist und die der Vielfaltsicherung dient, sind nach Abs. 5 weitere drei Prozentpunkte in Abzug zu bringen (§ 26 Abs. 2 S. 2 Hs. 2 RStV).

In der Praxis haben diese Bonusregelungen gravierende Auswirkungen: Sind die Voraussetzungen des § 26 Abs. 2 RStV bei einem Veranstalter gegeben – erreicht er also einen tatsächlichen Zuschaueranteil von mehr als 25 % und liegen die aufgeführten zusätzlichen Voraussetzungen vor – würde dies nach der Regelung des § 26 Abs. 2 S. 2 RStV dazu führen, dass die Vermutungswirkung zu Lasten des Veranstalters eingreifen würde; er könnte diese jedoch widerlegen. Strahlt der Veranstalter jedoch Regionalfensterprogramme gemäß § 25 Abs. 4 RStV aus, wird der ihm zukommende tatsächliche Zuschaueranteil zu seinen Gunsten um 2 % verringert; hat er gleichzeitig Drittsendezeit im von § 26 Abs. 2 S. 3 RStV geforderten Umfang eingeräumt, verringert sich der tatsächlich erreichte Zuschaueranteil um weitere 3 %. Mit anderen Worten: Greift die Bonusregelung des § 26 Abs. 2 S. 3 Hs. 1 RStV ein, wird die Vermutungswirkung des § 26 Abs. 2 S. 2 RStV erst ab einem tatsächlichen Zuschaueranteil von 27 % ausgelöst; liegt er nämlich zwischen 25 % und 26,99 %, werden zugunsten des Veranstalters 2 % in Abzug gebracht, so dass er aufgrund des Abzugs unter die vorgegebene 25 % - Grenze fällt. Noch drastischer ist dieses Ergebnis bei Eingreifen beider Boni: Die Vermutungswirkung des § 26 Abs. 2 RStV greift dann erst bei einem tatsächlichen Zuschaueranteil von 30 % ein, da im Bereich von tatsächlichen Zuschaueranteilen zwischen 25 und 29,99 % zunächst 2 %, dann weitere 3 % in Abzug gebracht werden. In diesem Bereich wird die Vermutungswirkung somit nicht ausgelöst.

Die aufgezeigten Regelungen, deren Verständnis und Auslegung, haben aufgrund der weitreichenden Konsequenzen erhebliche Auswirkungen, die nicht nur theoretischer Natur sind, sondern sich auf die Praxis auswirken. Greifen die Voraussetzungen der Boni ein, läuft für die beiden großen privaten Fernsehveranstalter der Vermutungstatbestand des § 26 Abs. 2 S. 2 RStV quasi leer. Es ist daher von besonderer Relevanz, ob unterhalb der Grenze des Zuschaueranteils von 30 % eine Überprüfungsmöglichkeit besteht, die neben dem Abstellen auf den erreichten Zuschaueranteil auch die Einbeziehung sonstiger meinungsrelevanter Faktoren zulässt. Nach der Fassung des 6. Rundfunkstaatsvertrags waren die Voraussetzungen der Bonusregelungen gegeben; ob dies auch nach der Fassung des 7. Rundfunkstaatsvertrags gilt, ist derzeit noch nicht abschließend geklärt, da dies von der Beantwortung der Frage abhängt, inwieweit der in § 25 Abs. 4 RStV vorgeschriebene Umfang der Regionalfensterprogramme, auf den § 26 Abs. 2 S. 3 RStV Bezug nimmt, trotz bestehender Zentralisierungen in diesem Bereich überhaupt noch gegeben ist oder gegebenenfalls wiederhergestellt wird.

Als ein solcher Eingriffstatbestand wird vielfach – auch von der KEK selbst – § 26 Abs. 1 RStV angesehen. Die Gegenansicht, die unter anderem von der KDLM vertreten wird, will dagegen nur die Vermutungsregelungen als Grenze vorherrschender Meinungsmacht anwenden und erfasst damit – soweit die beiden großen privaten Veranstalter die Voraussetzungen für die Gewährung der Boni erfüllen – Veranstalter erst ab dem tatsächlichen Zuschaueranteil von 30 %[26].

Die Bonusregelungen des § 26 Abs. 2 S. 3 RStV haben damit weitgehende Auswirkungen auf das Recht der Vielfaltsicherung.

Bevor im Detail auf die Bonusregelungen eingegangen wird, ist es erforderlich, den Rahmen aufzuzeigen, in den sie sich einfügen und der hier bereits kurz skizziert wurde. Als Ausgangspunkt wird zunächst die Rundfunkfreiheit des Art. 5 Abs. 1 S. 2 GG in ihrer Auslegung durch Rechtsprechung und Schrifttum dargestellt. Nach einer Darstellung der wettbewerbsrechtlichen Konzentrationsvorschriften werden die medienkonzentrationsrechtlichen Regelungen des Rundfunkstaatsvertrags erläutert. Europarechtliche Aspekte fließen in diese Betrachtungen ein. Vor diesem Hintergrund werden die Bonusregelungen untersucht. Nachdem Voraussetzungen, Zweck und praktische Auswirkungen der Regelungen aufgezeigt sind, wird die Frage der Verfassungsmäßigkeit beleuchtet, wobei ein Prüfungsmaßstab entwickelt wird, der versucht, der Rechtsprechung des Bundesverfassungsgerichts gerecht zu werden. Reformvorschläge und eine Schlussbetrachtung schließen sich an.

26 Vgl. zur Diskussion ausführlich Kap. 4 VIII.

Kapitel 1: Die Entwicklung des Rundfunksystems in Deutschland

I. Die historische Entwicklung

Die Entstehung der föderalen Rundfunkstruktur in Deutschland geht maßgeblich auf die Briten und Amerikaner zurück und beruht auf den Erfahrungen mit dem Staatsrundfunk der Weimarer Republik und dem Missbrauch des Rundfunks in der Zeit des Nationalsozialismus sowie den Gegebenheiten und Erfahrungen mit den Rundfunksystemen ihrer Heimatländer. Vielfach wird die Institutionalisierung des förderalen, pluralistischen, öffentlich-rechtlichen Rundfunks als entscheidender Garant für eine funktionierende Demokratie angesehen[27].

Nachdem Heinrich Hertz 1887 die drahtlose Verbreitung elektromagnetischer Schwingungen entdeckt hatte, wurde diese neue Technik im Ersten Weltkrieg zunächst ausschließlich zu militärischen Zwecken eingesetzt[28]. 1923 wurde das erste regelmäßige Hörfunkprogramm in Berlin durch die „Deutsche Stunde, Gesellschaft für drahtlose Belehrung und Unterhaltung mbH" ausgestrahlt; in den Folgejahren wurden weitere regionale Sendegesellschaften gebildet. Die Hörfunkprogramme fanden rasch große Zustimmung in der Bevölkerung. Die alleinige Verfügungsgewalt über die Sendetechnik stand der Deutschen Reichspost zu, die darin in erster Linie eine Einnahmequelle sah[29].

Die Veranstaltung von Rundfunk fand in der Zeit der Weimarer Republik weitgehend im rechtsfreien Raum statt: In der Weimarer Reichsverfassung war der Rundfunk nicht erwähnt, Rundfunkgesetze existierten nicht; stattdessen regelten ministerielle Verordnungen die Rechtsbeziehungen der Beteiligten[30].

Das Reichsinnenministerium erkannte schnell das Entwicklungspotential des Rundfunks und seine Bedeutung als Informationsinstrument[31]. Es begann daher frühzeitig, den Rundfunk zu zentralisieren und unter staatliche Kontrolle zu bringen; dass gesetzliche Regelungen fast nicht vorhanden waren, vereinfachte

---

27 Die historische Entwicklung des Rundfunks wird nur in Auszügen dargestellt, um einen groben Überblick zu verschaffen; vgl. ausführlich *Hesse*, Kap. 1, Rn. 1 ff.; *Dörr*, ARD-Jahrbuch 2000, 20, 21; *Buchwald*, ZUM 1995, 258, 259; auch BVerfGE 12, 205, 208 ff.

28 *Buchwald*, ZUM 1995, 258.

29 Vgl. *Hesse*, Kap. 1, Rn. 2 ff.; *Buchwald*, ZUM 95, 258, 259.

30 *Buchwald*, ZUM 1995, 258, 259.

31 *Buchwald*, ZUM 1995, 258, 259.

die Zugriffsmöglichkeiten der Exekutive auf das neue Medium[32]. Bereits 1926, drei Jahre nach Aufnahme des regelmäßigen Sendebetriebs, wurden die Rundfunkgesellschaften in der Reichsrundfunkgesellschaft zusammengefasst[33]. 1932 mussten aufgrund der „Leitsätze zur Neuregelung des Rundfunks“, die zwischen dem Reich und den Ländern vereinbart worden waren, alle noch existierenden privaten Beteiligungen an der Reichsrundfunkgesellschaft an die Länder oder das Reich abgetreten werden[34].

Mit den so entwickelten Strukturen war den Nationalsozialisten der Weg zur Einverleibung des Rundfunks bereitet[35]. Die Entwicklung der Zentralisierung wurde innerhalb kürzester Zeit weiter vorangetrieben: Die Zuständigkeiten im Rundfunkbereich wurden bis auf den technischen Bereich im Reichsministerium für Volksaufklärung und Propaganda zusammengezogen. Die Reichsrundfunkgesellschaft erwarb von den Ländern die Geschäftsanteile der regionalen Rundfunkgesellschaften, die zu deren Zweigstellen „degradiert“ wurden. Im Rundfunk durfte nur noch tätig sein, wer der Reichrundfunkkammer angehörte. Die Rezipienten erhielten sog. „Volksempfänger“, die nur das Hören der Reichssender, nicht aber den Empfang ausländischer Sender, der zudem mit Strafe bedroht war, ermöglichten[36]. Der Rundfunk wurde zum Mittel der politischen und militärischen Propaganda und Massenlenkung[37].

Nach dem Ende des Zweiten Weltkriegs wurden die Sendeanlagen von den Alliierten übernommen, die bis zur Wiedererlangung der deutschen Souveränität 1955 einen großen Einfluss auf die Rundfunkorganisation ausübten. Aufgrund der Erfahrungen im Nationalsozialismus befürworteten sie einen dezentralisierten Rundfunk[38], der demokratisch organisiert und der der Allgemeinheit gehören sollte[39]. Maßgeblich waren insbesondere die Vorstellungen der Amerikaner und Briten: die öffentlich-rechtliche Organisationsform war vorwiegend von den Briten, das förderale Element von den Amerikanern eingebracht worden[40].

So kam es zur Gründung verschiedener regionaler öffentlich-rechtlicher Rundfunkanstalten, die durch Gebühren finanziert und durch pluralistisch zusammengesetzte Aufsichtsgremien kontrolliert wurden[41]; die Rundfunkanstalten

32 *Buchwald*, ZUM 1995, 258, 259.
33 *Buchwald*, ZUM 1995, 258, 259.
34 BVerfGE 12, 205, 209; *Buchwald*, ZUM 1995, 258, 259.
35 *Buchwald*, ZUM 1995, 258, 259.
36 *Hesse*, Kap. 1, Rn. 19 ff.
37 *Dörr*, ARD-Jahrbuch 2000, 20, 21; *Buchwald*, ZUM 1995, 258. 259.
38 *Hesse*, Kap. 1, Rn. 24 ff.
39 *Dörr*, ARD-Jahrbuch 2000, 20, 21; *Buchwald*, ZUM 1995, 258, 259.
40 *Dörr*, ARD-Jahrbuch 2000, 20, 21.
41 *Buchwald*, ZUM 1995, 258, 259.

erhielten das Recht zur Selbstverwaltung und unterlagen lediglich der Rechtsaufsicht[42]. Dieses Modell war in der deutschen Mediengeschichte neu und versuchte, durch Staatsferne, Förderalismus und Pluralität die Schwachstellen der Vergangenheit auszugleichen[43]. Das neue Modell wurde zunächst weitgehend mit Skepsis aufgenommen: Vielfach wurde nach einem zentralistischen Staatsrundfunk verlangt, da dieser in einem demokratischen Staat auch notwendig demokratisch sein werde; bei diesem Ansatz wurde jedoch den Erfahrungen der Weimarer Republik nicht hinreichend Rechnung getragen und übersehen, dass der Rundfunk in der damaligen Zeit seinen Ausgangpunkt zunächst ebenfalls in demokratischen Strukturen gefunden hatte[44].

Mit dem Fortschreiten der Entwicklung des Fernsehens zu Beginn der fünfziger Jahre nahm auch die Auseinandersetzung um eine zentralistische, staatsnahe Rundfunkorganisation zu. 1953 wurde ein Bundesrundfunkgesetz entworfen, das den gesamten Rundfunk in einer unter der Aufsicht der Bundesregierung stehenden Institution zusammenfasste; um diesen Plänen entgegenzutreten und die Zusammenarbeit der regionalen Rundfunkanstalten zu verbessern, wurde im Juni 1950 die „Arbeitsgemeinschaft der öffentlich-rechtlichen Rundfunkanstalten Deutschlands (ARD)“ gegründet. Das Bundesrundfunkgesetz wurde nicht verabschiedet[45]. Dennoch gab es weiterhin Bestrebungen, ein staatsnahes Rundfunk- bzw. Fernsehprogramm zu etablieren. So wurde 1961 auf Initiative von Bundeskanzler Adenauer die „DeutschlandFernsehen GmbH“ gegründet, deren alleiniger Geschäftsanteilsinhaber der Bund war. Die Länder riefen daraufhin das Bundesverfassungsgericht an, das am 28.2.1961 das sog. erste Rundfunkurteil[46] verkündete, in welchem den Ländern die Zuständigkeit für die Veranstaltung von Rundfunk zugesprochen wurde[47].

In der Folgezeit bestand das öffentlich-rechtliche Sendemonopol. Immer wieder wurden Stimmen laut, die die Einführung eines kommerziellen Systems verlangten[48].

Diese mehrten sich im Zuge der Ausweitung der Übertragungsmöglichkeiten seit dem Ende der siebziger Jahre. Auf wirtschaftlicher und politischer Ebene wurde immer häufiger die Zulassung privaten Rundfunks gefordert. Gefördert wurde die Entwicklung durch die Einstrahlung von Fernsehprogrammen aus dem Ausland, insbesondere Luxemburg, von der eine nachteilige Auswirkung

---

42 BVerfGE 12, 205, 210.
43 *Buchwald*, ZUM 1995, 258, 259; *Dörr*, ARD-Jahrbuch 2000, 20, 21.
44 *Dörr*, ARD-Jahrbuch 2000, 20, 21; *Buchwald*, ZUM 1995, 258, 259.
45 *Buchwald*, ZUM 1995, 258, 260.
46 BVerfGE 12, 205; Vgl. Kap. 1 II 2) a).
47 Ausführlich hierzu Kap. 3 I 2)
48 Vgl. *Buchwald*, ZUM 1995, 258, 260; *Hesse*, Kap. 1 Rn. 70 ff.

auf die deutsche Kommunikationsindustrie befürchtet wurde. Als sich 1984 erstmals die Möglichkeit eröffnete, zwei Kanäle eines europäischen Satelliten zu nutzen, waren die Länder in Zugzwang, Nutzungsentscheidungen zu treffen[49]. Grundlage der Entscheidung der Länder war die Rechtsprechung des Bundesverfassungsgerichts im sog. dritten Rundfunkurteil[50] von 1981, wonach die Rundfunkveranstaltung durch ein Gesetz geregelt werden und besonderen Vorgaben genügen musste. Im Laufe der folgenden Jahre erließen alle Bundesländer Rundfunkgesetze über die Veranstaltung privaten Rundfunks; diese unterschieden sich jedoch zum Teil erheblich, was sich besonders im Hinblick auf die bundesweite Veranstaltung von Rundfunk, insbesondere bei der Satellitenübertragung von Programmen, zeigte. Zum Abschluss eines Staatsvertrags kam es aufgrund von zahlreichen Meinungsverschiedenheiten, die insbesondere zwischen Befürwortern und Gegnern des privaten Rundfunks ausgetragen wurden, vorerst nicht[51]. Erst durch das sog. vierte Rundfunkurteil[52] des Bundesverfassungsgerichts aus dem Jahr 1986, in dem festgestellt wurde, dass der private Rundfunk zwar gewisse „Defizite“ aufweise, aber dennoch nicht verfassungswidrig sei, sondern abgeschwächten Voraussetzungen unterstellt werden könne, solange die „Grundversorgung“ durch den öffentlich-rechtlichen Rundfunk gesichert sei, kam Bewegung in die Verhandlungen, da beide Seiten erkennen mussten, dass sie ihre Standpunkte nicht uneingeschränkt durchsetzen konnten. Nach weiteren Kontroversen kam es schließlich im April 1987 zur Unterzeichnung des Staatsvertrags zur Neuordnung des Rundfunkwesens, der am 01.12.1987 in Kraft trat und das duale Rundfunksystem aus öffentlich-rechtlichem und privatem Rundfunk begründete[53].

II. Die rechtliche Entwicklung

1) Art. 5 Abs. 1 S. 2 GG als Ausgangspunkt

Die Freiheit der Kommunikation ist im Grundgesetz in Art. 5 Abs. 1 mit zahlreichen Einzelgarantien geregelt. In Art. 5 Abs. 1 S. 1 GG sind die Freiheit der Meinungsäußerung und -verbreitung sowie der Information genannt. Demgegenüber sind in Art. 5 Abs. 1 S. 2 GG die Medienfreiheiten aufgeführt. Dort ist

49 *Hesse*, Kap. 1 71 ff., 73.
50 Sog. „FRAG-Urteil“, BVerfGE 57, 295; s. auch Kap. 1 II 2) a).
51 *Hesse*, Kap. 1, Rn. 87 ff.
52 Sog. „Niedersachsen-Urteil“, BVerfGE 73, 118; s. auch Kap. 1 II 2) a).
53 *Hesse*, Kap. 1 Rn. 94 ff., 95.

vorgesehen, dass die Pressefreiheit sowie die Freiheit der Berichterstattung durch Rundfunk und Film gewährleistet werden.

Diese Einzelgarantien stehen nicht beziehungslos nebeneinander, sondern überschneiden und bedingen sich teilweise[54]. Besonders zeigt sich dies am Zusammenhang von Meinungs- und Informationsfreiheit des Individuums einerseits und der Gewährleistung der Medienfreiheiten andererseits. Ein eigenständiges Grundrecht der „Kommunikationsfreiheit", das über die Einzelgarantien hinaus normative Wirkungen entfaltet, kann jedoch aus Art. 5 Abs. 1 GG nicht abgeleitet werden[55].

Der Begriff des Rundfunks ist im Grundgesetz nicht definiert. Einigkeit besteht heute jedoch hinsichtlich der grundlegenden Konturen.

Unter Rundfunk ist danach die Veranstaltung und Verbreitung von Darbietungen aller Art für einen unbestimmten Personenkreis mit Hilfe drahtloser oder kabelgebundener elektrischer Schwingungen zu verstehen[56].

Der Begriff des Rundfunks ist entwicklungsoffen und auch nach Ansicht des Bundesverfassungsgerichts nicht als statisch anzusehen[57]; dementsprechend gehen die einfachgesetzlichen Regelungen, auch § 2 RStV, teilweise über diesen Rundfunkbegriff hinaus. Insbesondere im Hinblick auf neue technische Entwicklungen entstehen immer wieder Streitfragen. Als Oberbegriff erfasst er jedoch jedenfalls Hörfunk und Fernsehen[58].

Trotz des eng gefassten Wortlauts der „Freiheit der Berichterstattung" ist anerkannt, dass damit nicht nur die Berichterstattung, sondern der Rundfunk im umfassenden Sinn geschützt ist[59]. Erfasst ist „jede Vermittlung von Information und Meinung"[60]. Auf die Programmart, etwa Information, Bildung, Unterhaltung oder sonstiges, kommt es nicht an[61].

Art. 5 Abs. 2 GG sieht für Abs. 1 einen Schrankenvorbehalt vor, wonach die allgemeinen Gesetze, die gesetzlichen Bestimmungen zum Schutz der Jugend und das Recht der persönlichen Ehre Schranken des Grundrechts darstellen. In die Rundfunkfreiheit eingreifende Gesetze sind hieran zu messen. Dabei kommt der Abgrenzung der Schrankengesetze zu Ausgestaltungsgesetzen, die nicht von Art. 5 Abs. 2 GG erfasst sind, besondere Bedeutung zu[62].

---

54 *Starck* in: *von Mangoldt/Klein/Starck*, Art. 5 Rn. 4.
55 *Degenhart* in: BK, Art. 5 Rn. 32 ff.
56 *Jarass/Pieroth*, GG, Art. 5 Rn. 35; *Schulze-Fielitz* in: Dreier, Art. 5 Rn. 76 ff.
57 BVerfGE 73, 118, 154.
58 *Degenhart* in: BK, Art. 5 Rn. 623; *Schulze-Fielitz* in: Dreier, Art. 5 Rn. 77.
59 *Jarass/Pieroth*, GG, Art. 5 Rn. 37.
60 BVerfGE 57, 295, 319; 60, 53, 63.
61 *Jarass/Pieroth*, GG, Art. 5 Rn. 30.
62 Vgl. Kap. 1, II. 2) a); ausführlich Kap. 4 VI.

In Art. 5 Abs. 1 S. 3 GG ist überdies ein umfassendes Zensurverbot vorgesehen, das eine absolute Eingriffsschranke darstellt und das nicht nach Abs. 2 gerechtfertigt werden kann[63].

Mit dem Grundrecht der Rundfunkfreiheit sind zahlreiche Kontroversen verbunden, die ihren Ausgangspunkt darin haben, ob die Rundfunkfreiheit vorwiegend oder ausschließlich objektiv-rechtlich oder subjektiv-rechtlich im Sinne einer Rundfunkveranstalterfreiheit auszulegen ist. Diese grundrechtsdogmatische Einordnung hat weitreichende Konsequenzen für die Auslegung des Grundrechts und den Schutzbereich sowie für die Frage, ob es sich bei Gesetzen im Rundfunkbereich um Schranken- oder Ausgestaltungsregelungen handelt[64]. Sie kann hier nur in Ansätzen skizziert werden.

2) Die Rechtsprechung des Bundesverfassungsgerichts

Der knappe Wortlaut des Art. 5 Abs. 1 S. 2 GG wurde vom Bundesverfassungsgericht als authentischem Interpreten des Grundgesetzes in den sog. acht Rundfunkurteilen sowie weiteren Entscheidungen ausgelegt.

a) Die objektiv-rechtliche Auslegung der Rundfunkfreiheit und deren Bedeutung für die Rundfunkordnung

Die überragende Bedeutung, die das Bundesverfassungsgericht der Rundfunkfreiheit beimisst, wurde bereits in der Einleitung angesprochen. Sie durchzieht seine gesamte Rechtsprechung im Rundfunkbereich und kommt insbesondere in der Formulierung zum Ausdruck, dass die freie Meinungsäußerung und der daraus resultierende „Kampf der Meinungen schlechthin konstituierend" für eine freiheitlich-demokratische Staatsordnung sei[65]. Daran hat das Bundesverfassungsgericht stets festgehalten und in weiteren Entscheidungen zudem betont, dass die Meinungsvielfalt für die individuelle und öffentliche Meinungsbildung und für die Entfaltung der Persönlichkeit bedeutsam sei[66].

Bereits im sog. ersten Rundfunkurteil[67] hat das Bundesverfassungsgericht vor dem Hintergrund der immensen Bedeutung der Rundfunkfreiheit wichtige

---

63 *Jarass/Pieroth*, GG, Art. 5 Rn. 63.

64 Vgl. Kap. 4 VI.

65 St. Rspr., BVerfGE 7, 198, 208.

66 BVerfGE 95, 163, 172.

67 BVerfGE 12, 205; die Entscheidung zur "Deutschland Fernsehen GmbH" vom 28.2.1961 wird gemeinhin als „Magna Charta" der Rundfunkfreiheit bezeichnet, vgl.

Weichenstellungen vorgenommen: Der Rundfunk sei nicht nur „Medium", sondern auch „Faktor" der öffentlichen Meinungsbildung[68]. Als Medium wirke er als Vermittler von Kommunikationsinhalten zwischen Sendern und Empfängern und ermögliche damit eine breite und vollständige Information der Bevölkerung; als Faktor ermögliche er Einzelnen, Minderheiten und Gruppen die Teilnahme am Prozess der meinungsbildenden Massenkommunikation[69].

Im sog. dritten Rundfunkurteil[70] prägte das Bundesverfassungsgericht, ausgehend von der vorherigen Rechtsprechung, den Begriff der „dienenden Freiheit"[71]. Darunter ist die Verbürgung von Rechten zu sehen, die nicht der Selbstverwirklichung des Individuums, sondern den Interessen Dritter dienen und deshalb gegen staatliche Eingriffe geschützt sind[72]. Das Bundesverfassungsgericht ging bei der Entwicklung dieses Begriffs[73] davon aus, dass die Rundfunkfreiheit wie die anderen Garantien des Art. 5 Abs. 1 GG die Gewährleistung von freier und umfassender individueller und öffentlicher Meinungsbildung zum Ziel habe. Diese setze das Bestehen eines Kommunikationsprozesses voraus, der, ebenso wie die Meinungsverbreitungs-, Meinungsäußerungs- und Informationsfreiheit als Menschenrechte[74], auch verfassungsrechtlich als objektives Ziel der Gesamtrechtsordnung geschützt sei. Die Freiheit der Meinungsbildung umfasse daher subjektiv-rechtliche und objektiv-rechtliche Elemente, die einander bedingen. Die Rundfunkfreiheit sei aufgrund der Massenkommunikationsmittel eine „notwendige Ergänzung und Verstärkung" der Freiheit der Meinungsbildung und diene deren Verwirklichung. Daher müsse sichergestellt sein, dass der Rundfunk frei von staatlicher Einflussnahme und Beherrschung sei; die bloße Staatsfreiheit gewährleiste jedoch nicht die freie und umfassende Meinungsbildung[75]. Es sei die Schaffung einer positiven Ordnung durch den Gesetzgeber erforderlich, die Leitgrundsätze normieren und materielle, organisatorische und Verfahrensregeln zur Sicherung der Meinungsvielfalt enthalten müsse[76].

Das Erfordernis der Schaffung einer positiven Ordnung unterscheidet den Rundfunk- vom Pressesektor: Innerhalb des Pressewesens gebe es zahlreiche

---

Dörr, ARD-Jahrbuch 2000, 19, 23; *ders.*, VwA 2001, 149, 151; *Buchwald*, ZUM 1995, 258, 260.

68 BVerfGE 12, 205, 260.

69 *Janik*, AfP 2002, 104, Fn. 6; BVerfGE 12, 205, 260.

70 Sog. „FRAG"-Entscheidung, BVerfGE 57, 295.

71 BVerfGE 57, 295, 320; *Dörr*, in: Die Sicherung der Meinungsvielfalt, S. 331 ff., 338 f.; KEK, 2. Konzentrationsbericht, S. 41 f.

72 Ausführlich *Dörr/Janik/Zorn* in: Der Zugang zum Digitalen Kabel, S. 182.

73 BVerfGE 57, 295, 319 f.

74 Vgl. BVerfGE 7, 198, 208.

75 BVerfGE 57, 295, 320.

76 BVerfGE 57, 295, 320.

selbständige und nach ihrer politischen und weltanschaulichen Tendenz verschiedenartige konkurrierende Erzeugnisse[77], die zu einem gewissen Gleichgewicht geführt hätten[78], wohingegen sich der Rundfunksektor in einer Sondersituation befinde[79]. Dies begründete das Bundesverfassungsgericht zunächst mit den technischen Voraussetzungen (Frequenzknappheit) und dem hohen finanziellen Aufwand, der nur wenigen den Zugang zum Rundfunkmarkt ermögliche[80]. Es hielt an dieser Rechtsprechung auch in der Folgezeit trotz des Wegfalls der Frequenzknappheit und der neueren technischen Entwicklungen fest: Vielfaltsichernde Maßnahmen seien aufgrund von Breitenwirkung, Aktualität und Suggestivkraft des Rundfunks nach wie vor erforderlich[81]. Gegenüber dem Hörfunk komme dem Fernsehen eine herausragende Stellung zu, da es gleichzeitig in Bild und Ton berichten und den Anschein der Authentizität hervorrufen könne[82]. Auch wenn die Sondersituation des Rundfunks entfalle, seien Vorkehrungen zur Sicherung der Meinungsvielfalt zu treffen, da neue technische Entwicklungen und der ökonomische Wettbewerb nicht in der Lage seien, die Meinungsvielfalt hinreichend zu sichern[83]. Vielmehr erforderten die weiter fortschreitende Konzentration sowie die Privatisierung der Übertragungswege zusätzlich vielfaltsichernde Maßnahmen[84].

Die Sondersituation erfordere, dass der Rundfunk nicht dem „freien Spiel der Kräfte"[85] überlassen werden dürfe, da Fehlentwicklungen kaum oder nur unter großen Schwierigkeiten rückgängig gemacht werden könnten[86]. Ihr müsse durch Gesetze Rechnung getragen werden, die sicherstellten, dass der Rundfunk weder dem Staat noch einer gesellschaftlichen Gruppe ausgeliefert werde; es müssten alle in Betracht kommenden gesellschaftlichen Kräfte im Gesamtprogramm zu Wort kommen können[87]. Ein Mindestmaß an inhaltlicher Ausgewogenheit, Sachlichkeit und gegenseitiger Achtung müsse gewährleistet[88] und über gesellschaftlich relevante Themen müsse ungeschmälert und wahrheitsgemäß informiert werden[89].

---

77 BVerfGE 35, 202, 261.
78 BVerfGE 57, 295, 323.
79 BVerfGE 12, 205, 261.
80 BVerfGE 12, 205, 261; BVerfGE 35, 202, 261.
81 BVerfGE 90, 60, 87.
82 BVerfGE 97, 228, 256.
83 BVerfGE 57, 295, 322.
84 BVerfGE 95, 163, 173.
85 BVerfGE 57, 295, 323.
86 BVerfGE 57, 295, 323.
87 BVerfGE 12, 205, 264.
88 BVerfGE 12, 205, 263.
89 BVerfGE 97, 228, 267.

Zur Erreichung dieses Ziels und im Zuge der Schaffung einer positiven Ordnung komme dem Gesetzgeber ein weiter Ausgestaltungsspielraum zu[90]. Bestimmte Modelle oder Mittel zur Erfüllung der Vorgaben seien ihm nicht vorgeschrieben[91]. Auch bestehe keine Modellkonsistenz[92]. So könne der Gesetzgeber durch die Ausgestaltung binnenpluralistische Strukturen vorgeben, also die Repräsentanz und Einflussnahme der in Betracht kommenden Kräfte in den Organen, oder außenpluralistische Vielfalt herstellen, indem gewährleistet werde, dass das Gesamtangebot – nicht das des einzelnen Veranstalters – ausgewogen sei[93]. Das gewählte Modell und die vorgesehenen Mittel müssten geeignet sein, sicherzustellen, dass die Vielfalt der bestehenden Meinungen in möglichster Breite und Vollständigkeit zum Ausdruck komme und den Rezipienten umfassende Information biete[94].

Eine Gefahr für die Meinungsvielfalt bestehe insbesondere beim privaten Rundfunk. Ursache hierfür sei, dass dieser zur Finanzierung ausschließlich auf Werbeeinnahmen angewiesen und aufgrund wirtschaftlicher Erwägungen somit gezwungen sei, durch Ausstrahlung eines massenattraktiven und kostengünstigen Programmangebots möglichst hohe Einschaltquoten zu erzielen[95]. Die wirtschaftliche Abhängigkeit führe zu programm- und vielfaltverengenden Zwängen[96]. Auch unter Einbeziehung des öffentlich-rechtlichen Rundfunks, dem die Aufgabe der „Grundversorgung“ zufalle[97], könne im privaten Bereich auf die Sicherung der Meinungsvielfalt nicht verzichtet werden, da allenfalls nicht gravierende Ungleichgewichtigkeiten im privaten Rundfunk durch den öffentlich-rechtlichen Rundfunk kompensierbar seien[98]. Eine einseitige Ausrichtung des privaten Rundfunks könne die gleichgewichtige Vielfalt stören oder aufheben[99]. Daher sei die Vielfalt der Anbieter und damit der Meinungen auch im Bereich der privaten Anbieter durch den Rundfunkgesetzgeber zu sichern[100]. Die hohen Anforderungen an die öffentlich-rechtlichen Veranstalter dürften für private

90 Zum Ausgestaltungsspielraum und dessen Grenzen vgl. Kap. 4 VI; BVerfGE 83, 238, 296, 316; *Janik*, AfP 2002, 104, 105.
91 BVerfGE 90, 60, 94; BVerfGE 97, 228, 267.
92 BVerfGE 83, 238, 316.
93 BVerfGE 57, 295, 325; siehe auch *Hartstein/Ring/Kreile/Dörr/Stettner*, § 25 Rn. 7 f.
94 BVerfGE 57, 295, 320.
95 BVerfGE 73, 118, 155.
96 BVerfGE 73, 118, 155; BVerfGE 83, 238, 311; *Gersdorf* in: Mainzer Rechtshandbuch, Rn. 8.
97 BVerfGE 73, 118, 158.
98 BVerfGE 73, 118, 159.
99 BVerfGE 57, 295, 324; BVerfGE 83, 238, 317.
100 *Dörr* in: Mainzer Rechtshandbuch, Rn. 90.

Veranstalter abgesenkt werden[101]. Zur Absenkung sei der Gesetzgeber allerdings nicht verpflichtet[102]. Die Veranstaltung von privatem Rundfunk dürfe jedoch nicht in hohem Maße erschwert oder ausgeschlossen werden[103]. Durch eine Absenkung der Anforderungen könne der ausschließlichen Finanzierung durch Werbeeinnahmen und der damit verbundenen möglichen Beeinflussung des Programms Rechnung getragen werden[104].

Weiterhin betont das Bundesverfassungsgericht, die Vorgaben des Gesetzgebers müssten bestimmt und geeignet sein, ein möglichst hohes Maß – einen Grundstandard[105] – gleichgewichtiger Vielfalt zu erreichen[106], indem allen Meinungsrichtungen die Möglichkeit eröffnet werde, im privaten Rundfunk zum Ausdruck zu kommen und einseitiger und in hohem Maße ungleichgewichtiger Einfluss von Veranstaltern oder Programmen und damit die Entstehung von vorherrschender Meinungsmacht verhindert werde[107]. Einer solchen Entwicklung, die nur schwer oder gar nicht rückgängig gemacht werden könne, rechtzeitig entgegenzuwirken, sei Aufgabe gesetzlicher Regelungen[108]. Allerdings gebe es keinen genauen Maßstab zur Bestimmung gleichgewichtiger Vielfalt, da diese keine exakt messbare Größe darstelle[109]. Sie könne stets nur annähernd[110] und nicht mit letzter Gewissheit[111] erreicht werden.

b) Subjektiv-rechtliche Elemente der Rundfunkfreiheit in der Rechtsprechung des Bundesverfassungsgerichts

Aus der Rundfunkfreiheit in der Rechtsprechung des Bundesverfassungsgerichts kann, wie aufgezeigt, eine ausgeprägte objektiv-rechtliche Komponente abgeleitet werden.

Die Frage, ob die Rundfunkfreiheit auch subjektiv-rechtliche Positionen beinhaltet, ist demgegenüber nicht eindeutig zu beantworten.

Über die objektiv-rechtlich geprägte Auslegung hinaus kann der Rechtsprechung des Bundesverfassungsgerichts in jedem Fall entnommen werden, dass es der Rundfunkfreiheit zumindest auch subjektiv-rechtliche Elemente zu-

---

101 BVerfGE 83, 238, 297.
102 BVerfGE 83, 238, 316 f.
103 BVerfGE 73, 118, 157; BVerfGE 83, 238, 317.
104 BVerfGE 83, 238, 297, 311.
105 BVerfGE 73, 118, 169.
106 BVerfGE 73, 118, 159.
107 BVerfGE 73, 118, 160.
108 BVerfGE 73, 118, 160.
109 BVerfGE 73, 118, 159.
110 BVerfGE 73, 118, 156.
111 BVerfGE 57, 295, 324.

schreibt[112]: Die Rundfunkfreiheit sei primär als eine der Freiheit der Meinungsbildung in ihren subjektiv- und objektiv-rechtlichen Elementen dienende Freiheit anzusehen[113]; sie werde nicht primär im Interesse der Rundfunkveranstalter gewährleistet[114]. Daraus, dass eine subjektiv-rechtliche Komponente anerkannt wird und aus der Formulierung („primär") ist ersichtlich, dass der Rundfunkfreiheit neben der objektiv-rechtlichen eine weitere Funktion zukommt.

Die Reichweite des subjektiv-rechtlichen Gehalts der Rundfunkfreiheit ist jedoch nach wie vor unklar und die Rechtsprechung hierzu nicht immer eindeutig und widerspruchsfrei.

Im Rahmen der subjektiv-rechtlichen Komponente ist zwischen dem individualrechtlichen Schutzzweck im Sinne einer Rundfunkveranstalterfreiheit und dem abwehrrechtlichen Schutzzweck zu unterscheiden. Beide überschneiden sich häufig. Die Grenzlinie zwischen beiden Bereichen ist auch in der Rechtsprechung des Bundesverfassungsgerichts schwer auszumachen.

Das Bundesverfassungsgericht erkennt der Rundfunkfreiheit in ständiger Rechtsprechung die Abwehrfunktion gegen staatliche Beherrschung zu[115], die der „klassischen Funktion" der Grundrechte entspreche[116]. Dies wurde zunächst für die öffentlich-rechtlichen Rundfunkanstalten entschieden[117], denen ein Schutz vor staatlicher Einflussnahme auf die Programmveranstaltung eingeräumt wurde. Die Rechtsprechung wurde auf die privaten Veranstalter übertragen[118]. Das Bundesverfassungsgericht führt insoweit aus, dass sich die Kommunikationsgrundrechte ursprünglich gegen staatliche Beeinträchtigung gerichtet und darin einen wichtigen Anwendungsbereich gefunden hätten[119]. Die Rundfunkfreiheit gewährleiste den Schutz von Auswahl, Inhalt und Ausgestaltung der Programme gegen fremde Einflüsse[120]. Sie stelle sicher, dass die Rundfunkveranstalter ihre publizistische Aufgabe frei von externer Einflussnahme erfüllen könnten.

In weiteren Entscheidungen hat das Bundesverfassungsgericht geprüft, ob ein „wirksamer Schutz der Programmfreiheit der privaten Veranstalter gewährleistet

---

112 Vgl. *Jarass/Pieroth*, GG, Art. 5 Rn. 35; *Braml*, S. 81 ff.; vgl. auch *Dörr*, VwA 2001, 149 154 f., der der Rechtsprechung des Bundesverfassungsgerichts ebenfalls subjektiv-rechtliche und objektiv-rechtliche Elemente zuordnet.

113 BVerfGE 57, 295, 320.

114 BVerfGE 83, 238, 315.

115 BVerfGE 57, 295, 320.

116 BVerfGE 12, 205, 320.

117 BVerfGE 31, 314, 322.

118 BVerfGE 73, 118, 182.

119 BVerfGE 90, 60, 87 ff.; BVerfGE 97, 228, 256 ff.

120 BVerfGE 57, 231, 260.

ist“[121] und damit zu erkennen gegeben, dass es eine Grundrechtsverletzung privater Veranstalter für möglich hält und dem Grundrecht somit eine subjektivrechtliche Komponente im Sinne eines Abwehrrechts gegen staatliche Beeinträchtigungen einräumt.

Die Abwehrfunktion kommt auch insoweit in der Rechtsprechung des Bundesverfassungsgerichts zum Ausdruck, als es ausführt, dass Gesetze, die die Rundfunkfreiheit tangieren, an Art. 5 Abs. 2 GG zu messen sind. Damit wird eingeräumt, dass den Rundfunkveranstaltern subjektive Rechte gegen staatliche Maßnahmen, die in die Rundfunkfreiheit eingreifen, zustehen. Diese Aussagen werden allerdings insoweit relativiert, als das Bundesverfassungsgericht zwischen Schrankengesetzen und Ausgestaltungsregelungen unterscheidet, die keinen Eingriff enthalten und nicht Art. 5 Abs. 2 GG unterfallen, sofern sie als zulässige Ausgestaltungsregelungen der Sicherung der Rundfunkfreiheit dienen. Der dem Gesetzgeber zukommende Ausgestaltungsspielraum ist sehr weit[122]. Nicht jede belastende Regelung stellt daher einen Eingriff in die individuelle Rundfunkfreiheit dar. Die Abgrenzung dieser beiden Arten von Gesetzen ist in der Rechtsprechung des Bundesverfassungsgerichts nicht immer eindeutig. Sie wird an anderer Stelle dieser Arbeit näher dargestellt[123].

Ob damit ein umfassendes Rundfunkveranstaltungsrecht, insbesondere im Hinblick auf die Gründung von Rundfunkunternehmen und ein subjektives Recht auf Zulassung zum Rundfunk besteht[124] ist auch unter Berücksichtigung der neueren Rechtsprechung des Bundesverfassungsgerichts unklar[125].

Das Bundesverfassungsgericht hatte insoweit zunächst betont, dass der Gesetzgeber nicht verpflichtet ist, privaten Rundfunk zuzulassen; die Zulassung sei lediglich nicht zu beanstanden[126].

Weiter hat es darauf hingewiesen, dass die Veranstaltung von privatem Rundfunk, sofern dieser zugelassen ist, nicht unter Anforderungen gestellt werden darf, die die Veranstaltung in hohem Maß erschweren oder ausschließen[127]. Weiter ausgeführt wurde dies vom Bundesverfassungsgericht jedoch nicht.

Nunmehr hat das Bundesverfassungsgericht entschieden, dass sich bereits zugelassene Rundfunkveranstalter hinsichtlich der ihnen eingeräumten Rechts-

---

121 BVerfGE 73, 118, 182 f.
122 Kap. 4 VI.
123 Vgl. Kap. 4 VI 1).
124 Vgl. zu der Entwicklung in der Rechtsprechung des Bundesverfassungsgerichts *Fink*, DÖV 1992, 805.
125 Vgl. BVerfGE 57, 295, 318; BVerfG, B. v. 20.7.1992, NJW 1993, 1190 f.
126 BVerfGE 83, 238, 296 f.; *Dörr* in: Die Sicherung der Meinungsvielfalt, S. 331, 341 f.
127 BVerfGE 73, 118, 157; BVerfGE 83, 238, 317.

position auf den Schutz der Rundfunkfreiheit berufen können[128] und sich der Grundrechtsschutz insoweit auf sie erstreckt[129]. Ungeklärt ist jedoch nach wie vor, wie weit der Schutz des Grundrechts reicht und ob er über eine abwehrrechtliche Position hinausgeht.

Eine wichtige Weichenstellung zur subjektiv-rechtlichen Komponente der Rundfunkfreiheit und deren Reichweite brachte die „extra radio" - Entscheidung des Bundesverfassungsgerichts mit sich[130].

Sie betraf eine Verfassungsbeschwerde der privaten Rundfunkveranstalterin „extra radio" gegen eine Entscheidung des Bayerischen Verfassungsgerichtshofs, in der dieser eine einstweilige Anordnung des Bayerischen Verwaltungsgerichtshofs aufgehoben hatte, wonach der Beschwerdeführerin die Fortführung ihres lokalen Hörfunkprogramms bis zur Hauptsacheentscheidung gestattet worden war. Zuvor hatte die Bayerische Landeszentrale für neue Medien (BLM) den Antrag der Beschwerdeführerin auf Fortsetzung der Ausstrahlung abgelehnt. Nach Ansicht des Bayerischen Verfassungsgerichtshofs war allein die BLM als Trägerin des Grundrechts der Rundfunkfreiheit anzusehen, da nach Art. 111 a Abs. 1 S. 1 der Bayerischen Verfassung die Ausstrahlung von Rundfunk – auch bei Beteiligung von Privaten – nur in öffentlich-rechtlicher Trägerschaft gestattet sei. Das Bundesverfassungsgericht hat demgegenüber entschieden, dass trotz der Regelung des Art. 111 a Abs. 1 S. 1 BV auch der private Rundfunkveranstalter Träger des Grundrechts der Rundfunkfreiheit sei und sich auf dieses berufen könne.

Das Bundesverfassungsgericht betonte, dass Rundfunkfreiheit in ihrem Kern Programmfreiheit sei[131]. Es stehe allen natürlichen und juristischen Personen zu, die Rundfunkprogramme veranstalten, unabhängig davon, ob die Rundfunkveranstaltung öffentlich-rechtlich oder privatrechtlich, kommerziell oder gemeinnützig organisiert sei. Als Programm definierte es die auf längere Dauer angelegte, planmäßige und strukturierte Abfolge von Sendungen oder Beiträgen. Veranstalter eines solchen Programms sei derjenige, der die Struktur festlege, die Abfolge plane, die Sendungen zusammenstelle und unter einer einheitlichen Bezeichnung dem Publikum anbiete[132]; dadurch unterscheide sich der Veranstalter

---

128 BVerfGE 95, 220, 234; 97, 298, 313.

129 BVerfGE 71, 118, 183; 95, 220, 234; 97, 298, 313; *Bethge*, NVwZ 1997, 1, 4.

130 B. v. 20.02.1998, BVerfGE 97, 298; Besprechung der Entscheidung bei *Dörr*, JuS 2000, 179; dort auch zu den sonstigen medienrechtlichen und verfassungsprozessualen Aspekten der Entscheidung.

131 BVerfGE 97, 298, 310; 59, 231 ff., 258; 90, 60, 87; 95, 220, 234.

132 BVerfGE 97, 298, 310 ff. Das Bundesverfassungsgericht sieht daher die Programmanbieter, also auch die Beschwerdeführerin, nach bayerischem Medienrecht als

vom bloßen Zulieferer. Dagegen sei für die Veranstaltereigenschaft nicht erforderlich, dass der Veranstalter das Programm selbst ausstrahle oder die einzelnen Sendungen selbst produziere. Die vom Bundesverfassungsgericht für die Auswahl von Bewerbern und die Zuteilung von Übertragungskapazitäten vorgesehenen Vorkehrungen seien im Interesse der Rundfunkfreiheit besonders strikt, sie seien allerdings als objektiv-rechtliche Verpflichtungen entwickelt worden; es habe kein Anlass bestanden, zu klären, ob der objektiven Pflicht des Staates auch subjektiv-rechtliche Positionen der Rundfunkveranstalter bzw. -bewerber entsprächen. Da die objektiv-rechtliche Pflicht jedoch auch der Sicherung der grundrechtlichen Position der Rundfunkveranstalter diene, wäre ihr Sicherungszweck gefährdet, wenn die Rundfunkveranstalter keine Möglichkeit hätten, eine Pflichtverletzung geltend zu machen[133]. Der Schutz des Grundrechts erstrecke sich auch auf die Bewerber um eine Rundfunklizenz und erfasse sowohl die erstmalige Auswahl als auch die Verlängerung der Lizenzen[134], da bereits im Auswahlverfahren die Gefahr der Einflussnahme auf die Programmfreiheit gegeben und „besonders groß" sei[135], da nicht ausgeschlossen werden könne, dass die Einstellung zu dem angebotenen Programm in die Auswahlentscheidung einfließe und die Anbieter inhaltliche Anpassungen vornehmen würden, um ihre Auswahlchancen zu verbessern[136].

Die Ausführungen des Bundesverfassungsgerichts deuten zunächst darauf hin, dass die subjektiv-rechtliche Komponente der Rundfunkfreiheit nunmehr stärker hervorgehoben wird. Ein Grundrechtsschutz der Veranstalter wird bezüglich der ihnen eingeräumten Rechtspositionen und in gewissem Rahmen auch im Auswahl- und Zulassungsverfahren zugestanden. In der Entscheidung liegt jedoch keine Umkehr von der früheren Rechtsprechung dahingehend, dass die Rundfunkfreiheit nunmehr primär oder umfassend als Rundfunkveranstaltergrundrecht angesehen wird und die subjektiv-rechtliche Komponente die objektiv-rechtliche überwiegt. Vielmehr führt das Bundesverfassungsgericht weiter aus, dass der Bewerber jedenfalls einen Anspruch darauf habe, dass bei der Auslegung und Anwendung der gesetzlichen Zugangsregelungen seine Position als Grundrechtsträger hinreichend beachtet werde. Damit erhalte er eine rundfunkspezifische Rechtsposition, die über den durch das Willkürverbot vermit-

---

Veranstalter und Grundrechtsträger der Rundfunkfreiheit an; vgl. hierzu *Hartstein/Ring/Kreile/Dörr/Stettner*, B 2 Rn. 64; *Dörr*, JuS 2000, 179.

133 BVerfGE 97, 298, 313.

134 BVerfGE 97, 298, 313; vgl. zur Diskussion vor der „extra radio"-Entscheidung *Bethge*, NVwZ 1997, 1, 4 f.

135 BVerfGE 97, 298, 313.

136 BVerfGE 97, 298, 313.

telten Schutz hinausreiche[137]. Das Bundesverfassungsgericht bezeichnet diese Rechtsposition als „Grundrechtsbeachtungsanspruch“[138] und lässt dessen Reichweite im einzelnen offen, da dies im Rahmen der ihm vorliegenden Verfassungsbeschwerde nicht zu untersuchen war.

Durch diese Äußerungen ist ersichtlich, dass das Bundesverfassungsgericht die subjektiv-rechtliche Komponente der Rundfunkfreiheit nach wie vor eher restriktiv und nicht als umfassende Rechtsposition ansieht; dies ergibt sich aus den Formulierungen, wonach die Grundrechtsposition hinreichend zu beachten ist und über das Willkürverbot hinausreicht. Auch setzt dieser vom Bundesverfassungsgericht zugestandene Anspruch auf Beachtung der grundrechtlichen Rechtsposition der Rundfunkfreiheit erst bei der Zulassung zum Rundfunk an; ob etwa auch das Stadium der Gründung[139] von Rundfunkunternehmen erfasst ist, ist unklar und kann der Entscheidung nicht entnommen werden. Weitergehende Rechte als die in der Entscheidung genannten werden den Rundfunkveranstaltern dadurch – zunächst – nicht zugestanden. Das Bundesverfassungsgericht lässt vielmehr ausdrücklich offen, wie weit die Rechtsposition im Einzelnen reicht, gibt hierdurch jedoch zu erkennen, dass aus der Entscheidung eine umfassende originäre Rechtsposition auf Rundfunkveranstaltung nicht abgeleitet werden kann.

Demnach bleibt die Reichweite der Rundfunkfreiheit als Veranstaltergrundrecht weiterhin unklar[140]; aus der Entscheidung ist jedoch ersichtlich, dass die Stellung der Rundfunkveranstalter und die subjektiv-rechtliche Seite der Rundfunkfreiheit stärker betont werden[141]. Sie ist aus diesem Grund im Schrifttum überwiegend begrüßt worden[142].

3) Die Auslegung der Rundfunkfreiheit im Schrifttum

Die im Schrifttum vertretenen Auffassungen zum subjektiv-rechtlichen bzw. objektiv-rechtlichen Gehalt der Rundfunkfreiheit sind sehr breit. Im Rahmen

137 BVerfGE 97, 298, 314.

138 BVerfGE 97, 298, 314.

139 Dafür etwa: *Jarass/Pieroth*, GG, Art. 5 Rn. 33 m. w. N.

140 *Charissé*, S. 78 ff. ; *Bornemann*, MMR 1998, 425, 426; *Westphal*, MMR 1998, 198, 202; vgl. *Dörr*, VwA 2001, 149, 157, der die Vermutung äußert, die Entscheidung habe zum Ziel gehabt, „mit dem privaten Rundfunk Frieden zu schließen“, der zuvor weniger Zustimmung erfahren habe als der öffentlich-rechtliche Rundfunk.

141 *Dörr*, VwA 2001, 149, 156 m. w. N. zu den Reaktionen im Schrifttum.

142 *Dörr*, VwA 2001, 149, 156; *Renck-Laufke*, ZUM 1998, 390, 402; *Herrmann*, ZUM 1998, 311 f.; *Stettner*, ZUM 1998, 312 f.

dieser Arbeit können nur die jeweiligen Grundpositionen aufgezeigt werden, ohne auf die einzelnen, sehr vielfältigen Nuancen einzugehen.

a) Die objektiv-rechtliche Auslegung

Auch ein Teil des Schrifttums sieht in der Rundfunkfreiheit in erster Linie eine objektiv-rechtliche Freiheit und nimmt weitgehend Bezug auf die Rechtsprechung des Bundesverfassungsgerichts. Die Rundfunkfreiheit stehe als Kommunikationsfreiheit unter dem Vorbehalt ihrer Gewährleistung[143]. Subjektive Rechte könnten durch die Ausgestaltung im Rahmen der „positiven Ordnung" entstehen[144].

b) Die subjektiv-rechtliche Auslegung

Teilweise wird die Rundfunkfreiheit als ausschließlich subjektiv-rechtliche Freiheit angesehen. Dies gilt insbesondere für die abwehrrechtliche Position, also als Freiheit des Rundfunkveranstalters gegenüber dem ausgestaltenden Gesetzgeber[145] und entspricht der „klassischen" Funktion der Grundrechte als Abwehrrechte gegen staatliche Eingriffe und damit einem liberalen Grundrechtsverständnis[146]: Der Wortlaut des Art. 5 Abs. 1 S. 2 GG, der von „Freiheit" spreche[147] sowie die Anordnung mit den anderen Kommunikationsfreiheiten des Art. 5 Abs. 1 GG sprächen für einen individualrechtlichen Gehalt[148]. Begründet wird dies auch mit einem Vergleich zur Pressefreiheit, die ebenfalls der individuellen und öffentlichen Meinungsfreiheit diene, ohne primär objektiv-rechtlich gedeutet zu werden[149]. Weiterhin wird vorgebracht, dass die Aufnahme in den Grundrechtsteil für den subjektiv-rechtlichen Charakter spreche[150].

---

143 *Hoffmann-Riem*, AöR 109, 304, 313.

144 *Hoffmann-Riem*, AöR 109, 304, 313; *ders.*, S. 71 ff.

145 Vgl. *Starck* in: *von Mangoldt/Klein/Starck*, Art. 5 Rn. 106.

146 *Hain*, S. 23; *Fink*, DÖV 1992, 805, 813, der kritisiert, dass das Bundesverfassungsgericht das liberale Grundrechtsverständnis, wonach jeder Grundrechtsträger als vernunftbegabtes Wesen in der Lage sei, nach seinen und den Interessen der Gemeinschaft zu handeln, aufgegeben habe.

147 *Starck* in: *von Mangoldt/Klein/Starck*, Art. 5 Rn. 106; *Schulze-Fielitz* in: *Dreier*, Art. 5 Rn. 80.

148 *Starck* in: *von Mangoldt/Klein/Starck*, Art. 5 Rn. 106; *Schulze-Fielitz* in: *Dreier*, Art. 5 Rn. 80; nach beiden habe der individualrechtliche Gehalt „geruht", solange die Sendefrequenzen knapp waren.

149 *Degenhart* in: BK, Art. 5 Rn. 643, 645.

150 *Fink*, DÖV 1992, 805, 812; *Degenhart* in: BK, Art. 5 Rn. 645.

Die subjektiv-rechtliche Deutung hat zur Folge, dass die Beeinträchtigung der subjektiven Rechtsposition einen Eingriff darstellt, der an Art. 5 Abs. 2 und dem Grundsatz der Verhältnismäßigkeit zu rechtfertigen ist [151].

Weiterhin wird von den Vertretern dieser Auffassung – entgegen der Rechtsprechung des Bundesverfassungsgerichts[152] – vorgebracht, es handele sich bei der Rundfunkfreiheit nicht um „normgeprägte“ Grundrechte[153], die der Ausgestaltung bedürfen, um wirksam zu werden[154], wie es etwa in Art. 14 Abs. 1 S. 2 GG für das Eigentum der Fall sei; dort sei der Gesetzgeber durch das Grundrecht zur Ausgestaltung ermächtigt. Weiterhin berechtigten Institutsgarantien zur Ausgestaltung, auch wenn das betreffende Grundrecht keinen ausdrücklichen Gestaltungsvorbehalt vorsehe, so etwa Art. 6 Abs. 1 GG für die Ehe[155]. Der Verfassungsgesetzgeber habe den „leicht verständlichen Charakter“ der Grundrechte nicht durch ausführliche Beschreibungen beeinträchtigen wollen[156], so dass sie oftmals normativ oder abstrakt gefasst und zur Verdeutlichung auf Ausfüllung oder Konkretisierung durch den einfachen Gesetzgeber angewiesen seien[157]. Das treffe auf die Rundfunkfreiheit nicht zu.

Dagegen wird teilweise auch innerhalb der Vertreter der subjektiv-rechtlichen Auslegung der Rundfunkfreiheit die Notwendigkeit gesehen, den mit dem Rundfunk verbundenen Gefahren durch eine Rundfunkordnung zu begegnen[158].

Wegen dieser sehr stark ausgeprägten subjektiv-rechtlichen Ansicht im Sinne des abwehrrechtlichen Schutzzwecks der Rundfunkfreiheit gehen einige Stimmen in der Literatur davon aus, dass ein Anspruch auf Rundfunkveranstaltung besteht[159]. Dieses „müsse“ nach dem Entfallen der Sondersituation durch Vermehrung der Sendemöglichkeiten und der dadurch entstandenen „Normalsitua-

---

151 Vgl. *Ruck*, AöR 117, 543, 555 ff.; *Starck* in: *von Mangoldt/Klein/Starck*, Art. 5 Rn. 106.

152 Kap. 1 II 2) a), Kap. 4 VI.

153 *Charissé*, S. 101 f., dies sei bei der Rundfunkfreiheit nicht der Fall, da sich der Begriff „Rundfunk“ auch ohne gesetzliche Konkretisierung bestimmen lasse; *Eberle*, S. 41; a.A. *Ruck*, AöR 117, 543, 548, die Art. 5 Abs. 1 GG in die Kategorie der normgeprägten Grundrechte einordnet.

154 *Isensee*, HaBuStR, § 115, Rn. 139.

155 Vgl. auch Art. 9 Abs. 1 GG für die Vereinigungsfreiheit.

156 *Stern*, StR, S. 1298.

157 *Isensee*, HaBuStR, § 115, Rn. 140.

158 *Starck* in: *von Mangoldt/Klein/Starck*, Art. 5 Rn. 106, 113: durch „geeignetes Organisationsrecht“ könne sichergestellt werden, dass die Erweiterung der Zahl der Rundfunkveranstalter den Vielfaltstandard nicht beeinträchtige; *Fink*, DÖV 1992, 805, 812 f.

159 *Starck* in: *von Mangoldt/Klein/Starck*, Art. 5 Rn. 68.

tion" gegeben sein[160]. Teilweise wird auch hier dem Gesetzgeber die Möglichkeit zugestanden, Organisationsgesetze zu erlassen[161].

4) Die Bedeutung von Art. 10 der Europäischen Menschenrechtskonvention und Art. 11 der Europäischen Grundrechtecharta für Art. 5 Abs. 1 S. 2 GG

Neben dem nationalen Recht enthalten auch die europäischen Regelungswerke, namentlich die Europäische Menschenrechtskonvention (EMRK) und die Europäische Grundrechtecharta, Bestimmungen zur Rundfunkfreiheit, die durch die Rechtsanwender und Gerichte, insbesondere den Europäischen Gerichtshof (EuGH) und den Europäischen Gerichtshof für Menschenrechte (EGMR) ausgelegt werden. Es ist daher zu klären, wie weit diese reichen und wie sie sich auf das nationale Recht auswirken.

a) Die Bestimmung des Art. 10 der Europäischen Menschenrechtskonvention

aa) Der Inhalt der Bestimmung und die Auslegung in der Rechtsprechung des Europäischen Gerichtshofs für Menschenrechte und des Europäischen Gerichtshofs

Art. 10 EMRK schützt die freie Meinungsäußerung unter Einschluss der Informationsfreiheit (Art. 10 Abs. 1 S. 1, 2 EMRK). Rundfunk- und Pressefreiheit sind nicht ausdrücklich genannt, werden aber durch Auslegung ebenfalls als geschützte Rechte angesehen[162].

Die Rechte der Europäischen Menschenrechtskonvention haben in allen Mitgliedstaaten des Europarats Geltung und sind darüber hinaus individuelle Rechte, die seit Inkrafttreten des 11. Zusatzprotokolls nach Erschöpfung des innerstaatlichen Rechtswegs von jedem Bürger eines Vertragsstaates mit der Men-

---

160 *Schulze-Fielitz* in: *Dreier*, Art. 5 Rn. 80; *Starck* in: *von Mangoldt/Klein/Starck*, Art. 5 Rn. 113: eine „völlig unkontrollierte Rundfunkveranstaltungsfreiheit" sei daher nicht zu befürchten.

161 *Starck* in: *von Mangoldt/Klein/Starck*, Art. 5 Rn. 113.

162 Vgl. auch Art. 10 Abs. 1 S. 3 EMRK, der ausdrücklich Hörfunk-, Fernseh- und Kinounternehmen nennt; vgl. EGMR, EuGRZ 1990, 255 – Groppera; EGMR, EuGRZ 1990, 261 – Autronic; EGMR, EuGRZ 1994, 549 – Lentia Informationsverein; zu Schutzbereich und Schranken des Art. 10 EMRK ausführlich *Frowein* in: *Frowein/Peukert*, S. 383 ff.; *Dörr/Beucher/Eisenbeis/Jost*, S. 130 ff.; *Engel*, Privater Rundfunk vor der Europäischen Menschenrechtskonvention; sowie zu Art. 10 EMRK in der Diskussion um die EU-Grundrechtecharta *Stock*, Medienfreiheit in der EU-Grundrechtecharta.

schenrechtsbeschwerde vor dem Europäischen Gerichtshof für Menschenrechte geltend gemacht werden können (vgl. Art. 34 EMRK). Darüber hinaus kann der Europäische Gerichtshof Art. 10 EMRK über Art. 6 Abs. 2 EU-Vertrag bei der Ermittlung der Gemeinschaftsgrundrechte heranziehen. Art. 10 EMRK diente schließlich als Vorlage bei der Formulierung der Grundrechtecharta der Europäischen Union[163].

Der Europäische Gerichtshof für Menschenrechte hat Art. 10 Abs. 1 EMRK zunächst individualrechtlich ausgelegt und die Rundfunkfreiheit als Unternehmerfreiheit angesehen[164]. Hierin liegt ein großer Unterschied zur Rundfunkfreiheit des Art. 5 Abs. 1 S. 2 GG in der Rechtsprechung des Bundesverfassungsgerichts[165].

In der neueren Rechtsprechung des Europäischen Gerichtshofs für Menschenrechte wird deutlich, dass er weiterhin die Medienfreiheit individualrechtlich versteht. Den Gedanken der „dienenden Freiheit" hat er aber bei der Schrankenbestimmung des Art. 10 Abs. 2 EMRK aufgegriffen und anerkannt, dass der Medienpluralismus wegen der demokratischen Aufgabe ein Ziel ist, das die Rundfunkveranstalterfreiheit begrenzen kann[166].

Der Europäische Gerichtshof orientiert sich zunehmend an dieser Rechtsprechung. Die Aufrechterhaltung eines pluralistischen Rundfunk- und Fernsehwesens stelle im Hinblick auf Art. 10 Abs. 2 EMRK ein zwingendes Allgemeininteresse dar, das Beschränkungen der Grundfreiheiten rechtfertigen könne[167]. Die Bestimmung des Art. 10 EMRK enthalte über ein individuelles Recht auf Medienfreiheit hinaus die Verpflichtung, den Meinungspluralismus und die kulturelle Vielfalt der Medien im Interesse einer funktionierenden Demokratie und der Informationsfreiheit wirksam zu sichern.

---

163 Vgl. Kap. 1 II 4) b) m. w. N.

164 Vgl. EGMR, EuGRZ 1994, 549 – Lentia Informationsverein; ähnlich EGMR, EuGRZ 1990, 255 - Groppera.

165 *Dörr/Beucher/Eisenbeis/Jost*, S. 145 ff. sowie Kap. 1 II 2).

166 EGMR, EuGRZ 1994, 549 – Lentia Informationsverein; EGMR, Serie A, Bd. 298, 23, Nr. 31- Jersild; zur Rechtsprechung des EGMR und Auslegung vgl. auch *Frowein* in: *Frowein/Peukert*, S. 383 ff.; *Dörr/Beucher/Eisenbeis/Jost*, S. 130 ff.; *Hoffmeister*, EuGRZ 2000, 358.

167 EuGH, Slg. 1991, I-4007 Rn. 22 – Gouda; EuGH, Slg. 1991, I-4069 Rn. 29 – Kommission/Niederlande; EuGH, Slg. 1993, I-487 Rn. 9 f. – Veronica Omroep; EuGH, Slg. 1994, I-4795 Rn. 18 – TV10; EuGH, Slg. 1997, I-3689 Rn. 18, 26 – Familiapress.

bb) Das Verhältnis zu Art. 5 Abs. 1 S. 2 GG und dessen Auslegung

Ausgehend von dieser Auslegung des Art. 10 EMRK stellt sich die Frage nach dem Verhältnis zu Art. 5 Abs. 1 S. 2 GG. Ausgangspunkt der Überlegungen ist dabei zunächst die Frage, welcher Rang den Normen der Europäischen Menschenrechtskonvention im deutschen Recht zukommt.

Teilweise wird angenommen, der Europäischen Menschenrechtskonvention komme Verfassungsrang bzw. Überverfassungsrang zu[168]. Diese Auffassung wird auf Art. 25 GG gestützt. Dagegen wird eingewandt, es handele sich bei der Europäischen Menschenrechtskonvention nicht um „allgemeine Regelungen des Völkerrechts" im Sinne des Art. 25 GG[169]. Die Europäische Menschenrechtskonvention sei keine allgemeine Regelung, da sie nicht von der weitaus größeren Zahl der Staaten anerkannt sei[170], sondern nur von europäischen Staaten[171]. Darüber hinaus erfasse Art. 25 GG nur Völkergewohnheitsrecht, nicht dagegen Völkervertragsrecht[172].

Nach überwiegender Ansicht des Schrifttums und der Rechtsprechung des Bundesverfassungsgerichts kommt Art. 10 EMRK nach der sog. Transformationstheorie aufgrund gesetzlicher Übernahme im nationalen Recht der Rang eines einfachen Gesetzes zu[173].

Dennoch gehen die Vertreter dieser Auffassung davon aus, dass die Vorschriften der Europäischen Menschenrechtskonvention sowie die dazu ergangene Rechtsprechung des Europäischen Gerichtshofs für Menschenrechte bei der

---

168 Zur Diskussion und den Lösungsansätzen vgl. *Langenfeld*, die in Anlehnung an *Ress* in: Zeidler-Festschrift, 1775, 1792 Art. 24 Abs. 1 GG auf die Europäische Menschenrechtskonvention anwendet, da das System der Europäischen Menschenrechtskonvention als zwischenstaatliche Einrichtung im Sinne von Art. 24 Abs. 1 GG angesehen und dieser damit verfassungsrechtliche Wirkung eingeräumt wird; dies entspricht nicht der herrschenden Meinung und der Rechtsprechung des Bundesverfassungsgerichts, BVerfGE 90, 286, 346 f.

169 *Jarass/Pieroth*, GG, Art. 25 Rn. 8.

170 Vgl. *Langenfeld* in: Grundrechtsschutz, 95, 97 ff. m. w . N; BVerfGE 23, 288, 317.

171 *Dörr/Beucher/Eisenbeis/Jost*, S. 149 ff.; a.A. *Koenig* in: *von Mangoldt/Klein/Starck*, Art. 25 Rn. 28.

172 Für Völkervertragsrecht gilt Art. 59 Abs. 2 GG; *Jarass/Pieroth*, GG, Art. 25 Rn. 6; *Koenig* in: *von Mangoldt/Klein/Starck*, Art. 25 Rn. 18 ff.; *Dörr/Beucher/Eisenbeis/Jost*, S. 151 f.

173 Daneben werden für die Übernahme des Völkerrechts die Lehre vom Anwendungsbefehl und die Vollzugstheorie vertreten; vgl. zu den unterschiedlichen dogmatischen Ansatzpunkten und den Auswirkungen der verschiedenen Ansätze *Koenig* in: *von Mangoldt/Klein/Starck*, Art. 25 Rn. 32 ff., 36 ff; *Dörr/Beucher/Eisenbeis/Jost*, S. 149 ff.

Auslegung des Grundgesetzes heranzuziehen seien[174]. Dies ergebe sich aus dem Prinzip der Völkerrechtsfreundlichkeit des Grundgesetzes, die in Art. 24 und 25 GG, aber auch in der Präambel zum Ausdruck komme[175].

Diese völkerrechtskonforme Auslegung finde jedoch ihre Grenzen, wenn sie dazu führe, dass der Grundrechtsschutz des Grundgesetzes nicht erweitert, sondern geschmälert werde[176]. Dies ist aufgrund der aufgezeigten Unterschiede der Auslegung des Art. 10 EMRK durch den Europäischen Gerichtshof für Menschenrechte und von Art. 5 Abs. 1 S. 2 GG durch das Bundesverfassungsgericht problematisch: Art. 10 EMRK wird vorwiegend subjektiv-rechtlich, also als Rundfunkveranstalterfreiheit, verstanden. Demgegenüber ist Art. 5 Abs. 1 S. 2 GG vorwiegend objektiv-rechtlich im Sinne einer „dienenden Freiheit" zu verstehen, die der öffentlichen Meinungsbildung dient und Voraussetzung einer funktionierenden Demokratie ist[177]. Würde nunmehr die subjektiv-rechtliche Auslegung in den Vordergrund gestellt, würde zwangsläufig der objektiv-rechtliche Gehalt in seiner Bedeutung geschmälert. Die dienende Freiheit würde zugunsten der Rundfunkveranstaltungsfreiheit zurückstehen. Insofern würde die Auslegung des Art. 10 EMRK dazu führen, dass der Grundrechtsschutz des Art. 5 Abs. 1 S. 2 GG in seiner Auslegung durch das Bundesverfassungsgericht eingeschränkt würde, da die so verstandene Rundfunkfreiheit zugunsten einer subjektiv-rechtlichen Auslegung geschwächt würde[178].

Dennoch ist davon auszugehen, dass die Rechtsprechung des Europäischen Gerichtshofs für Menschenrechte sowie des Europäischen Gerichtshofs die Auslegung der Rundfunkfreiheit durch das Bundesverfassungsgericht – auch in der extra-radio-Entscheidung – beeinflusst. Eine vorsichtige Annäherung der gegenläufigen Positionen ist erkennbar.

Zu der Frage der Bindungswirkung der Bestimmungen der Europäischen Menschenrechtskonvention sowie der diese Bestimmungen auslegenden Entscheidungen des Europäischen Gerichtshofs für Menschenrechte im nationalen Recht hat sich das Bundesverfassungsgericht in einer neueren Entscheidung geäußert[179]. Danach sind Bestimmungen der Konvention in ihrer Auslegung durch

---

174 *Dörr/Beucher/Eisenbeis/Jost*, S. 153 ff.

175 BVerfGE 74, 358, 370; *Dörr/Beucher/Eisenbeis/Jost*, S. 153 ff.; *Langenfeld* in: Grundrechsschutz, S. 95.

176 *Dörr/Beucher/Eisenbeis/Jost*, S. 155.

177 Vgl. Kap. 1 II 2) a); BVerfGE 7, 198, 208; BVerfGE 57, 295, 320.

178 *Clausen-Muradian*, S. 26 f.; *Dörr/Beucher/Eisenbeis/Jost*, S. 155; wird die primär subjektiv-rechtliche Auslegung verfolgt, stellt sich das Problem nicht; vgl. auch *Ebsen*, S. 52, nach dem auch die Rechtsprechung des Bundesverfassungsgerichts mit der subjektiv-rechtlichen Auslegung des Art. 10 EMRK durch den Europäischen Gerichtshof für Menschenrechte vereinbar ist.

179 BVerfG, B. v. 14.10.2004, NJW 2004, 3407 ff.

den Europäischen Gerichtshof aufgrund der Bindung der staatlichen Organe an Recht und Gesetz (Art. 20 Abs. 3 GG) bei deren Entscheidungen zu berücksichtigen, wobei jedoch auch die Auswirkungen auf die nationale Rechtsordnung bei der Rechtsanwendung zu beachten sind[180]. Die Bedeutung der Europäischen Menschenrechtskonvention sowie der hierzu ergangenen Entscheidungen im nationalen Recht wurde durch das Bundesverfassungsgericht somit erneut bestätigt. Die konkrete Reichweite im nationalen Recht kann der Entscheidung jedoch – aufgrund der im Detail unklaren Vorgaben zum Umfang der Bindungswirkung – nicht entnommen werden.

b) Die Bestimmung des Art. 11 der Europäischen Grundrechtecharta

aa) Inhalt und Auslegung der Bestimmung

Art. 11 der Europäischen Grundrechtecharta[181] hat ebenfalls die Meinungsfreiheit zum Gegenstand. Die Vorschrift orientiert sich an Art. 10 EMRK und ist in Abs. 1 – soweit die freie Meinungsäußerung einschließlich der Informationsfreiheit geschützt ist – mit dieser identisch.

Darüber hinaus war die explizite Verankerung einer Medienfreiheit zunächst nicht vorgesehen[182]. Nach mehreren Kontroversen fand sie schließlich Eingang in Abs. 2, der lautet: „Die Freiheit der Medien und ihre Pluralität werden geachtet".

Dabei war der Wortlaut des Abs. 2 bis zur Verabschiedung der Charta unklar und wurde in letzter Minute vor der Schlussabstimmung des Grundrechtkonvents von „gewährleistet" in „geachtet" geändert[183]. Die Änderung ging zurück auf den deutschen Ländervertreter und sollte klarstellen, dass Medienfreiheit und -pluralismus den Ländern obliegen, die insoweit ein Abwehrrecht gegen die Ge-

---

180 BVerfG, B. v. 14.10.2004, NJW 2004, 3407, 3410 f.

181 Die Ausarbeitung einer Grundrechtecharta wurde vom Europäischen Rat auf dem EU-Gipfel in Köln am 3./4.06.1999 beschlossen; beauftragt wurde ein Konvent unter Vorsitz von Roman Herzog. Die Charta wurde auf der Tagung des Europäischen Rates in Nizza am 7.12.2000 in Form einer gemeinsamen politischen Deklaration von Parlament, Kommission und Rat verkündet; vgl. zum Text Bekanntmachung der Endfassung, ABlEG Nr. C 61 vom 18.12.2000, S. 1; vgl. zu Entstehungsgeschichte, Zusammensetzung und Arbeitsweise des Konvents *Hector* in: Grundrechtsschutz, S. 180 ff.; *Stock*, K & R 2001, 289, 294 ff.; *ders.*, Medienfreiheit in der EU-Grundrechtecharta, S. 13 ff., 65 ff.; vgl. zur Entwicklung des Grundrechtsschutzes in Europa *Wolf* in: Grundrechtsschutz, S. 9 ff.

182 Vgl. *Stock*, K & R 2001, 289, 298 ff.

183 Vgl. ausführlich *Stock*, EuR 2002, 566 ff; *ders.*, K & R 2001, 289 ff.; vgl. auch die Fassungen anderer Mitgliedstaaten, etwa die britische Formulierung „respected".

meinschaft haben, und dass der Gemeinschaft keinerlei Kompetenz zustehe[184]. Auch sollte vermieden werden, dass die Gemeinschaft aus der Vorschrift ein Ausgestaltungsrecht, eine Garantiefunktion oder Schutzpflicht herleite[185].

Bedeutung und Aussagekraft der Änderung sind bis heute umstritten. So gehen einige Stimmen in Schrifttum und Politik davon aus, dass „achten" dasselbe bedeute wie „garantieren" oder „schützen"[186]. Gestützt wird dies auf den Wortlaut[187] und die Systematik: Art. 10 EMRK enthalte nach der Rechtsprechung des Europäischen Gerichtshofs für Menschenrechte auch eine öffentliche Gewährleistungsaufgabe und sei als Mindeststandard auch für die Grundrechtecharta von Bedeutung (Art. 10 EMRK i. V. m. Art. 52 Abs. 3, 53 EU-Grundrechtecharta)[188].

Nach der Entstehungsgeschichte und der Intention, der Gemeinschaft keinerlei Anknüpfungspunkte für Regelungen im Medienbereich zu geben, muss jedoch davon ausgegangen werden, dass „geachtet" eine Abschwächung gegenüber „gewährleistet" bedeutet. Ansonsten wäre auf die Änderung nicht hingewirkt worden[189].

In jedem Fall macht Art. 11 Abs. 2 die Bedeutung von Medienfreiheit und -pluralismus deutlich, die sie auch durch die Rechtsprechung des Europäischen Gerichtshofs für Menschenrechte und des Europäischen Gerichtshofs erfahren haben. Das kommt auch dadurch zum Ausdruck, dass sie im Gegensatz zur Europäischen Menschenrechtskonvention ausdrücklich genannt sind und damit eine Aufwertung erfahren haben[190].

---

184 So der vom Bundesrat entsandte deutsche Ländervertreter *Gnauck*, Plenarprot. 14/124, S. 11918; vgl. *Stock*, EuR 2002, 566, 575; dass die Grundrechtecharta keine neuen Kompetenzen oder Aufgaben begründet, sondern nur den Grundrechtsschutz gegenüber der Gemeinschaft verstärken soll, ergibt sich jedoch bereits aus Art. 51 Abs. 2 der Grundrechtecharta.

185 Vgl. *Stock*, EuR 2002, 566, 575; *ders.* K & R 2001, 289, 299 f.

186 Vgl. *Hieronimy* in: Nizza, die Grundrechtecharta und ihre Bedeutung für die Medien in Europa, S. 55 ff., die trotz des Wortlauts einen „Auftrag" der Europäischen Union sieht.

187 Vgl. hierzu *Stock*, EuR 2002, 566, 579.

188 *Fischer*, S. 207; *Gast* in: Nizza, die Grundrechtecharta und ihre Bedeutung für die Medien in Europa, S. 77, 79 f.; vgl. ausführlich zu Art. 52 Abs. 3 *Callewaert*, EuGRZ 2003, 198.

189 Aus diesem Grund war die Änderung von dem deutschen Ländervertreter auch beabsichtigt worden; vgl. *Gnauck*, Plenarprot. 14/124, S. 11918; vgl. *Stock*, EuR 2002, 566, 588: die Änderung sei „defensiv-nationalstaatlich" und „euroskeptisch" motiviert.

190 Diese Bedeutung wird durch die Formulierung „achten" gegenüber anderen Gemeinschaftsgrundrechten nicht geschwächt, vgl. *Schwarze*, AfP 2003, 209, 211.

Weiterhin zeigt Art. 11 Abs. 2 – unabhängig von der gewählten Formulierung – dass die nationalen Regelungen im Mediensektor von der Gemeinschaft zu beachten sind[191].

bb) Das Verhältnis der Bestimmung zum nationalen Recht

Die EU-Grundrechtecharta stellt bislang kein verbindliches Recht, sondern lediglich eine politische Deklaration dar. Der Europäische Gerichtshof kann sie allerdings über Art. 6 Abs. 2 EU-Vertrag heranziehen, um die gemeinsamen Verfassungstraditionen der Mitgliedstaaten zu ermitteln. Das Europäische Parlament und die Kommission haben erklärt, sie zu beachten[192]. Darüber hinaus macht sie die Grundrechte „publik“[193]. Auch wird der Bedeutung von Medienfreiheit und -pluralität Rechnung getragen, indem sie – im Gegensatz zur Europäischen Menschenrechtskonvention – ausdrücklich in der Charta erwähnt sind. Insoweit kommt ihr Bedeutung zu. Weiterhin wurde sie in Teil II, Titel II, Art. II-11 des vom Europäischen Konvent erarbeiteten EU-Verfassungsvertrags übernommen[194]. Mit dessen Inkrafttreten wird auf der Ebene der Europäischen Union ein geschriebener rechtsverbindlicher Grundrechtekatalog existieren, der das Bekenntnis der Europäischen Union zu einer gemeinsamen Werteordnung widerspiegeln und für die Bürger Transparenz und Rechtsklarheit schaffen wird[195]. Im Übrigen wären die praktischen Auswirkungen gering, da auch jetzt bereits ein Grundstandard der Gemeinschaftsgrundrechte anerkannt ist[196].

---

191 Inwieweit auch die Mitgliedstaaten – etwa bei der Beschränkung von Grundfreiheiten - an Art. 11 Abs. 2 gebunden sind, ist unklar. Nach Art. 51 Abs. 1 der Grundrechtecharta gilt diese „ausschließlich bei Durchführung des Rechts der Union“; *Schwarze*, AfP 2003, 209, 211 sieht dies restriktiv und hebt den Abwehrcharakter gegenüber der Gemeinschaft hervor, während *Ranacher*, ZÖR 2003, 21, 94 ff. die Bindung auf den gesamten Anwendungsbereich des Gemeinschaftsrechts erstreckt und Art. 53 der Grundrechtecharta betont, der eine Absenkung des bisherigen Schutzniveaus der Gemeinschaftsgrundrechte verhindern soll. Tatsächlich dürfte eine Änderung der bisherigen Rechtslage nicht gewollt sein.

192 Vgl. *Schwarze*, AfP 2003, 209, 212.

193 *Schwarze*, AfP 2003, 209, 211; *Callies*, EuZW 2001, 261, 267; *Hector* in: Grundrechtsschutz, S. 180, 181.

194 Der Entwurf des Verfassungsvertrags ist abgedruckt in EuGRZ 2003, 357 ff. bzw. 391 ff.; am 18.06.2004 wurde der Verfassungsvertrag durch die Staats- und Regierungschefs auf dem Gipfel in Brüssel unterzeichnet. Er soll nach Ratifikation durch die Mitgliedstaaten bis 2007 in Kraft treten.

195 *Schwarze*, NJW 2002, 993, 996; ähnlich *ders.*, EuR 2003, 535, 560 ff.

196 *Schwarze*, NJW 2002, 993, 996; *Hector* in: Grundrechtsschutz, S. 180; *Magiera*, DÖV 2000, 1017, der auch die Entwicklung der Gemeinschaftsgrundrechte nachzeichnet; *Callies*, EuZW, 2001, 261, 262, der überdies begrüßt, dass die bestehen-

5) Stellungnahme

Wie dargestellt, können sich Art. 5 Abs. 1 S. 2 GG keine eindeutigen Aussagen darüber entnehmen lassen, ob die Rundfunkfreiheit ausschließlich oder in erster Linie objektiv-rechtlichen oder subjektiv-rechtlichen Charakter hat. Für alle Auslegungen lassen sich nachvollziehbare Argumente finden. Daher kann nur eine Auffassung überzeugen, wonach beide Elemente in die Rundfunkfreiheit einfließen und sich nicht ausschließen. Tatsächlich haben die verschiedenen Positionen von ihren Ausgangspunkten her die jeweils gegenläufigen Ansichten annäherungsweise und zu unterschiedlichen Graden in ihre Deutung integriert: So weist die Rechtsprechung des Bundesverfassungsgerichts auch subjektiv-rechtliche Ansätze auf. Nach der objektiv-rechtlichen Sichtweise können subjektive Rechtspositionen durch die Ausgestaltung entstehen; nach der subjektiv-rechtlichen Sichtweise wird teilweise anerkannt, dass der Rundfunk nicht dem „freien Spiel der Kräfte" überlassen werden darf und eine positive Ordnung zu schaffen ist. Daher ist weitgehend eingeräumt, dass beide Komponenten im Rahmen der Rundfunkfreiheit ihre Berechtigung haben. Die am meisten umstrittene Position ist die Problematik, ob ein umfassendes subjektives Recht auf Rundfunkveranstaltung besteht. In dogmatischer Hinsicht bleiben über diese Streitfrage hinaus jedoch gravierende Unterschiede mit erheblichen Auswirkungen[197].

Aufgrund der besonderen Bedeutung des Rundfunks, die auch und gerade dem Verfassungsgeber bekannt war, ist jedoch von einer primär objektiv-rechtlichen Bedeutung im Sinne der Rechtsprechung des Bundesverfassungsgerichts auszugehen. Die dienende Komponente der Rundfunkfreiheit überwiegt daher die subjektiv-rechtlichen Elemente, die im Wege der Ausgestaltung erst „geformt" werden. Dementsprechend sind die europarechtlichen Regelungen in diesem Bereich begrüßenswert, bleiben aber – derzeit – ohne unmittelbare Bedeutung für die Auslegung des Art. 5 Abs. 1 S. 2 GG. Sie sind jedoch ein Grund für die vorsichtige Anerkennung von subjektiv-rechtlichen Elementen in Richtung auf eine Rundfunkveranstalterfreiheit in der neueren Rechtsprechung des Bundesverfassungsgerichts. Insoweit kommt ihnen Bedeutung zu.

---

den Lücken im europäischen Grundrechtsschutz insbesondere aufgrund der fortschreitenden Machtfülle der europäischen Institutionen nicht mehr nur richterrechtlich geschlossen werden sollten.

197 Vgl. Kap. 4 VI 1).

Kapitel 2: Medienrecht und wettbewerbsrechtliche Fusionskontrolle

I. Die Konzentrationstendenzen im Medienbereich

Im Medienbereich besteht wirtschaftlicher und publizistischer Wettbewerb. Die zunehmende Medienkonzentration führt dazu, dass beide immer weiter eingeschränkt werden.

Im Bereich der Konzentration ist zwischen horizontaler, vertikaler und diagonaler Konzentration zu unterscheiden[198].

1) Die horizontale Konzentration

Unter horizontaler Konzentration ist ein Zusammenschluss von Unternehmen zu verstehen, die auf derselben Wirtschaftsstufe stehen und auf demselben relevanten Markt tätig werden[199]. Nach dem Bundesverfassungsgericht sind vier Konstellationen denkbar, die zum Entstehen von horizontaler Konzentration führen können: Es existieren nur wenige Anbieter, eine Vielzahl von Anbietern schrumpft durch das Ausscheiden kleinerer Anbieter auf wenige zusammen, mehrere Anbieter schließen sich zusammen oder ein Anbieter verfügt über mehrere Programme[200].

Die horizontale Konzentration ist für die Veranstalter vorteilhaft: Sie ermöglicht eine Reichweitenerhöhung, die wiederum die Erhöhung der Werbeeinnahmen und die Verringerung der Programmkosten pro Zuschauer zur Folge hat (sog. Kontaktkostendegression). Auch ist eine Mehrfachverwertung in verschiedenen Programmen möglich[201].

---

198 Vgl. hierzu ausführlich *Mailänder*, S. 165 ff; KEK, 2. Konzentrationsbericht, S. 37 ff.

199 *Janik*, AfP 2002, 104, 107; im Fernsehbereich decken die 4 Gruppierungen ARD, ZDF, RTL Group und ProSiebenSAT.1 Media AG über 90 % des Bedarfs der Zuschauer an Fernsehprogrammen, KEK, 2. Konzentration, S. 17, 37 f.

200 BVerfGE 73, 118, 172.

201 *Janik*, AfP 2002, 104, 107.

2) Die vertikale Konzentration

Als vertikale Konzentration wird die Verflechtung von Medienunternehmen mit vor- und nachgelagerten Märkten, wie etwa Produktion, Rechtehandel und Distribution, bezeichnet[202].

Für die Unternehmen entfallen Transaktionskosten und das Beschaffungsrisiko, während gleichzeitig Verbundvorteile entstehen[203].

3) Die diagonale Konzentration

Unter diagonaler Konzentration ist die Integration von Industriezweigen zu verstehen, deren Produkte weder auf Produktions- noch auf Absatzebene verbunden sind[204]. Es entstehen große Multimedia-Mischkonzerne (sog. Cross-Media-Ownership). Meist besteht eine Kombination aller drei Konzentrationsformen.

Den Medienunternehmen bereitet diese umfassende Art der Verflechtung zahlreiche Vorteile. Sie steigern ihre Wettbewerbsfähigkeit aufgrund von Synergieeffekten: Sie erhalten größere Werbeetats und erlangen Verbundvorteile durch die gemeinsame Nutzung verschiedener Produktionsbedingungen und gemeinsamer Werbestrategien (sog. Cross-Promotion). Weiterhin besteht die Möglichkeit zur multimedialen Mehrfachverwertung und zur Verteilung des Produktionsrisikos[205]. Für den wirtschaftlichen und publizistischen Wettbewerb stellt diese Form der Konzentration ein großes Risiko dar[206].

II. Die Regelungsbereiche der Konzentrationskontrolle im Wettbewerbs- und Medienrecht

Im Medienbereich ist der wirtschaftliche vom publizistischen Wettbewerb zu unterscheiden[207]. Dementsprechend können Medienunternehmen unter konzentrationsrechtlichen Gesichtspunkten zwei Kontrollmechanismen unterfallen: In wirtschaftlicher Hinsicht ist auf nationaler Ebene das Gesetz gegen Wettbewerbsbeschränkungen (GWB) relevant, auf europäischer Ebene die Verordnung (EWG) Nr. 4064/89 des Rates vom 21.12.1989 über die Kontrolle von Unter-

202 *Clausen-Muradian*, S. 75; *Mailänder*, S. 168.
203 *Mailänder*, S. 168 f.
204 KEK, 1. Konzentrationsbericht, S. 42.
205 *Janik*, AfP 2002, 104, 108.
206 *Janik*, AfP 2002, 104, 109; BVerfGE 73, 118, 175.
207 Vgl. *Trafkowski*, K&R 2002, 62, sowie *ders.*, S. 1 ff.

nehmenszusammenschlüssen (Fusionskontrollverordnung, FKVO). In publizistischer Hinsicht sind die medienkonzentrationsrechtlichen Regelungen des Rundfunkstaatvertrags von Bedeutung.

Den verschiedenen Konzepten des Wirtschafts- und Medienrechts zur Verhinderung von Konzentration liegen unterschiedliche Ansatzpunkte zugrunde: Das Kartellrecht fokussiert auf die Gewährleistung ökonomischen Wettbewerbs und die Verhinderung von Marktmacht[208], das Medienkonzentrationsrecht auf die Aufrechterhaltung des publizistischen Wettbewerbs[209] und die Verhinderung von vorherrschender Meinungsmacht. Bei Zusammenschlüssen im Medienbereich werden beide Konzepte relevant und sind nebeneinander anwendbar[210]. Beide befassen sich mit demselben Sachverhalt, jedoch unter verschiedenen Gesichtspunkten[211].

III. Grundzüge des nationalen Kartellrechts

Die kartellrechtlichen Konzentrationsregelungen des Gesetzes gegen Wettbewerbsbeschränkungen sehen präventive und repressive Instrumente vor[212].

Damit ein medienrechtlicher Sachverhalt den kartellrechtlichen Bedingungen unterfällt und das Gesetz gegen Wettbewerbsbeschränkungen zur Anwendung kommt, muss zunächst ein Unternehmenszusammenschluss gemäß § 37 Abs. 1 GWB vorliegen. Es kann sich um einen Zusammenschluss zwischen Rundfunkunternehmen (intramediäre Verflechtung) oder zwischen Rundfunk- und Presseunternehmen handeln (intermediäre Verflechtung). Erfasst werden der Kontroll- und Anteilserwerb (§ 37 Abs. 1 Nr. 2, 3 GWB) sowie die Gründung von Gemeinschaftsunternehmen (§ 37 Abs. 1 Nr. 3 S. 3 GBW). Des Weiteren ist ein Auffangtatbestand vorgesehen (§ 37 Abs. 1 Nr. 4 GWB). Voraussetzung ist neben dem Vorliegen eines Zusammenschlusstatbestandes, dass die beteiligten Unternehmen weltweit Umsatzerlöse in Höhe von mindestens 500 Millionen Euro erzielen (§ 35 GWB). Im Bereich von Zeitungen und Zeitschriften sowie – seit der 6. GWB-Novelle, die am 01.01.1999 in Kraft trat – Rundfunkprogrammen sind die Umsatzerlöse um das 20-fache zu multiplizieren (§ 38 Abs. 3

208 *Dörr* in: Mainzer Rechtshandbuch, Rn. 111; *Schlette*, ZUM 1999, 802, 804.
209 *Janik*, AfP 2002, 104, 107; *Henle* in: Konzentrationskontrolle, S. 59, 60.
210 *Schlette*, ZUM 1999, 802, 804; *Janik*, AfP 2002, 104, 107; *Dörr* in: Mainzer Rechtshandbuch, Rn. 111.
211 *Janik*, AfP 2002, 104, 107; *Dörr* in: Mainzer Rechtshandbuch, Rn. 132.
212 *Henle* in: Konzentrationskontrolle, S. 59, 64; *Mestmäcker*, ebd., S. 83, 84; vgl. zum Verfahren *Stockmann* in: Die Sicherung der Meinungsvielfalt, S. 435 ff.

GWB)[213]. Das wettbewerbsrechtliche Instrumentarium greift somit also bereits bei Umsatzerlösen der beteiligten Unternehmen in Höhe von 25 Millionen Euro im letzten Geschäftsjahr vor dem Zusammenschluss ein. Durch diese sog. Presse- bzw. Rundfunkrechenklausel sollen auch Zusammenschlüsse von kleineren Unternehmen auf lokalen und regionalen Märkten erfasst werden.

Zu untersagen ist ein Zusammenschluss, wenn eine marktbeherrschende Stellung begründet oder verstärkt wird (§ 36 GWB). Die Bestimmung der marktbeherrschenden Stellung setzt die Abgrenzung eines sachlich und räumlich relevanten Marktes voraus.

Der sachlich relevante Markt bestimmt sich nach der funktionellen Austauschbarkeit aus Sicht der Abnehmer (Bedarfsmarktkonzept) und umfasst Erzeugnisse oder Dienstleistungen, die aufgrund ihrer Eigenschaften, ihres wirtschaftlichen Verwendungszwecks und ihrer Preislage funktional austauschbar sind[214]. Das Bundeskartellamt sieht im Rundfunkbereich den Werbemarkt und nicht die Rezipientenmärkte zur Beurteilung des sachlich relevanten Marktes als maßgebend an, da die Programme unentgeltlich empfangen würden und es somit an einem Leistungsaustausch fehle[215]. Der Zuschaueranteil ist aber von Bedeutung zur Beurteilung der Stellung des Veranstalters auf dem Werbemarkt[216].

Der räumlich relevante Markt richtet sich im Rundfunkbereich nach der Reichweite des Senders und kann lokal, regional oder bundesweit begrenzt sein[217].

Eine marktbeherrschende Stellung liegt vor, wenn ein Unternehmen auf dem betreffenden Markt keinem wesentlichen Wettbewerb ausgesetzt ist (§ 19 Abs. 2 Nr. 1 GWB) oder es eine überragende Marktstellung hat, wofür bestimmte Indizien sprechen, wie etwa der Marktanteil, die Finanzkraft sowie Verflechtungen mit anderen Unternehmen (§ 19 Abs. 2 Nr. 2 GWB). Bei einem Marktanteil von mindestens einem Drittel wird die Marktbeherrschung vermutet (§ 19 Abs. 3 S. 1 GWB). Neben dieser Einzelmarktbeherrschung ist auch die Marktbeherrschung durch mehrere Unternehmen gemeinsam denkbar (§ 19 Abs. 1, Abs. 2 S. 2, Abs. 3 S. 2 GWB).

Falls nach der Ansicht des Bundeskartellamts aufgrund dieser Beurteilung eine marktbeherrschende Stellung besteht, haben die Beteiligten die Möglichkeit, nachzuweisen, dass der Zusammenschluss auf anderen inländischen Märkten zu Verbesserungen der Wettbewerbsbedingungen führt, die die Nachteile der

---

213 Vgl. ausführlich zu § 38 Abs. 3 GWB *König/Trafkowski*, ZUM 2003, 513 ff.

214 *Möschel* in: *Immenga/Mestmäcker*, § 19 Rn. 24.

215 *Paetow* in: Konzentrationskontrolle, S. 11, 13.

216 *Paetow* in: Konzentrationskontrolle, S. 11, 14; auch *Mestmäcker* in: *Immenga/Mestmäcker*, Vor § 35 Rn. 79.

217 *Mestmäcker* in: *Immenga/Mestmäcker*, Vor § 35 Rn. 89.

Marktbeherrschung überwiegen (§ 36 GWB); insofern ist eine Gesamtschau vorzunehmen. Gelingt dieser Nachweis nicht, ist die Untersagung des Zusammenschlusses, sofern keine Ministererlaubnis gemäß § 42 GWB vorliegt, die Folge.

IV. Grundzüge des europäischen Kartellrechts

Die Fusionskontrollverordnung[218] regelt auf europäischer Ebene die Kontrolle von Unternehmenszusammenschlüssen; sie sollte die Mängel des Wettbewerbsrechts der Art. 81 und 82 des EG-Vertrags ausgleichen, anhand derer eine umfassende und systematische Kontrolle nicht möglich war[219], da sie nur bestimmte Arten von Zusammenschlüssen erfassten[220].

In Art. 21 Abs. 1, 2 Unterabs. 1 FKVO ist die ausschließliche Geltung der Fusionskontrollverordnung bei gemeinschaftsweiten Zusammenschlüssen[221] sowie die ausschließliche Zuständigkeit der EG-Kommission vorgesehen.

Allerdings ist von dieser ausschließlichen Anwendung in Art. 21 Abs. 3 FKVO eine Ausnahme enthalten, die auch den Medienbereich betrifft: So sieht Unterabs. 1 vor, dass die Mitgliedstaaten geeignete Maßnahmen zum Schutz anderer berechtigter Interessen treffen können, welche in der Fusionskontrollordnung nicht berücksichtigt werden, sofern diese Interessen mit den allgemeinen Grundsätzen und den übrigen Bestimmungen des Gemeinschaftsrechts vereinbar sind. Als ein solches berechtigtes Interesse ist in Unterabs. 2 neben der öffentlichen Sicherheit und den Aufsichtsregeln auch die Medienvielfalt genannt.

Damit ist in Abs. 3 zunächst anerkannt, dass die Fusionskontrollverordnung auch auf Zusammenschlüsse Anwendung findet, die die Medienvielfalt als berechtigtes Interesse der Mitgliedstaaten berühren. Darüber hinaus behält die Regelung den Mitgliedstaaten das Recht vor, Maßnahmen zum Schutz der Medienvielfalt zu treffen, wenn ein Zusammenschluss von gemeinschaftsweiter Bedeutung vorliegt, der von der EG-Kommission nicht untersagt wurde[222]. Die Mit-

---

218 Derzeit wird eine Reform der Fusionskontrollverordnung diskutiert; die vorgeschlagenen Änderungen dürften an den hier dargestellten Grundvoraussetzungen jedoch nichts Wesentliches ändern; vgl. zu den Vorschlägen der Kommission *Klees*, EuZW 2003, 197; vgl. zum europäischen Kartellrecht auch KEK, 2. Konzentrationsbericht, S. 53 ff., 55.

219 KEK, 1. Konzentrationsbericht, S. 74.

220 Vgl. Erwägungsgrund 6 der Fusionskontrollverordnung.

221 *Mestmäcker* in: *Immenga/Mestmäcker*, Vor § 35 Rn. 73; *Kleemann* in: Konzentrationskontrolle, S. 39, 47 f.

222 *Mestmäcker* in: *Immenga/Mestmäcker*, Vor § 35 Rn. 73.

gliedstaaten sind befugt, den Zusammenschluss zu untersagen oder von Auflagen abhängig zu machen; umgekehrt ist es ihnen jedoch nicht gestattet, einen Zusammenschluss zu genehmigen, der von der EG-Kommission untersagt wurde[223].

Ähnlich wie die Regelungen des Gesetzes gegen Wettbewerbsbeschränkungen setzt die Anwendung der Fusionskontrollverordnung das Vorliegen eines Unternehmenszusammenschlusses voraus. Art. 3 FKVO normiert mit den Begriffen der Fusion und des Kontrollerwerbs zwei weit gefasste Tatbestände. Auch hier genügt der Lizenzerwerb eines Unternehmens nicht, um die Kontrolle auszulösen. Hinzukommen müssen weiterhin gewisse, von den Unternehmen zu erreichende gemeinschaftsweite Umsatzerlöse (Art. 1 Abs. 2, 3 FKVO). Untersagt wird der Zusammenschluss, wenn nach der Prüfung durch die Kommission feststeht, dass eine marktbeherrschende Stellung begründet oder verstärkt wird, die den Wettbewerb auf dem gemeinsamen Markt wesentlich behindert (Art. 2 FKVO). Zur Ermittlung des sachlich und räumlich relevanten Marktes ist auch hier das Bedarfsmarktkonzept zugrunde zu legen[224]. Sodann ist die Marktbeherrschung zu prüfen, die sich an Art. 82 EG-Vertrag orientiert und vorliegt, wenn ein Unternehmen dauerhaft unabhängig von den Wettbewerbern und Abnehmern tätig ist[225].

Die nationalen Kartellbehörden bleiben zuständig, wenn die Umsatzschwellen nicht erreicht sind oder 2/3 der Umsatzerlöse in einem Mitgliedstaat erzielt werden, da dann die gemeinschaftsweite Bedeutung entfällt (Art. 1 Abs. 2, 3 FKVO).

V. Das Verhältnis von Medienrecht und Kartellrecht

Wie bereits angedeutet, kommen im Medienbereich die verschiedenen Konzentrationsregelungen nebeneinander zur Anwendung[226]. Dieses Nebeneinander erfährt häufig Kritik. Es stellt sich die Frage, ob es nicht möglich und sinnvoll ist, die Beurteilung der Konzentration im Medienbereich einem Regelungssystem zu unterwerfen oder die verschiedenen Kontrollmechanismen zusammenzuführen. Hierbei werden verschienene Möglichkeiten diskutiert.

Die ausschließliche Anwendung des Kartellrechts scheidet dabei als Instrument zur wirksamen Sicherung der Meinungsvielfalt nach überwiegend vertrete-

223 *Mestmäcker* in: *Immenga/Mestmäcker*, Vor. § 35 Rn. 73.
224 *Mestmäcker* in: *Immenga/Mestmäcker*, Vor § 35 Rn. 78.
225 *Trafkowski*, S. 119 ff.
226 Vgl. Kap. 3 II; vgl. ausführlich KEK, 2. Konzentrationsbericht, S. 35 ff.; 51.

ner Ansicht aus[227]. Beide Regelungssysteme weisen, wie im Folgenden dargestellt wird, einige Verknüpfungen auf, jedoch auch erhebliche Unterschiede. Dies ergibt sich zunächst aus der unterschiedlichen Zielsetzung der Materien: Das Wettbewerbsrecht dient der Sicherung des wirtschaftlichen Wettbewerbs, das Rundfunkrecht der Sicherung der Meinungsvielfalt. Beide Zielsetzungen sind im Mediensektor insoweit verknüpft, als sich die Erhaltung wirtschaftlichen Wettbewerbs und einer Vielzahl von Anbietern förderlich auf die Meinungsvielfalt auswirken können[228]. Überdies herrscht insbesondere im Bereich der privaten Veranstalter auch wirtschaftlicher Wettbewerb, da dieser besonders von Einschaltquoten und Werbeaufträgen abhängt[229]. Wirtschaftlicher Wettbewerb kann somit das Spektrum der vertretenen Meinungen vergrößern. Diese Verknüpfung machen sich einige Landesmediengesetze zunutze und sehen vor, dass private Veranstalter vor der Lizenzerteilung eine wirtschaftliche Unbedenklichkeitsbescheinigung vorlegen[230].

Jedoch besteht weitgehend Einigkeit darüber, dass allein die Anwendung des Kartellrechts zur Sicherung der Meinungsvielfalt nicht genügt, da diese durch den wirtschaftlichen Wettbewerb zwar gefördert, aber allein dadurch nicht garantiert wird[231]. Die Vorgaben des Bundesverfassungsgerichts zur Sicherung der Meinungsvielfalt und das Erfordernis der Schaffung einer positiven Ordnung zu deren Sicherung finden im Kartellrecht gerade keinen Niederschlag, so dass hierdurch die Meinungsvielfalt nicht gewährleistet ist. Dies zeigt sich insbesondere bei privaten Rundfunkveranstaltern: Wie aufgezeigt, stehen diese aufgrund der Abhängigkeit von Einschaltquoten und Werbeeinnahmen in einem wirtschaftlichen Wettbewerb. Diese Abhängigkeit stellt jedoch auch ein Gefährdungspotential für die Meinungsvielfalt dar, da aufgrund finanzieller Abhängigkeiten die Gefahr der ungleichgewichtigen Beeinflussung der Programme besteht[232]. Allein dadurch, dass wirtschaftlicher Wettbewerb besteht, ist die Einhaltung der verfassungsrechtlichen Anforderungen gerade nicht sichergestellt.

Auch das Bundesverfassungsgericht geht davon aus, dass die Regulierung der Rundfunkfreiheit durch die „Kräfte des Marktes“ allein nicht ausreichend ist

---

227 *Dörr*, Mainzer Rechtshandbuch, Rn.111; *Henle*, Konzentrationskontrolle, S. 59, 63; a. A. *Knothe/Lebens*, AfP 2000, 125, 126.

228 *Dörr*, Mainzer Rechtshandbuch, Rn. 111.

229 KEK, 1. Konzentrationsbericht, S. 49.

230 Vgl. etwa § 25 Abs. 4 LMedG BaWü; *Dörr*, Mainzer Rechtshandbuch, Rn. 111.

231 Vgl. *Dörr*, Mainzer Rechtshandbuch, Rn. 111 sowie *Henle*, Konzentrationskontrolle, S. 59, 63, nach denen der Schutz des Wettbewerbs eine „notwendige, aber keine hinreichende Voraussetzung“ für die Verhinderung von Meinungsmacht ist; *Schlette*, ZUM 1999, 802, 804; *von Danwitz*, ZUM 2002, 769, 772.

232 Vgl. KEK, 1. Konzentrationsbericht, S. 49.

und verlangt deren rechtliche Absicherung. Zwar sei die Anwendung des Wettbewerbsrechts zur Kontrolle von Zusammenschlüssen von Medienunternehmen nicht zu beanstanden. Es weist jedoch dem Landesgesetzgeber aufgrund seiner ausschließlichen Kompetenz im Rundfunkbereich die Verantwortung für die Verhinderung von vorherrschender Meinungsmacht zu[233]. Dies gelte auch im Bereich der Fusion von Rundfunkunternehmen, die vom Wettbewerbsrecht erfasst seien[234]. Damit geht es von einem Nebeneinander der Regelungen aus[235].

Die Unterschiede der Regelungssysteme sollen hier an einem Beispiel veranschaulicht werden. So ist die medienrechtliche Konzentrationskontrolle in einigen Bereichen „strikter" als die wettbewerbsrechtliche: die §§ 35 ff GBW erfassen nur das sog. externe Wachstum, also den Anteilserwerb von Veranstaltern oder den Zusammenschluss von Unternehmen, nicht dagegen das sog. interne Wachstum, also den Erwerb von zusätzlichen Rundfunklizenzen. Ebenso wenig ist die Gründung eines Rundfunkunternehmens durch Einzelunternehmen erfasst, die auf anderen Märkten eine marktbeherrschende Stellung erreicht haben[236]. Unter kartellrechtlichen Gesichtspunkten ist dies insoweit nachvollziehbar, als ein Unternehmen für den von ihm selbst erwirtschafteten Erfolg nicht sanktioniert werden soll[237], soweit kein Missbrauch der wirtschaftlichen Machtstellung vorliegt (§ 19 Abs. 4 GWB)[238]. Demgegenüber haben die medienkonzentrationsrechtlichen Regelungen die Verhinderung und Beseitigung vorherrschender Meinungsmacht zum Ziel. Die Meinungsvielfalt ist durch das Bestehen vorherrschender Meinungsmacht bedroht, unabhängig davon, wie diese entstanden ist. Deren Entstehungsgründe sind medienkonzentrationsrechtlich nur insofern relevant, als die Regelungen des Rundfunkstaatsvertrags daran verschiedene Rechtsfolgen knüpfen[239].

Um dennoch nur ein Regelwerk zur Anwendung zu bringen, wird überlegt, medienrechtliche Aspekte in das Kartellrecht einfließen zu lassen[240]. Die Monopolkommission[241], eine Kommission, die nach §§ 44 ff. GWB eingerichtet und

---

233 BVerfGE 57, 295, 323; BVerfGE 73, 118, 158, 174.
234 BVerfGE 73, 118, 174.
235 KEK, 1. Konzentrationsbericht, S. 48 f.
236 *Dörr*, Mainzer Rechtshandbuch, Rn. 111.
237 *Henle* in: Konzentrationskontrolle, S. 59, 65.
238 *Zagouras*, S. 22.
239 Vgl. die Darstellung von § 26 Abs. 3 und 4 RStV in Kap. 3 VIII; *Trute* in: Beck`scher Kommentar, § 26 Rn. 56; *Henle* in: Konzentrationskontrolle, S. 59, 65.
240 Vgl. *Trafkowski*, K & R 2002, 62, 65, der auch eine Anpassung des Medienrechts an das Kartellrecht dahingehend diskutiert, dass diese erst einschreiten soll, wenn der publizistische Schutzzweck es gebietet; *Schoch*, JZ 2002, 798, 805 f., der sich für die Aufnahme medienspezifischer Tatbestände in das GWB ausspricht.
241 Monopolkommission, XI. Hauptgutachten 1994/95, Tz. 839.

deren Aufgabe es ist, im Abstand von zwei Jahren gutachterlich zu Stand und Entwicklung der Unternehmenskonzentration Stellung zu nehmen, hat hierzu, ebenso wie zahlreiche Stimmen in der Literatur, Vorschläge gemacht. Mehrmals gefordert wurde insbesondere die Gleichstellung der Erteilung von Rundfunklizenzen mit den Zusammenschlusstatbeständen der §§ 35 ff. GBW, um auch das interne Wachstum dem Regelungssystem des Kartellrechts zu unterwerfen. Dadurch wären die Kartellbehörden in der Lage, auch das interne Wachstum nach den §§ 35 ff. GWB zu überprüfen. Diese Forderung konnte sich bislang nicht durchsetzen[242]. Gegen die Anpassung des Kartellrechts an das Medienrecht und die Einführung medienrechtlicher Aspekte im Kartellrecht werden Bedenken geäußert. Zum einen wird die unterschiedliche Zielsetzung eingewandt, mit der sich Umgestaltungen des Kartellrechts nur schwerlich vereinbaren ließen[243]. Die Beibehaltung von zwei Regelungssystemen und getrennten Aufsichtsgremien wird weiterhin mit der unterschiedlichen Zuständigkeit für Kartell- und Medienrecht begründet[244]. Aus diesem Grund wird auch die Vereinheitlichung der Aufsicht im Medien- und Kartellrecht abgelehnt[245].

Als Vorteil der Anwendung eines Regelungssystems wird dagegen angeführt, dass die bisherige Zuständigkeitsteilung zwischen dem Bundeskartellamt und den Landesmedienanstalten bzw. der KEK entfallen und eine Verfahrensverein-

242 *Bohl*, S. 194, 203.

243 Vgl. *Kübler*, MP 1999, 379, 383 f.; a.A.: *Trafkowski*, K & R 2002, 62, 64: die Anpassung des GWB an die Gegebenheiten auf den Medienmärkten sei eine rein ökonomische Betrachtung; deshalb gebe es auch kein Kompetenzproblem.

244 *Kübler*, MP 1999, 379, 384; vgl. zu den kompetenzrechtlichen Problemen auch *Knothe/Lebens*, AfP 2000, 125, 129 f.; *Gounalakis*, Gutachten C zum 64. DJT, C 121 ff., der die Reformkonzepte vor dem Hintergrund der bestehenden verfassungsrechtlichen Kompetenzverteilung erörtert und aufgrund der kompetenzrechtlichen Schwierigkeiten eine verfahrensrechtliche Kooperation von Bund- und Ländern im Rahmen der Aufsicht befürwortet; im Ergebnis ähnlich *Spindler*, Referat M zum 64. DJT, M 173; KEK, 1. Konzentrationsbericht, S. 50.

245 Für die Vereinheitlichung der Aufsicht: *Knothe/Lebens*, AfP 2000, 125, 129 f.: umfassende Übertragung der Konzentrationskontrolle auf das Bundeskartellamt durch Bund-Länder-Staatsvertrag; *Schoch*, JZ 2002, 798, 805 f.: für die Anwendung eines Regelungssystems sprechen die Vereinfachung und Wirksamkeit der Aufsicht; Kritik hierzu in KEK, 1. Konzentrationsbericht, S. 50: Verbot der Mischverwaltung sowie Erfordernis einer eigenständigen Medienkonzentrationskontrolle; *Gounalakis*, Gutachten C zum 64. DJT, C 121 ff., 132, der verschiedene Modelle diskutiert, im Ergebnis jedoch getrennte Entscheidungsgremien, die verfahrensrechtlich koordiniert und auf einander abgestimmt werden, befürwortet; *Spindler*, Referat M zum 64. DJT, M 173; *Trafkowski*, K & R 2002, 62, 66: Zusammenarbeit, die über die informelle Ebene hinausgeht.

fachung herbeigeführt würde[246]. Weiterhin wird angeführt, dass durch die Schaffung einer einheitlichen Regelung der Gesamtmedienmarkt mehr im Mittelpunkt stehen und die Gefahren für die Meinungsvielfalt transparenter würden[247]. Letzteres erscheint jedoch zweifelhaft, da nach der bisherigen Rechtslage die Sachkompetenz der jeweils handelnden Behörde gewährleistet ist und aufgrund der nebeneinander bestehenden Regelungen der betreffende Sachverhalt in beiden Regelungssystemen umfassend gewürdigt wird. Darüber hinaus fällt, wie bereits aufgezeigt, das Rundfunkrecht als Teil der Kulturhoheit, in den Kompetenzbereich der Länder. Dies hat das Bundesverfassungsgericht auch mehrfach betont und die Länder in die Pflicht genommen. Eine Aushöhlung oder Umgehung der Zuständigkeit der Länder wäre nicht verfassungsgemäß.

Auf diese vieldiskutierte Problematik der unterschiedlichen Regelungssysteme und Zuständigkeiten haben die Landesgesetzgeber nunmehr im 7. Rundfunkstaatsvertrag durch Einführung der Vorschrift des § 39 a reagiert. Dort ist eine Zusammenarbeit der Landesmedienanstalten mit dem Bundeskartellamt im Rahmen der Erfüllung ihrer Aufgaben vorgesehen. In der amtlichen Begründung ist dazu ausgeführt[248], dass die Verbesserung der Zusammenarbeit der zuständigen Behörden über die Amtshilfe hinaus angestrebt ist, wenn dies zur Erfüllung der Aufgaben dieser Behörden erforderlich ist. Der Bundesgesetzgeber müsse zur Vervollständigung dieser Regelungen in den einschlägigen Bundesgesetzen entsprechende Regelungen mit Bezug auf den Rundfunkstaatsvertrag aufnehmen.

---

246 *Knothe/Lebens*, AfP 2000, 125, 130; *Trafkowski*, K & R 2002, 62, 67; *Schoch*, JZ 2002, 798, 805 f.

247 *Knothe/Lebens*, AfP 2000, 125, 130.

248 Amtliche Begründung des Entwurfs des 7. Rundfunkstaatsvertrags, zu Nr. 14, S. 10; Begründung zum Siebten Staatsvertrag zur Änderung rundfunkrechtlicher Staatsverträge, Landtag Rheinland-Pfalz, Drs. 14/2688, zu Nr. 14.

Kapitel 3: Das Vielfaltsicherungsrecht nach dem Rundfunkstaatsvertrag

I. Die Zuständigkeit für den Erlass medienkonzentrationsrechtlicher Regelungen

1) Vielfaltsicherung durch die Europäische Gemeinschaft

a) Ansatzpunkte der europäischen Regelungsinstrumente

Auch auf europäischer Ebene ist der Medienbereich bedeutsam und es besteht die Tendenz, Gefahren, die durch die zunehmende Konzentration entstehen, zu begegnen; maßgeblich ist dabei insbesondere die Rechtsprechung des Europäischen Gerichtshofs zur Frage, ob und inwieweit das Primärrecht Regelungen im Bezug auf den Mediensektor enthält. Wie im nationalen Recht wurden in der Vergangenheit zwei Wege eingeschlagen: Einerseits kamen Regelungen im Bereich des Wettbewerbsrechts zur Anwendung, andererseits wurde speziell auf den Mediensektor abgehoben. Dieses zweiseitige Vorgehen spiegelt sich auch in den verschiedenen Regelungswerken auf europäischer Ebene, die einerseits den wirtschaftlichen Bereich betreffen[249], während andererseits versucht wurde, im Medienbereich durch Erarbeitung von Grünbüchern und Richtlinienentwürfen, die das nationale Medienkonzentrationsrecht harmonisieren sollten, Vorgaben zu machen[250].

b) Die Kompetenz der Europäischen Gemeinschaft zum Erlass von Regelungen im Medienbereich

aa) Anknüpfungspunkte der Zuständigkeit der Gemeinschaft im Primärrecht

Nach dem Prinzip der begrenzten Einzelermächtigung darf die Gemeinschaft nur dann tätig werden, wenn ihr ein Sachbereich durch den EG-Vertrag und damit letztlich durch die Mitgliedstaaten ausdrücklich, aufgrund der implied powers-Lehre implizit oder nach Art. 308 EG-Vertrag zur Regelung zugewiesen ist

249 KEK, 1. Konzentrationsbericht, S. 71; vgl. Kap. 2 IV.
250 Vgl. Kap. 2 I 1 c) m. w. N.

(Art. 5 Abs. 1 EG-Vertrag)[251]. Über eine Kompetenz-Kompetenz im Sinne einer Allzuständigkeit, die Staaten zusteht, verfügt sie nicht[252]. Im Rundfunkbereich ist ein Tätigwerden der Gemeinschaft damit nur legitim, wenn eine Kompetenz aus dem EG-Vertrag abgeleitet werden kann.

Eine ausdrückliche Rundfunkkompetenz besteht nach dem EG-Vertrag nicht[253].

Keine Rechtsetzungsbefugnis enthält Art. 3 lit. q EG-Vertrag, wonach die Tätigkeit der Gemeinschaft Beiträge zur Entfaltung des Kulturlebens umfasst.

Aus Art. 151 EG-Vertrag kann keine Kompetenz der Gemeinschaft zum Erlass von Regelungen im Medienbereich hergeleitet werden. Auch in Abs. 4 ist eine solche nicht enthalten, obwohl dies vereinzelt herausgelesen wird. Insoweit ist Abs. 5 eindeutig, wonach im Kulturbereich nur Fördermaßnahmen zulässig sind, während weitergehende Maßnahmen, wie auch eine Harmonisierung der Rechts- und Verwaltungsvorschriften, ausgeschlossen sind[254].

Eine Regelungskompetenz der Gemeinschaft wird jedoch den Vorschriften über die Dienstleistungsfreiheit entnommen. Der Europäische Gerichtshof, dem für die Auslegung des EG-Vertrags die Jurisdiktionshoheit zusteht (Art. 234 Abs. 1 lit. a EG-Vertrag)[255] hat – trotz erheblicher Gegenstimmen – den Rundfunk frühzeitig als Dienstleistung i. S. d. Art. 49 ff. EG-Vertrag eingeordnet[256]. Eine Dienstleistung im Sinne der §§ 49 ff. EG-Vertrag ist eine Leistung, die in der Regel gegen Entgelt erbracht wird. Dies wurde in ständiger Rechtsprechung bestätigt[257], aber zunächst nicht näher begründet.

Erst im Kabelregeling-Urteil[258] machte der Europäische Gerichtshof nähere Ausführungen zum Rundfunk als Dienstleistungsfreiheit und gelangte zu dem Ergebnis, dass Betreiber von Kabelnetzen, die in einem Mitgliedstaat ansässig sind und die Fernsehprogramme von Veranstaltern aus anderen Mitgliedstaaten einspeisen, durch die Weiterleitung der Programme gegenüber den Veranstaltern eine Dienstleistung i. S. d. EG-Vertrags erbringen würden. Die Entgeltlichkeit ergibt sich nach dem Europäischen Gerichtshof aus der Bezahlung der Zuschau-

---

251 *Callies* in: *Callies/Ruffert*, Art. 5 Rn. 13 ff.; KEK, 2. Konzentrationsbericht, S. 52.

252 *Callies* in: *Callies/Ruffert*, Art. 5 Rn. 8 ff.

253 Vgl. auch *Dörr*, AfP 2003, 202.

254 *Dörr*, AfP 2003, 202, 205, der Art. 151 EG-Vertrag im Rahmen der Begrenzung der Gemeinschaftskompetenzen diskutiert.

255 Vgl. *Dörr*, NJW 1995, 2263, 2265.

256 EuGH, Slg. 1974, 409 – Sacchi; vgl. *Dörr/Beucher/Eisenbeis/Jost*, S. 10 ff.

257 EuGH, Slg. 1980, 833 – Debauve; EuGH, Slg. 1980, 881 – Coditel I; EuGH, Slg. 1991, I-2925 – ERT; EuGH, Slg. 1991, I-4007 – Stichting Collective Gouda; EuGH, Slg. 1991, I-4069 – Kommission/Niederlande; EuGH, Slg. 1992, I-6757 – Kommission/Belgien; EuGH, Slg. 1994, I-4795 – TV 10 SA.

258 Vgl. unten; EuGH, Slg. 1988, 2085.

er an die Kabelbetreiber für den Empfang der Programme. Ebenso würden die Veranstalter, soweit sie in ihren Programmen Werbespots ausstrahlen, Dienstleistungen gegenüber den Werbekunden erbringen. Die Entgeltlichkeit ergebe sich hier aus der Bezahlung für die Ausstrahlung der Werbespots.

Diese Einordnung wurde häufig kritisiert. Dabei wurde insbesondere darauf abgestellt, dass die Leistung unzureichend qualifiziert sei – die Zuschauer und die Werbekunden würden für den Transport der Programme bezahlen, nicht für deren Inhalt. Der Europäische Gerichtshof ordne den Rundfunk als rein wirtschaftliche, nicht in erster Linie kulturelle, Leistung ein; Ziel der Grundfreiheiten sei vorwiegend die Anknüpfung an wirtschaftliche Zwecke[259]. Tatsächlich hat der Europäische Gerichtshof in seiner neueren Rechtsprechung auf den Aspekt der Pluralismussicherung des Rundfunks abgestellt[260]. Dies betrifft jedoch die Frage der Rechtfertigung von Einschränkungen der Dienstleistungsfreiheit durch die Mitgliedstaaten.

Mit der Einordnung des Rundfunks als Dienstleistung im Sinne des EG-Vertrags wurde eine weitgehende Rechtsetzungskompetenz aus Art. 55 i. V. m. 47 Abs. 2 EG-Vertrag hergeleitet, von der die Europäische Gemeinschaft auch Gebrauch gemacht hat[261]. Auf die Regelung des Art. 52 Abs. 1 EG-Vertrag, dem wenig praktische Bedeutung zukommt, werden die Regelungen dagegen nicht gestützt[262].

bb) Die Grenzen der Kompetenzen der Gemeinschaft

Die Gemeinschaft darf auf der Basis der Art. 49 ff. EG-Vertrag die Rundfunkordnung jedoch nicht umfassend regeln[263].

Allgemein anerkannte Abgrenzungskriterien fehlen bislang. Der Europäische Gerichtshof hat diese Frage noch nicht entschieden. In der Literatur werden verschiedene Lösungsansätze zur Abgrenzung der Kompetenzen diskutiert, die im Rahmen dieser Arbeit jedoch nur kurz skizziert werden können[264].

259 KEK, 2. Konzentrationsbericht, S. 53.

260 KEK, 2. Konzentrationsbericht, S. 53; *Dörr*, AfP 2003, 202; vgl. EuGH, Slg. 1993, I-487 – Veronica; EuGH, Slg. 1994, I-4795 – TV 10 SA.

261 Vgl. etwa den Erlass der Richtlinie 89/552/EWG zur Harmonisierung bestimmter Rechts- und Verwaltungsvorschriften der Mitgliedstaaten über die Ausübung der Fernsehtätigkeit, sog. EG-Fernsehrichtlinie, vom 3. Oktober 1989, sowie die Änderungsrichtlinie 97/36/EG vom 30. Juni 1997; ABl. 1989, Nr. L 298, S. 23 bzw. ABl. 1997, Nr. L 202, S. 60.

262 *Randelzhofer/Forsthoff* in: *Grabitz/Hilf*, Art. 52 Rn. 4.

263 Dies wird jedoch vereinzelt vertreten, vgl. *Dörr*, AfP 2003, 202, 205.

264 Ausführlich *Dörr/Beucher/Eisenbeis/Jost*, S. 52 ff.

In der Literatur wird die Abgrenzung der Kompetenzen mit Art. 151 EG-Vertrag begründet. Dort seien in Abs. 1 die Kulturen der Mitgliedstaaten und Regionen und damit die kulturelle Vielfalt herausgehoben. Abs. 5 begrenze die Rechtsetzungsbefugnis der Gemeinschaft auf Fördermaßnahmen, eine Harmonisierung der Rechts- und Verwaltungsvorschriften werde dadurch ausdrücklich ausgeschlossen. Dieser Regelung könne entnommen werden, dass außerhalb von Fördermaßnahmen keine Regelungen durch die Gemeinschaft erlassen werden dürfen, die ihren Schwerpunkt im kulturellen Bereich haben[265].

Vielfach wird das Gebot der Gemeinschaftstreue des Art. 10 EG-Vertrag als Abgrenzungskriterium genannt, das eine Kompetenzausübungsschranke darstelle[266]. Aus diesem Prinzip wird eine – wechselseitige – Treuepflicht der Gemeinschaft und der Mitgliedstaaten abgeleitet. Die Gemeinschaft dürfe demnach keine Rechtsetzungsakte auf dem Gebiet des Rundfunks erlassen, die im Widerspruch zu den mitgliedstaatlichen Verfassungsprinzipien stünden.

Ein Teil der Literatur vertritt die Auffassung, die Abgrenzung könne nach der Theorie vom Regelungsschwerpunkt vorgenommen werden. Liege dieser im wirtschaftlichen Bereich, falle die Maßnahme in die Kompetenz der Gemeinschaft, liege er im kulturellen Bereich, seien die Mitgliedstaaten zuständig[267].

Weiterhin wird vertreten, die Abgrenzung sei nach dem Subsidiaritätsprinzip des Art. 5 Abs. 2 EG-Vertrag vorzunehmen. Im Bereich der konkurrierenden Zuständigkeit sind Maßnahmen auf Gemeinschaftsebene demzufolge nur zulässig, sofern und soweit die Ziele der in Betracht gezogenen Maßnahmen auf der Ebene der Mitgliedstaaten nicht ausreichend sind und wegen ihres Umfangs oder ihrer Wirkung besser auf Gemeinschaftsebene erreicht werden können[268]. Allerdings enthält das geltende Gemeinschaftsrecht keinen geschriebenen Kompetenzkatalog[269]. Insoweit wird vertreten, dass eine ausschließliche Zuständigkeit der Gemeinschaft bestehe, soweit die Regelungen der Herstellung des Binnenmarktes dienten[270]. Danach käme das Subsidiaritätsprinzip aber gar nicht zur Anwendung, da dieses nur auf die konkurrierende Gesetzgebung bezogen sei. Auch im Übrigen wird häufig kritisiert, dass das Subsidiaritätsprinzip kein hin-

---

265 *Dörr*, AfP 2003, 202, 205.

266 *Dörr*, AfP 2003, 202, 204; ausführlich: *von Bogdandy* in: *Grabitz/Hilf*, Art. 10 EG-Vertrag.

267 *Dörr*, AfP 2003, 202, 205.

268 Vgl. ausführlich zu Art. 5 Abs. 2 EG-Vertrag *Callies* in: *Callies/Ruffert*, Art. 5 Rn. 35ff.

269 Vgl. aber den Entwurf des Verfassungsvertrags; nähere Erläuterungen in Kap. 3 I 1) d).

270 *Dörr*, AfP 2003, 202, 205.

reichend präzises Abgrenzungskriterium darstelle; es müsse insofern deutlicher ausgeformt sein[271].

Der Europäische Gerichtshof hat bislang nicht endgültig zur Kompetenzabgrenzung im Rundfunkbereich entschieden. Es ist unklar, ob er einem der vorgenannten Ansätze folgen wird. Allerdings kann aus der neueren Rechtsprechung abgeleitet werden[272], dass er den Mitgliedstaaten einen gewissen Handlungsspielraum im Medienbereich zuerkennt. So hat er entschieden, dass die Sicherung des Pluralismus im Rundfunk bei Maßnahmen, die unterschiedslos für EG-Ausländer und Inländer gelten, ein zwingendes Allgemeininteresse, das eine Einschränkung der Dienstleistungsfreiheit rechtfertigen kann, darstelle. Mit anderen Worten: Einschränkungen der Dienstleistungsfreiheit durch mitgliedstaatliche Regelungen sind gerechtfertigt, wenn die betreffende Regelung der Gewährleistung des Pluralismus im Rundfunkwesen dient[273]. Diese Rechtsprechung ist ein Schritt dahingehend, dass zunehmend auch den Mitgliedstaaten Handlungsspielräume eingeräumt und die Kompetenzen der Europäischen Gemeinschaft restriktiver ausgelegt werden. Im Gegensatz zu diesen unterschiedslos wirkenden Maßnahmen sind die sog. diskriminierenden Maßnahmen, die ausländische Rundfunkveranstalter gegenüber inländischen benachteiligen, nicht gerechtfertigt. Als Rechtfertigung kommen hier nur die geschriebenen Rechtfertigungsgründe der Art. 55, 46 EG-Vertrag, also die öffentliche Ordnung, Gesundheit oder Sicherheit, in Betracht. Der Pluralismus im Rundfunk unterfällt jedoch keiner dieser Kategorien[274]. Die Rechtsprechung des Europäischen Gerichtshofs ist auf die diskriminierenden Maßnahmen nicht übertragbar.

Eine umfassende Kompetenz der Gemeinschaft im Medienbereich ist demnach nicht anzunehmen. Wo genau die Grenzen verlaufen, ist bislang nicht endgültig geklärt. Wie aufgezeigt tendiert jedoch der europäische Gerichtshof in seiner neueren Rechtsprechung dazu, den Mitgliedstaaten im Bereich der Vielfaltsicherung im Rundfunk einen gewissen Handlungsspielraum einzuräumen[275]. Die weitere Entwicklung in der Rechtsprechung des Europäischen Gerichtshofs bleibt jedoch abzuwarten.

---

271 *Dörr*, AfP 2003, 202, 205.

272 Vgl. EuGH, Slg. 1991, I-4069 – Kommission/Niederlande; EuGH, Slg. 1991, I-4007 – Stichting/Collective Gouda; KEK, 1. Konzentrationsbericht, S. 71, *Dörr*, AfP 2003, 202, 204; *ders.*, NJW 1995, 2263, 2265; *ders.*, NJW 1997, 1341, 1343: „vorsichtiger Wandel".

273 Die mitgliedstaatliche Maßnahme muss darüber hinaus aber auch verhältnismäßig sein.

274 KEK, 1. Konzentrationsbericht, S. 72 f.

275 KEK, 2. Konzentrationsbericht, S. 53.

c) Initiativen der EG-Kommission zur Harmonisierung der nationalen Vielfaltsicherungsregelungen

Neben der Rechtsprechung gibt es auch auf der Ebene der EG-Kommission Bestrebungen, die den Mediensektor und speziell die Frage der Zuständigkeit betreffen.

Im Dezember 1992 veröffentlichte die Kommission aufgrund von Entschließungen des Europäischen Parlaments ein Grünbuch zu Pluralismus und Medienkonzentration im Binnenmarkt[276]. Es warf die Frage nach der Notwendigkeit einer gemeinschaftsweiten Regelung zur Sicherung des Pluralismus der Medien auf. Die Kommission räumte dabei ein, dass keine Kompetenzgrundlage für gemeinschaftsweite Regelungen bestehe, die nationalen Regelungen aber Hindernisse für die Dienstleistungs- und Niederlassungsfreiheit zur Folge hätten und bot mehrere Optionen an, die vom Absehen der Durchführung einer Gemeinschaftsaktion bis zu einer Harmonisierung der nationalen Vorschriften reichten und die im nachfolgenden Konsultationsprozess diskutiert werden sollten. Während das Europäische Parlament eine Harmonisierung der nationalen Vorschriften befürwortete, sprachen sich die Mitgliedstaaten gegen gemeinschaftsweite Maßnahmen aus[277].

Nach Durchführung weiterer Studien und Konsultationen folgte dem Grünbuch im Herbst 1996 ein interner, auf Art. 55, 47 Abs. 2, 95 EG-Vertrag gestützter Richtlinienentwurf zum „Schutz des Pluralismus in der Beherrschung der Medien“, der zurückgezogen und im Frühjahr 1999 durch einen überarbeiteten Entwurf „Über das Eigentum an Medien im Binnenmarkt“ ersetzt, der jedoch nicht verabschiedet wurde. Dies dürfte auf die weitreichende Kritik insbesondere der Mitgliedstaaten zurückzuführen sein, die der Gemeinschaft die Kompetenz zum Erlass solcher Regelungen absprachen und Verstöße gegen das Subsidiaritätsprinzip und das Gebot der Gemeinschaftstreue rügten[278].

Am 20.11.2002 hat das EU-Parlament erneut einen Versuch unternommen, europarechtliche Regelungen im Medienbereich in Gang zu bringen[279]. Gestartet wurde die Initiative durch die Aufforderung der Kommission, bis Ende 2003 ein überarbeitetes Grünbuch über den Pluralismus in den Medien vorzulegen, das insbesondere die Auswirkungen von Fusionen auf den Binnenmarkt, den Medienpluralismus und den Zugang zu neuen Kommunikationsdiensten untersuchen und gegebenenfalls eine neue Richtlinie vorbereiten sollte. Hintergrund für

---

276 Vgl. hierzu ausführlich *Mailänder*, S. 325 ff.
277 Ausführlich *Mailänder*, S. 325 ff; KEK, 1. Konzentrationsbericht, S. 79 ff.
278 Vgl. *Mailänder*, S. 331; KEK, 1. Konzentrationsbericht, S. 82.
279 KEK, 2. Konzentrationsbericht, S. 60.

die Entschließung des Parlaments war die Besorgnis über Konzentrationstendenzen im europäischen Mediensektor. Das Grünbuch wurde bisher nicht vorgelegt.

In dem Grünbuch „Zu Dienstleistungen von allgemeinem Interesse" der EG-Kommission vom 21.05.2003 hat diese in Zusammenfassung der derzeitigen Rechtslage klargestellt, dass die Sicherung des Pluralismus in den Medien in erster Linie in den Zuständigkeitsbereich der Mitgliedstaaten falle, während der Zweck der bestehenden gemeinschaftlichen Rechtsakte in diesem Bereich die Gewährleistung eines wirtschaftlichen Gleichgewichts sei. Das abgeleitete Gemeinschaftsrecht enthalte keine Bestimmungen zum Schutz des Medienpluralismus, nationale Regelungen seien jedoch zugelassen. Die Frage nach der Erforderlichkeit gemeinschaftlicher Regelungen sei bereits in dem Grünbuch zu Pluralismus und Medienkonzentration im Binnenmarkt von 1992 aufgeworfen worden. Sie sieht weiterhin die Notwendigkeit, mehr als 10 Jahre danach im Hinblick auf die fortschreitende Konzentration und die Verbreitung der elektronischen Medien die Frage zur Diskussion zu stellen[280]. Die Bundesrepublik Deutschland hat in ihrer Stellungnahme zu dem Grünbuch die Feststellung der EG-Kommission als zutreffend begrüßt, Bestimmungen auf Gemeinschaftsebene zum Schutz des Medienpluralismus jedoch abgelehnt[281].

Es bleibt daher bei der Zuständigkeit der Mitgliedstaaten zur Sicherung der Medienpluralität.

d) Neuerungen im Bereich der Kompetenzfrage im Mediensektor durch den Entwurf einer europäischen Verfassung

Der europäische Verfassungskonvent[282] sollte in seinem Entwurf eines Verfassungsvertrags unter anderem eine genauere Zuständigkeitsabgrenzung zwischen der Gemeinschaft und den Mitgliedstaaten vornehmen.

---

280 Vgl. das „Grünbuch zu Dienstleistungen von allgemeinem Interesse" der EG-Kommission vom 21.05.2003, KOM (2003) 270, abrufbar: www.europa.eu.int/eur-lex/de/com/gpr/2003/com2003_0270de01.pdf, Rz. 73 ff.

281 Vgl. die Stellungnahme der Bundesrepublik Deutschland zum Grünbuch der EG-Kommission, abrufbar: www.europa.eu.int/com/secretariat general/service general interest/docs/public_authoritis/deutschland/pdf.

282 Der „Konvent zur Zukunft Europas" wurde auf dem EU-Gipfel von Laeken am 14./15.06.2001 mit der Ausarbeitung eines europäischen Verfassungsvertrags beauftragt, um die EU im Hinblick auf deren Erweiterung strukturell und institutionell zu reformieren. Er tagte unter dem Vorsitz von Valérie Giscard d`Estaing ab März 2002 und übergab dem italienischen EU-Präsidenten am 18.07.2003 einen Entwurf über eine „Verfassung für Europa"; vgl. *Schwarze*, NJW 2002, 993; *ders.*, EuR, 2003, 535; *Meyer/Hölscheidt*, EuZW 2003, 613; *Berg*, EuR 2003, 353; am 18.06.2004 haben sich die Staats- und Regierungschefs auf dem Gipfel in Brüssel

Nach dem Verfassungsvertrag verbleibt es beim Prinzip der begrenzten Einzelermächtigung. Zuständigkeiten, die der Gemeinschaft nicht zugewiesen sind, verbleiben bei den Mitgliedstaaten (Art. I-9, Abs. 1, 2). Es sind weiterhin Regelungen über die verschiedenen Arten der Zuständigkeiten und die zugeordneten Tätigkeitsfelder vorgesehen.

In Art. I-12 ist die ausschließliche Zuständigkeit geregelt. Nach Abs.1 gehört hierzu das Wettbewerbsrecht im Binnenmarkt. Art. I-13 enthält Bereiche, für die eine geteilte Zuständigkeit besteht, zu der nach Abs. 2 der Binnenmarkt gehört. Für Vorschriften, die auf die geteilte Zuständigkeit gestützt werden, gilt das Subsidiaritätsprinzip (Art. I-9 Abs. 1 S. 2; Abs. 3): die Mitgliedstaaten dürfen tätig werden, wenn und soweit die Europäische Union noch nicht gehandelt hat (Art. I-11 Abs. 2). Darüber hinaus können nach Art. I-16 Unterstützungs-, Koordinierungs- und Ergänzungsmaßnahmen ergriffen werden; in Abs. 2 ist auch der Bereich der Kultur aufgeführt, der in Art. III-181 genauer geregelt ist und der mit Art. 151 EG-Vertrag korrespondiert[283].

Der Mediensektor berührt aufgrund seiner wirtschaftlichen und kulturellen Komponente und der Zuordnung zur Dienstleistungsfreiheit[284] wie bisher alle drei Kompetenzbereiche. Der Kompetenzkatalog des Verfassungsvertrags schafft damit im Medienbereich nicht mehr Klarheit. Vielmehr ist davon auszugehen, dass sich an der derzeitigen Rechtslage in der Praxis nichts ändert[285]. Auch in Zukunft ist die Gemeinschaft gehalten, die nationale Identität der Mitgliedstaaten zu achten (Art. I-5 Abs. 1), was im Medienbereich zusätzlich auch durch Art. II-11 Abs. 2 des Verfassungsvertrags (Art. 11 Abs. 2 der Grundrechtecharta) dokumentiert wird. Darüber hinaus wirken – außer im Bereich der ausschließlichen Zuständigkeit – das Subsidiaritätsprinzip sowie der Grundsatz der Verhältnismäßigkeit für die Gemeinschaft begrenzend (Art. I-9 Abs. 1 S. 2, 4).

Der Verfassungsvertrag bringt damit im medienrechtlichen Bereich keine Neuerungen des bisherigen Kompetenzgefüges. Durch Art. 11 Abs. 2 der Grundrechtecharta, der ein Abwehrrecht gegen das Handeln der Gemeinschaft enthält und der, wenn der Verfassungsvertrag in Kraft tritt, Rechtsverbindlichkeit erlangen wird[286], dürfte den Bestrebungen der Gemeinschaft nach gemeinschaftsweiten Regelungen, wie sie im Bereich des Grünbuchs „Pluralismus und Medien-

---

auf den Verfassungstext geeinigt, der bis 2007 nach Ratifizierung durch die Mitgliedstaaten in Kraft treten soll.

283 Vgl. *Fischer*, Rz. 1 zu Art. III-181.

284 Vgl. Kap. 2 I 1) b).

285 Vgl. *Fischer*, Rz. 1 zu Art. I-12, Rz. 1 zu Art. I-13, S. 135 f; vgl. *Schmittmann*, AfP 2003, 313, 314.

286 Vgl. Kap. 1 II 4).

konzentration im Binnenmarkt" und den nachfolgenden Richtlinienentwürfen geplant waren, auch künftig eine Absage erteilt worden sein[287].

2) Die Zuständigkeit der Länder für das Rundfunkrecht

Somit sind die Mitgliedstaaten zum Erlass von Regelungen im Medienbereich, die den Medienpluralismus sichern sollen, zuständig. Fraglich ist, wem innerstaatlich die Kompetenz zusteht.

Zwischen Bund und Ländern war die Gesetzgebungszuständigkeit für den Rundfunkbereich seit der Weimarer Zeit umstritten. Der Streit bestand auch nach Entstehung des Grundgesetzes fort[288]. Ausgangspunkt der Kontroversen war die Kompetenzverteilung des Grundgesetzes dahingehend, dass die Länder gemäß Art. 30, 70 GG in Bereichen zuständig sind, in denen dem Bund keine Kompetenz zugeschrieben wird.

Der Streit um die Zuständigkeit im Rundfunkbereich resultierte insbesondere daraus, dass das Grundgesetz in Art. 73 Nr. 7 dem Bund die Zuständigkeit im Bereich des Post- und Fernmeldewesens zuschrieb und weitgehend davon ausgegangen wurde, dass damit auch das Rundfunkwesen erfasst sei, das bis 1945 unter den Begriff „Fernmeldewesen" eingeordnet wurde. Insoweit sollten sowohl technische als auch organisatorische und kulturelle Teilaspekte des Rundfunks von der ausschließlichen Bundeskompetenz erfasst sein[289].

Das Bundesverfassungsgericht hat im sog. ersten Rundfunkurteil[290] von 1961 entschieden, dass der Begriff des Post- und Fernmeldewesens nur den sendetechnischen Bereich des Rundfunks mit Ausnahme der Studiotechnik erfasse[291], nicht dagegen den übrigen Bereich, der auch nicht kraft Natur der Sache oder Sachzusammenhangs dem Bund zuzuordnen sei. Die Überregionalität der Rundfunkwellen sei bei Erlass des Grundgesetzes bekannt gewesen, der Gesetzgeber habe dennoch keine anderweitige Regelung getroffen. Auch sei es nicht ersichtlich, dass der sendetechnische Bereich nicht ohne den kulturellen geregelt werden könne[292]. Zuständig für die Übertragungstechnik ist demnach der Bund, der

---

287 Vgl. *Stock*, EuR 2002, 566, 573 ff.; *Schwarze*, AfP 2003, 209, 211.

288 Ausführlich zu dem Prozess, der dem Ersten Fernsehurteil vorausging sowie zum Prozessverlauf *Zehner* (Hrsg.) mit einer Dokumentation des Prozessmaterials; *Hartstein/Ring/Kreile/Dörr/Stettner*, B 2, Rn. 2

289 *Hartstein/Ring/Kreile/Dörr/Stettner*, B 2, Rn. 3; die Zuständigkeit des Bundes bejahend *Scheuner* in Zehner, S. 314 ff.; ablehnend *Ridder*, in: Zehner, S. 292 ff.

290 Vgl. Kap. 1 I, II 2) a).

291 BVerfGE 12, 205, 225.

292 *Hartstein/Ring/Kreile/Dörr/Stettner*, B 2 Rn. 13; BVerfGE 12, 205, 229 f.

diesbezüglich Regelungen im Telekommunikationsgesetz (TKG) getroffen hat. Das Bundesverfassungsgericht begründete dies damit, dass nur durch einheitliche Regelungen ein „Chaos im Funkverkehr“ vermieden werden könne[293]. Der Entstehungsgeschichte könne jedoch nicht entnommen werden, dass über das Post- und Fernmeldewesen der gesamte Bereich des Rundfunks habe erfasst werden sollen[294]. Der inhaltliche und kulturelle Teil des Rundfunkrechts fällt daher als Teil der Kulturhoheit in die Kompetenz der Länder (Art. 30, 70 GG)[295].

Dem Bund steht über Art. 71, 73 Nr. 1 GG – die Zuständigkeit für auswärtige Angelegenheiten – weiterhin die Kompetenz zu, den Auslandsrundfunk zu regeln (Deutsche Welle). Hierdurch werden die Interessen der Länder nicht berührt, da die dort ausgestrahlten Sendungen ausschließlich für das Ausland bestimmt sind. Nicht zugunsten des Bundes von Art. 73 Nr. 1 GG umfasst sind dagegen grenzüberschreitende Satellitenprogramme[296].

Schließlich stehen dem Bund in weiteren Bereichen, die das Rundfunkrecht tangieren können, wie etwa dem Wirtschaftsrecht (Art. 74 Abs. 1 Nr. 11, 16 GG) und Urheberrecht (Art. 73 Nr. 9 GG) Kompetenzen zu.

Die Länder haben aufgrund ihrer Zuständigkeit zur Regulierung des Rundfunks Landesrundfunk- oder Landesmediengesetze erlassen[297] und des Weiteren das Rundfunkrecht durch Staatsverträge, die in den Ländern aufgrund von Zustimmungsgesetzen als Landesrecht gelten, koordiniert[298]. So finden sich Regelungen zum privaten Rundfunk im Rundfunkstaatsvertrag (§§ 20 ff. RStV).

II. Die Entwicklung des geltenden Vielfaltsicherungsrechts im Rundfunkstaatsvertrag

Die Regelungen zur Vielfaltsicherung im privaten Rundfunk vor Erlass des 3. Rundfunkstaatsvertrags unterschieden sich grundlegend von den heute geltenden Regelungen.

Die Regelungen des Rundfunkstaatsvertrags 1991 zur Sicherung der Meinungsvielfalt hatten § 21 zum Ausgangspunkt. Dieser galt auch für den Hörfunk. Er sah eine Programmzahlbegrenzung vor (§ 21 Abs. 1 S. 1 RStV 1991). Danach durfte ein Veranstalter höchstens zwei Programme und davon nur eines als Voll-

293 BVerfGE 12, 205, 230.
294 BVerfGE 12, 205, 225 ff.
295 *Vesting* in: Beck`scher Kommentar, § 1 Rn. 9 ff.; BVerfGE 12, 205, 225.
296 *Hartstein/Ring/Kreile/Dörr/Stettner*, B 2 Rn. 8.
297 Überblick bei *Herrmann*, § 3 Rn. 43 ff.
298 Vgl. dazu *Vesting* in: Beck`scher Kommentar, § 1 Rn. 2.

programm oder Spartenprogramm mit Schwerpunkt Information betreiben. Eine Zulassung durfte nur erteilt werden, wenn keiner der Beteiligten 50 % oder mehr der Kapital- und Stimmrechtsanteile innehatte oder einen sonst vergleichbaren Einfluss ausübte (§ 21 Abs. 2 RStV 1991). Darüber hinaus waren Zurechnungsvorschriften vorgesehen, durch die Umgehungen der Veranstalter- und Beteiligungsbeschränkungen verhindert werden sollten (§ 21 Abs. 1 S. 1, 3, Abs. 5 RStV 1991). Dieses Modell kombinierte außenplurale (§ 21 Abs. 1 S. 1 RStV 1991) und binnenplurale Elemente (§ 21 Abs. 2 RStV 1991 sowie § 21 Abs. 3 RStV 1991)[299]. Ihm wurde oft vorgeworfen, durch die Programmzahlbegrenzung, die eingeschränkte Zulassungsmöglichkeit nur für Gemeinschaftsunternehmen und Mehrfachbeteiligungen die Bildung von Anbietergemeinschaften zu fördern; zudem sei es zu kompliziert und in der Handhabung nicht praktikabel[300]. Weiterhin fehle es an Durchsetzungsinstrumenten und dem Durchsetzungswillen[301].

Daher sollte im 3. Rundfunkstaatsvertrag ein neues Modell zum Einsatz kommen. Diskutiert wurden verschiedene Konzepte[302], darunter das Mediennutzungsmodell, das an die Frage anknüpfte, ob die Verknüpfungen von Rundfunk und Presse (Cross-ownership) zulässig und wie sie ausgestaltet sein sollten, das Werbemarktanteilsmodell, das beim Anteil des Unternehmens am Werbemarkt ansetzte und das „One man – one show“ – Modell, dem zufolge nur eine Beteiligung an einem Vollprogramm oder einem informationsorientierten Spartenprogramm erlaubt sein sollte.

Stattdessen setzte sich das Zuschaueranteilsmodell durch[303]. Es versucht, einen ungleichgewichtigen Einfluss auf die öffentliche Meinungsbildung zu verhindern, indem es statt Programmzahl- oder Beteiligungsbeschränkungen auf Zuschauerhöchstgrenzen abstellt, die ein Unternehmen erreichen darf. Es hat in § 26 RStV seine Ausprägung gefunden. Gleichzeitig wurde in § 35 RStV die Rundfunkaufsicht durch Einführung der KEK und der Konferenz der Direktoren der Landesmedienanstalten (KDLM) neu geregelt[304].

---

299 *Trute* in: Beck`scher Kommentar, § 26 Rn. 11; *Engel*, ZUM 1993, 557, 564.

300 *Trute* in: Beck`scher Kommentar, § 26 Rn. 12; ausführlich *Clausen-Muradian*, S. 147 ff, 173; *Engel* in: Die Sicherung der Meinungsvielfalt, S. 221, 241 f.; *Zmeck*, AfP 95, 545; *Stettner* in: LPR Medien Colloquium, S. 79 ff, 88 ff.; *Kübler* in: Die Sicherung der Meinungsvielfalt, S. 287, 306.

301 *Dörr* in: Mainzer Rechtshandbuch, Rn. 87.

302 Ausführlich hierzu und zu den Vor- und Nachteilen *Clausen-Muradian*, S. 150 ff.; *Ossyra*, S. 21 ff.; *Trute* in: Beck`scher Kommentar, § 26 Rn. 16 ff.

303 *Clausen-Muradian*, S. 151; *Trute* in: Beck`scher Kommentar, § 26 Rn. 18.

304 Vgl. Kap. 3 IV 2).

III. Grundstrukturen des Vielfaltsicherungsrechts

Das derzeit geltende Modell des Rundfunkstaatsvertrags geht davon aus, dass Außenpluralität vorliegt[305].

Der Rundfunkstaatsvertrag enthält durch das Erfordernis der Zulassung und der Aufsicht sowohl präventive als auch repressive Instrumente im Rahmen der positiven Ordnung[306], um die Meinungsvielfalt zu sichern.

Die Regelungen der Vielfaltsicherung nach §§ 21 ff. des Rundfunkstaatsvertrags gelten für das bundesweite private Fernsehen, d.h., für Programme, die – mit Ausnahme der Regional- und Landesfenster – bundesweit einheitlich verbreitet werden[307] und einer bundesweiten Zulassung bedürfen[308]. Die Regelungen des Rundfunkstaatsvertrags sind in diesem Bereich abschließend, abweichende landesrechtliche Regelungen sind unzulässig (§ 39 S. 1, 2 RStV).

Nicht von den §§ 21 ff. RStV erfasst sind demnach Regelungen über den Hörfunk sowie über regionale und lokale Fernsehveranstalter. In diesem Bereich sind die Landesgesetzgeber zum Erlass von Regelungen befugt, die in den Landesmedien- bzw. Landesrundfunkgesetzen enthalten sind und sich erheblich unterscheiden[309]. Dabei gehen die Landesgesetzgeber von zwei verschiedenen Modellen aus: Die meisten Länder setzen das Bestehen von Außenpluralismus bei der Veranstaltung von Vollprogrammen voraus. Ist dieser nicht gegeben, weil die Zahl der veranstalteten Programme zu gering ist und stellt die Landesmedienanstalt dies fest, ist bei den einzelnen Veranstaltern die binnenpluralistische Organisation vorgeschrieben[310]. Andere Länder verlangen dagegen von allen Veranstaltern von Vollprogrammen binnenplurale Strukturen, ohne diese beim Vorliegen von Außenpluralismus aufzuheben[311].

Die Vielfaltsicherung ist damit territorial auf das Gebiet der Bundesrepublik Deutschland bezogen[312]. Allerdings können marktbeherrschende Stellungen auf lokalen oder regionalen Fernsehmärkten, etwa im Rahmen des sog. Ballungsraumfernsehens, oder auf Hörfunkmärkten im Rahmen der „medienrelevanten verwandten Märkte“ nach § 26 Abs. 2 S. 2 berücksichtigt werden[313]. Ebenso

305 *Rossen-Stadtfeld* in: Beck`scher Kommentar, § 25 Rn. 33.
306 Vgl. Kap. 1 II 2) a).
307 *Schuler-Harms* in: Beck`scher Kommentar, § 39 Rn. 1.
308 *Hartstein/Ring/Kreile/Dörr/Stettner*, § 26 Rn. 3.
309 Vgl. Übersicht über die landesrechtlichen Regelungen bei *Dörr*, Mainzer Rechtshandbuch, Rn. 110, Fn. 41 f.
310 *Dörr*, Mainzer Rechtshandbuch, Rn. 110.
311 *Dörr*, Mainzer Rechtshandbuch, Rn. 110.
312 *Trute* in: Beck`scher Kommentar, § 26 Rn. 25.
313 Vgl. Kap. 3 VII 2 b); *Trute* in: Beck`scher Kommentar, § 26 Rn. 25.

können die Beteiligungen an ausländischen Veranstaltern oder die Beteiligung ausländischer Veranstalter an nationalen Veranstaltern nach § 28 RStV zugerechnet werden[314].

§ 25 RStV enthält Anforderungen an die programmliche Vielfalt. § 25 Abs. 1 S. 1 und 2 RStV sehen vor, dass inhaltlich die Vielfalt der Meinungen im privaten Rundfunk im Wesentlichen zum Ausdruck zu bringen ist und alle bedeutsamen politischen, weltanschaulichen und gesellschaftlichen Kräfte in den Vollprogrammen angemessen zu Wort kommen müssen, wobei Auffassungen der Minderheiten zu berücksichtigen sind. Diese Vorschrift entspricht den Vorgaben in der Rechtsprechung des Bundesverfassungsgerichts[315]. Nach Abs. 2 darf ein einzelnes Programm nicht ungleichgewichtig die Bildung der öffentlichen Meinung beeinflussen; dies gilt auch dann, wenn ein Programm die Anforderungen an die Vielfaltsicherung nach § 26 RStV erfüllt[316]. Abs. 3 betrifft das Zulassungsverfahren; die Veranstalter sollen darauf hinwirken, dass an dem Veranstalter auch Interessenten mit kulturellen Programmbeiträgen beteiligt werden. Nach Abs. 4 sollen Regionalfensterprogramme ausgestrahlt werden[317].

Gemäß § 20 Abs. 1 RStV bedürfen private Rundfunkveranstalter[318] einer Zulassung nach Landesrecht[319]. Das Zulassungserfordernis entspricht der Vorgabe des Bundesverfassungsgerichts, wonach eine vorherige Überprüfung privater Veranstalter durchzuführen ist[320].

Bei diesem Zulassungsvorbehalt handelt es sich um ein präventives Verbot mit Erlaubnisvorbehalt[321]. Das Zulassungsverfahren richtet sich nach den Landesmediengesetzen, die für die privaten Veranstalter[322] zu diesem Zweck persönliche und sachliche Zulassungsvoraussetzungen sowie Auswahlkriterien bei Kapazitätsengpässen vorsehen. Zuständig für die Erteilung der Zulassung sind die Landesmedienanstalten. Welche Landesmedienanstalt im Einzelfall zuständig ist, hängt von der Art der Verbreitungstechnik, also Terrestrik, Kabel oder

---

314 Vgl. Kap. 3 VII 1) b); *Trute* in: Beck'scher Kommentar, § 26 Rn. 25.

315 Vgl. Kap. 1 II 2) a); *Hartstein/Ring/Kreile/Dörr/Stettner*, § 25 Rn. 11.

316 *Hartstein/Ring/Kreile/Dörr/Stettner*, § 25 Rn. 13.

317 Vgl. hierzu ausführlich Kap. 4 II 1) a); nach der Fassung des 7. Rundfunkstaatsvertrags sind Regionalfensterprogramme auszustrahlen.

318 Vgl. zum Begriff des Rundfunks § 2 Abs. 1 RStV.

319 Vgl. ausführlich zum Zulassungserfordernis *Charissé*, S. 28 ff.

320 BVerfGE 57, 295, 326.

321 *Bumke* in: Beck'scher Kommentar, § 20 Rn. 32.

322 Vgl. aber die Sondersituation in Bayern: gemäß Art. 111 a Abs. 2 S. 1 BV ist Rundfunk in öffentlich-rechtlicher Trägerschaft zu verantworten, weswegen es in Bayern keine privaten Rundfunkveranstalter i. S. d. § 20 RStV gibt; § 2 BayMG; vgl. *Clausen-Muradian*, S. 106.

Satellit[323], nicht vom juristischen Sitz des Veranstalters, ab[324]. Außer bei terrestrischer Verbreitung genügt eine Zulassung für bundesweit ausgestrahlte Programme (vgl. § 52 RStV).

Neben dem präventiven Instrument der Zulassung unterliegen die Veranstalter der Aufsicht[325]. Mittelpunkt ist die im Folgenden darzustellende Regelung des § 26, die seit dem 3. Rundfunkstaatsvertrag in den letzten Jahren immer wieder Neuerungen erfahren hat, und die ebenfalls präventive und repressive Maßnahmen zur Verhinderung bzw. Auflösung vorherrschender Meinungsmacht enthält. Die Regelungen werden nach wie vor kontrovers diskutiert und sind medienpolitisch aktuell, insbesondere im Bereich der mit dem 6. Rundfunkstaatsvertrag eingeführten Bonusregelungen[326].

IV. Die Zuständigkeit für die Regelungen des Vielfaltsicherungsrechts nach dem Rundfunkstaatsvertrag

1) Die Landesmedienanstalten

Die Landesmedienanstalten sind rechtsfähige Anstalten des öffentlichen Rechts, die organisatorisch aus dem Staat ausgegliedert sind. Die Bezeichnung variiert von Land zu Land[327]. Die nähere Ausgestaltung ist in den Landesmedien- und -rundfunkgesetzen geregelt[328]. Regelmäßig bestehen die Landesmedienanstalten aus zwei Organen[329]: Einem Hauptorgan, das sich entweder nach dem Versammlungsmodell zusammensetzt, demzufolge die gesellschaftliche Vielfalt durch Vertreter der verschiedenen Gruppen zum Ausdruck kommt, oder nach dem Ratsmodell, einem kleinen Gremium, bei dessen Zusammensetzung auf die Repräsentation gesellschaftlicher Vielfalt verzichtet wird[330]. Daneben gibt es ein Exekutivorgan, das entweder monokratisch oder kollegial aufgebaut ist.

Die Zusammenarbeit der Landesmedienanstalten findet in der „Arbeitsgemeinschaft der Landesmedienanstalten in der Bundesrepublik Deutschland"

323 Näheres bei *Bumke* in: Beck`scher Kommentar, § 20 Rn. 40 ff.
324 *Bumke* in: Beck`scher Kommentar, § 20 Rn. 41; *Beucher/Leyendecker/von Rosenberg*, § 20 Rn. 5.
325 Vgl. Kap. 3 VII, VIII.
326 Vgl. Kap. 4.
327 *Hesse*, 5. Kap. Rn. 14 ff.
328 *Hesse*, 5. Kap. Rn. 14 ff.
329 Teilweise sind drei Organe vorgesehen, wobei ein Verwaltungs- oder Medienrat hinzutritt; *Hesse*, 5. Kap., Rn. 26.
330 *Dörr*, MP 1998, 54, 56.

(ALM) sowie der „Direktorenkonferenz der Landesmedienanstalten" (DLM) statt. Daneben wurden vom Staatsvertragsgeber im 3. Rundfunkstaatsvertrag 1997 die „Kommission zur Ermittlung der Konzentration im Medienbereich" (KEK) und die „Konferenz der Direktoren der Landesmedienanstalten" (KDLM) im Bereich der Vielfaltsicherung institutionalisiert.

Der Zuständigkeitsbereich der Landesmedienanstalten umfasst in erster Linie die Zulassung der privaten Rundfunkveranstalter[331], die medienkonzentrationsrechtliche Aufsicht sowie die Auswahl der Fensterprogrammveranstalter[332].

2) Die KEK und die KDLM

Durch den 3. Rundfunkstaatsvertrag wurden die KEK[333] sowie die KDLM im Bereich der Rundfunkaufsicht eingeführt.

Ziel war es, durch Einrichtung dieser Institutionen sowie durch Schaffung von organisatorischen und Verfahrensregelungen die Kontroll- und Prüfungsbefugnisse im Rahmen der Medienaufsicht in einer Hand zusammenzuführen, um der Gefahr entgegenzuwirken, dass die 15 Landesmedienanstalten aus standortpolitischen Erwägungen die Regelungen der Konzentrationskontrolle in ihrem jeweiligen Einflussbereich unterschiedlich anwenden und möglicherweise zu großzügig auslegen würden[334]. Die KEK und die KDLM dienen mithin der Vermeidung sachwidriger und zweckfremder Einflüsse[335] und stellen insoweit einen Kompromiss dar, als sich die Länder nicht auf eine rechtlich selbständige gemeinsame Einrichtung einigen konnten[336].

Die KEK und die KDLM dienen der jeweils zuständigen Landesmedienanstalt bei der Erfüllung ihrer Aufgaben im Bereich der Sicherung der Meinungsvielfalt (§ 35 Abs. 1, 2 RStV).

---

331 Vgl. Kap. 3 III.

332 Kap. 4 II 3) b).

333 Vgl. ausführlich zur KEK und deren Aufgaben: KEK, 2. Konzentrationsbericht, S. 365 ff.

334 Amtliche Begründung zu § 35, abgedruckt in: *Hartstein/Ring/Kreile/Dörr/Stettner*, § 35; *Clausen-Muradian*, S. 170; KEK, 1. Konzentrationsbericht, S. 89.

335 Amtliche Begründung zu § 35, abgedruckt in: *Hartstein/Ring/Kreile/Dörr/Stettner*, § 35.

336 *Schuler-Harms* in: Beck`scher Kommentar, § 35, Rn. 7, 34; vgl. auch *Kuch*, ZUM 1997, 12, 13.

a) Die KEK

Die KEK wird als selbständiges Organ der jeweils zuständigen Landesmedienanstalt tätig, § 35 Abs. 2 S. 2 RStV[337].

Die KEK ist – entsprechend dem sogenannten Ratsmodell – ein kleines Gremium. Sie besteht aus sechs Sachverständigen des Rundfunk- und Wirtschaftsrechts. Drei von ihnen müssen die Befähigung zum Richteramt haben (§ 35 Abs. 3 S. 1); zwei Ersatzmitglieder für den Fall nicht nur vorübergehender Verhinderung von Mitgliedern werden ebenfalls berufen (§ 35 Abs. 2 S. 2 RStV).

Gegen diese Ausgestaltung der Vielfaltsicherung und die Besetzung der KEK sind vielfach verfassungsrechtliche Bedenken erhoben worden. Dies betrifft zum einen das Gebot der effektiven Sicherung der Meinungsvielfalt. Es wird argumentiert, dass ein pluralistisch besetztes Gremium zwar nicht unbedingt erforderlich sei, da es sich nur um ein Instrument zur Sicherung der Meinungsvielfalt handele. Allerdings müsse auch hier staatlicher und einseitig privater Einfluss vermieden oder möglichst gering gehalten werden, wie auch das Bundesverfassungsgericht im Hinblick auf die Berufung der Mitglieder der Kommission zur Ermittlung des Finanzbedarfs der Rundfunkanstalten (KEF) festgestellt habe[338]. Kleine Gremien seien der Gefahr der einseitig privaten oder staatlichen Beeinflussung in größerem Maße ausgesetzt. Diese Kritik[339] knüpft vorwiegend an die Art der Bestellung der Mitglieder an, die durch die Ministerpräsidenten einvernehmlich berufen werden (§ 35 Abs. 3 S. 2, Hs. 1 RStV). Dadurch würden die Mitglieder tendenziell eher den gesellschaftlichen „Mainstream" repräsentieren, was der positiven Förderung der Vielfalt abträglich sein könne[340]. Auch sei aufgrund der geringen Zahl der Mitglieder eine für die Bevölkerung repräsentative Zusammensetzung kaum möglich[341]. Darüber hinaus sei die Stellung jedes Mit-

---

337 *Dörr*, MP 1998, 54, 56; vgl. *Hepach*, ZUM 1999, 603, 606, wonach dies im Wege der Organleihe geschieht, allerdings mit der Einschränkung, dass die KEK im Gegensatz zur „klassischen" Organleihe außerhalb des Aufgabenbereichs der Zulassungskontrolle keiner juristischen Person zugeordnet ist; dagegen *Renck-Laufke*, ZUM 2000, 369, wonach keine Organleihe vorliegt, da die KEK als für alle Landesmedienanstalten gebildetes und von allen getragenes Gremium von niemandem „ausgeliehen" werde; *dies.*, ebd., 369 ff.: gemeinsame Verwaltungseinrichtung aller Länder vergleichbar mit der ZVS für die Hochschulzulassung und der GEZ für die öffentlich-rechtlichen Rundfunkgebühren mit dem Unterschied, dass ZVS und GEZ mit Außenwirkung handelten, die KEK dagegen in den internen Geschäftsgang eingebunden sei.

338 BVerfGE 90, 60, 103; *Dörr*, MP 1996, 621, 625.

339 Vgl. *Dörr*, MP 1996, 621, 625.

340 *Dörr* in: Mainzer Rechtshandbuch, Rn. 108.

341 *Dörr*, MP 1998, 54, 56.

glieds sehr stark. Dies sei im Hinblick auf das Gebot einer effektiven Sicherung der Meinungsvielfalt bedenklich.

Auch im Hinblick auf das Gebot der Staatsferne sei die Art der Bestellung durch die Ministerpräsidenten verfassungsrechtlich zweifelhaft[342]. Eine staatliche Beeinflussung der Programmgestaltung könne nicht ausgeschlossen werden, zumal die KEK auch wertende Entscheidungen bezüglich der Programmveranstalter treffen müsse. Dies betreffe programmsensible Bereiche[343].

Vielfach wird der Ruf laut, das Bestellungsverfahren anders auszugestalten[344].

Im Hinblick auf das Argument der fehlenden Staatsferne kann dem jedoch entgegen gesetzt werden, dass aufgrund des Erfordernisses der Einvernehmlichkeit eine einseitige Besetzung nicht erfolgen kann und vielmehr ein Konsenszwang besteht[345]. Auch dürften die Weisungsfreiheit (§ 35 Abs. 6 S. 1 RStV) und Unabhängigkeit der Mitglieder positiv zu berücksichtigen sein[346]. Die unabhängige Stellung ergibt sich aus der Dauer der Bestellung für fünf Jahre sowie dem Berufungsverfahren und der Inkompatibilitätsregelung des § 35 Abs. 3 S. 3

---

342 *Dörr* in: Mainzer Rechtshandbuch, Rn. 108; *ders.*, MP 1998, 54, 56; *ders.*, MP 1996, 621, 625.

343 *Schuler-Harms* in: Beck`scher Kommentar, § 35 Rn. 21; *Hartstein/Ring/Kreile/Dörr/Stettner*, § 35, Rn. 7; *Dörr* in: Mainzer Rechtshandbuch, Rn. 108; *ders.*, MP 1996, 621, 625; anders *Clausen-Muradian*, S. 171, Fn. 334, die eher auf eine wirtschaftliche Marktkontrolle der KEK abhebt; daher sei die Staatsferne weniger bedenklich; *Knothe*, ZUM 1997, 6, 11: rein fachlich-wissenschaftliche Aufgabe; *Neft*, ZUM 1999, 97, 98: Rechtsfragen; insoweit bestehe für die KEK auch kein Beurteilungsspielraum, so dass eine volle gerichtliche Überprüfbarkeit gegeben sei; *Hess*, AfP 1997, 680, 684; *Kreile* NJW 1997, 1330: „lediglich fachlich-begutachtende Funktion".

344 *Dörr* in: Mainzer Rechtshandbuch, Rn. 108; *ders.*, MP 1998, 54, 56; *ders.*, MP 1996, 621, 625; *Neft*, ZUM 1999, 97, 98; *Stock*, Medienmarkt und Meinungsmacht, S. 66 ff.; skeptisch auch *ders.*, JZ 1997, 583, 593, der bemängelt, dass die Personalentscheidungen von denselben Politikern getroffen würden, die ein „konzernfreundliches" materielles Konzentrationsrecht geschaffen hätten.

345 Insoweit auch die amtliche Begründung zu § 35: 16 in ihrer Ausrichtung verschiedene Länder; in der Bestellung durch die Ministerpräsidenten wird eine „förderalistisch gebrochene Staatsgewalt" gesehen, die Art. 5 Abs. 1 Satz 2 GG genüge.

346 *Dörr*, MP 1998, 54, 56; vgl. *Kuch*, ZUM 1997, 12, 14, der die Kritik an der Staatsferne unter Vergleich mit dem Berufungsverfahren der KEF-Mitglieder, das vom Bundesverfassungsgericht nicht gerügt worden sei, ohnehin als unbegründet ansieht; *Knothe*, ZUM 1997, 6, 11 weist darauf hin, dass bei der Tätigkeit der KEF eher Bedenken bestünden als bei der KEK, da sich diese mit dem sensiblen Bereich der Finanzplanung des öffentlich-rechtlichen Rundfunks befasse.

RStV[347]. Hinzu kommt schließlich auch die Sachkunde der ausgewählten Experten[348].

Auch bzgl. des Gebots der effektiven Sicherung der Meinungsvielfalt kann nicht gesagt werden, dass kleine Gremien der Sicherung der Meinungsvielfalt nicht hinreichend dienlich sein könnten. Gerade kleine Gremien, die noch dazu mit Sachverständigen besetzt sind, können häufig schneller und effektiver eingreifen als große, pluralistisch zusammengesetzte Institutionen[349].

Nach alledem sind die Bedenken an der Zusammensetzung und Funktionsweise der KEK somit nicht haltbar.

Die Landesmedienanstalten sind verpflichtet, der KEK die notwendigen personellen und sachlichen Mittel zur Verfügung zu stellen (§ 35 Abs. 8 S. 1 RStV). Von der KEK ist nach den Grundsätzen von Wirtschaftlichkeit und Sparsamkeit ein Wirtschaftsplan zu erstellen (§ 35 Abs. 8 S. 2 RStV). Die Einzelheiten sind in einer Verwaltungsvereinbarung der Landesmedienanstalten geregelt (§ 35 Abs. 8 S. 5 RStV). Die KEK hat sich eine Geschäftsordnung gegeben. Die Beschlüsse werden mit der Mehrheit der gesetzlichen Mitglieder gefasst (§ 36 Abs. 1 S. 2 RStV).

Zu ihren Aufgaben gehört die abschließende Beurteilung von Fragestellungen zur Sicherung der Meinungsvielfalt im Zusammenhang mit der bundesweiten Veranstaltung von Fernsehprogrammen, insbesondere betreffend der Zulassung oder deren Änderung, der Bestätigung von Beteiligungsverhältnissen als unbedenklich und bei Maßnahmen nach § 26 Abs. 4 RStV (§ 36 Abs. 1 S. 1 RStV). Bei der Auswahl und Zulassung von Fensterprogrammveranstaltern ist sie beteiligt (§ 36 Abs. 2 Satz 1 RStV). Weiterhin obliegt ihr die Ermittlung der Zuschaueranteile der Unternehmen (§ 36 Abs. 1 S. 4 RStV) sowie die Veröffentlichung einer zu erstellenden Programmliste (§ 26 Abs. 7 RStV) und eines Berichts über die Entwicklung der Konzentration und über Maßnahmen zur Sicherung der Meinungsvielfalt im privaten Rundfunk im Abstand von drei Jahren (sog. Konzentrationsbericht; § 26 Abs. 6 RStV).

Die KEK hat bereits häufiger gefordert, in § 36 Abs. 1 S. 3 RStV klarzustellen, dass sie selbst auch die Voraussetzungen für ihre Entscheidungen in eigener Zuständigkeit ermittelt, und dass ihr die Verfahrensrechte nach §§ 21, 22 RStV

---

347 Amtliche Begründung zu § 35, abgedruckt in: *Hartstein/Ring/Kreile/Dörr/Stettner*, § 35.

348 *Dörr*, MP 1998, 54, 56; *Hartstein/Ring/Kreile/Dörr/Stettner*, Rn. 6; *Schuler-Harms* in: Beck`scher Kommentar, § 35 Rn. 22, die überdies darauf abstellt, dass die Entscheidungen der KEK nicht letztverbindlich für die jeweils zuständige Landesmedienanstalt sind, da gemäß § 37 Abs. 2 RStV die KDLM angerufen werden kann (vgl. Kap. 3 IV 2) b)).

349 *Schuler-Harms* in: Beck`scher Kommentar, § 35 Rn. 23.

zustehen[350]. Dies würde ihre Position als unabhängige Prüfungskommission weiter absichern und wäre im Interesse einer effektiven Vielfaltsicherung[351]. Bisher ist diese Klarstellung jedoch nicht erfolgt.

Die Prüfungsbefugnisse der KEK sind nicht so unumstritten, wie ein Blick auf die aufgezeigten Regelungen es vermuten ließe. Vielmehr stellen sich im Rahmen der Bonusregelungen Fragen über den Umfang der Zuständigkeit[352]. Der 7. Rundfunkstaatsvertrag brachte erneut Änderungen im Bereich der Zuständigkeit, die kontrovers diskutiert werden[353].

b) Die KDLM

Die KDLM ist personenidentisch mit der seit 1985 bestehenden Direktorenkonferenz der Landesmedienanstalten (DLM) und besteht aus den jeweiligen gesetzlichen Vertretern der Landesmedienanstalten (§ 35 Abs. 5 S. 1, 1. Hs. RStV). Der Begriff der gesetzlichen Vertreter wurde gewählt, um landesspezifischen Besonderheiten bei der Bezeichnung gerecht zu werden[354]. Die Mitglieder der KDLM sind weisungsungebunden und der Verschwiegenheitspflicht unterworfen (§ 35 Abs. 6 RStV).

Die Zuständigkeit der KDLM bestimmt sich nach § 37 Abs. 2 RStV (§ 36 Abs. 1 S. 1 RStV). Danach kann die zuständige Landesmedienanstalt, die vom Beschluss der KEK abweichen will, die KDLM anrufen (§ 37 Abs. 2 S. 1 RStV); dies ist allerdings nur gegen verfahrensbeendende, nicht gegen verfahrensleitende Beschlüsse möglich[355]. Binnen dreier Monate kann diese mit einer Mehrheit von ¾ der gesetzlichen Mitglieder einen abweichenden Beschluss treffen, der an die Stelle des Beschlusses der KEK tritt; ansonsten bleibt der Beschluss der KEK bindend (§ 37 Abs. 2 RStV).

V. Der Begriff der vorherrschenden Meinungsmacht und die Regelung des § 26 Abs. 1 RStV

Die Regelungen der Medienkonzentrationskontrolle haben den Begriff der vorherrschenden Meinungsmacht in ihrem Mittelpunkt.

---

350 KEK, 1. Konzentrationsbericht, S. 355; dies., 2. Konzentrationsbericht, S. 367 f., 369.
351 KEK, 2. Konzentrationsbericht, S. 368.
352 Vgl. Kap. 4 V 1).
353 Vgl. Kap. 4 V 2).
354 *Schuler-Harms* in: Beck`scher Kommentar, § 35 Rn. 25.
355 *Renck-Laufke*, ZUM 2000, 369, 371; *Neft*, ZUM 1999, 97, 103 mit Hinweis auf die Systematik.

§ 26 Abs. 1 RStV bestimmt, dass ein Unternehmen in der Bundesrepublik Deutschland selbst oder durch zurechenbare Unternehmen[356] bundesweit im Fernsehen eine unbestimmte Vielzahl von Programmen veranstalten darf, es sei denn, es erlangt dadurch vorherrschende Meinungsmacht nach Maßgabe der folgenden Bestimmungen.

Die Regelungen beziehen sich auf den Bereich des bundesweit verbreiteten Fernsehens (§ 39 RStV). Nicht erfasst sind das regionale und lokale Fernsehen und der Hörfunk. Eine Zurechnung nach § 28 RStV bei Beteiligungen von oder an ausländischen Unternehmen ist jedoch nicht ausgeschlossen. Unternehmen, die auf dem regionalen oder lokalen Markt tätig sind, können im Rahmen der Betrachtung medienrelevanter verwandter Märkte erfasst werden[357].

Das Bestehen von vorherrschender Meinungsmacht stellt für jeden Veranstalter die Grenze seiner Betätigung dar. Wird sie erreicht, werden hieran bestimmte Rechtsfolgen geknüpft, die teilweise das Weiterwachsen verhindern und teilweise den Abbau von vorherrschender Meinungsmacht zum Ziel haben (Abs. 3, 4)[358].

Der Begriff der vorherrschenden Meinungsmacht ist im Rundfunkstaatsvertrag nicht definiert.

Es handelt sich hierbei um einen unbestimmten Rechtsbegriff, der auf die Rechtsprechung des Bundesverfassungsgerichts zurückgeht[359], die deshalb zur Auslegung und Konkretisierung herangezogen werden muss, um ihn im Rahmen der Konzentrationskontrolle handhabbar zu machen.

Danach müssen im Dienst der individuellen und öffentlichen Meinungsbildung alle gesellschaftlichen Kräfte im Gesamtangebot zu Wort kommen können. Über die gesellschaftlich relevanten Themen muss ungeschmälert und wahrheitsgemäß informiert werden[360].

Diese Rechtsprechung hilft zur Begriffsbestimmung insofern nicht weiter, als der Begriff der vorherrschenden Meinungsmacht zwar umschrieben wird, aber in der Praxis dennoch nicht operationalisierbar ist. Der Gesetzgeber muss versuchen, durch die Auswahl geeigneter Modelle oder Mittel diesen handhabbar zu machen.

---

356 Vgl. zum Begriff des Unternehmens Kap. 3 VII 1 b), zur Zurechnung Kap. 3 VII 1 c).

357 *Trute* in: Beck`scher Kommentar, § 26, Rn. 25.

358 Vgl. Kap. 3 VIII.

359 Vgl. Kap. 1 II 2) a) sowie BVerfGE 73, 118, 160; BVerfGE 97, 228, 267; BVerfGE 95, 163, 172; st. Rspr.

360 BVerfGE 73, 118, 160; BVerfGE 97, 228, 267.

Ein bestimmtes Modell oder Mittel ist vom Bundesverfassungsgericht dabei nicht vorgegeben[361]. Vielmehr sind von Verfassungs wegen mehrere Modelle denkbar und zulässig, soweit sie geeignet sind, die Entstehung von vorherrschender Meinungsmacht zu verhindern und einen Grundstandard gleichgewichtiger Vielfalt sicherzustellen[362]. Das Bundesverfassungsgericht betont, dass es keinen genauen Maßstab zur Bestimmung gleichgewichtiger Vielfalt gebe und dass es nicht mit letzter Gewissheit möglich sei, diese zu erreichen[363]. Der Gesetzgeber darf daher an Umstände anknüpfen, die das Bestehen vorherrschender Meinungsmacht indizieren[364].

Der Gesetzgeber hat sich im Rundfunkstaatsvertrag für das Zuschaueranteilsmodell entschieden. Er knüpft das Vorliegen von vorherrschender Meinungsmacht an die erreichten Zuschaueranteile. Der Rundfunkstaatsvertrag legt in § 26 Abs. 2 gewisse Grenzwerte fest und stellt überdies Zusatzbedingungen auf, unter denen das Vorliegen vorherrschender Meinungsmacht vermutet wird[365]. Welche Probleme dieses Modell mit sich bringt, wird im Folgenden dargestellt.

VI. Das Problem der Medienwirkung im Rahmen der Bestimmung von vorherrschender Meinungsmacht

Das Zuschaueranteilsmodell knüpft zur Verhinderung von vorherrschender Meinungsmacht an die Zuschaueranteile an, die ein Programm erzielt, und damit an die individuelle und öffentliche Meinungsbildung. Es setzt beim Zuschauer und damit an der Stelle an, an der die Wirkung der Medien entfaltet wird[366]. Es stellt sich dabei die Frage, ob das Abstellen auf Zuschaueranteile geeignet ist, das Vorliegen von vorherrschender Meinungsmacht zu indizieren. Eng damit verknüpft ist die Frage, ob die Meinungsmacht, die ein Programm erzielt – von tatsächlichen Problemen bei der Messung wie Ungenauigkeiten und Fehlern oder unzureichenden Messverfahren abgesehen[367] – überhaupt messbar ist. Mit anderen Worten: Fraglich ist, ob Zuschaueranteile geeignet sind, auf das Vorliegen

361 Vgl. Kap. 1 II 2) a); BVerfGE 90, 60, 94; BVerfGE 97, 228, 267.
362 Vgl. Kap. 1 II 2) a); BVerfGE 73, 118, 159 f.
363 Vgl. Kap. 1 II 2) a); BVerfGE 57, 295, 324; BVerfGE 73, 118, 159.
364 *Engels*, ZUM 1996, 44, 52.
365 Vgl. *Ebsen*, S. 101.
366 *Pelny*, AfP 1998, 35, 38; *Ossyra*, S. 123; vgl. zu weiteren Vorteilen, aber auch Problemstellungen *Kübler* in: Die Sicherung der Meinungsvielfalt, S. 287, 310 f.
367 Vgl. Kap. 3 VII 1) b).

von vorherrschender Meinungsmacht schließen zu lassen. Hierzu ist die Wirkung der Medien auf die Rezipienten näher zu untersuchen.

Die Medienwirkung ist sehr komplex und weitgehend unerforscht[368]. Sie kann im Rahmen dieser Arbeit nur sehr zurückhaltend und verkürzt angesprochen werden, um die Problematik bei der praktischen Handhabung sowie das Spannungsfeld, in dem sich der Rundfunkstaatsvertrag bewegt, zu verdeutlichen.

Die Medienwirkung setzt sich aus verschiedenen Komponenten zusammen, etwa den zur Verfügung stehenden Medien, dem politischen System, der Öffentlichkeit und den Nutzern[369].

Allein die bei den Rezipienten selbst ansetzenden Faktoren sind aus mehreren Gründen mit Unsicherheiten behaftet. Dies beginnt schon mit der Auswahl der Programme. Bereits hierfür sind verschiedene Faktoren maßgebend, die nicht bekannt und nicht rekonstruierbar sind. Darüber hinaus ist auch der Einfluss des gewählten Programms nicht messbar: Es bleibt unklar, wie aufmerksam der Rezipient ein Programm wahrnimmt, ob es für ihn nur Hintergrundunterhaltung darstellt oder ob er sich darauf konzentriert[370]. Selbst dann, wenn ein aufmerksames Konsumverhalten unterstellt werden kann, ist nicht feststellbar, in welchem Ausmaß dieses Programm zum individuellen Meinungsbildungsprozess beiträgt, inwiefern sich der Rezipient etwa für das dargestellte Thema interessiert, sich auch aus anderen Quellen informiert, diesem Glauben schenkt oder über das entsprechende Hintergrundwissen verfügt, um die Information einzuordnen. So ist es auch denkbar, dass je nach den individuellen Voraussetzungen der Rezipienten gesehene Berichte etwa das Gegenteil bewirken können von dem, was beabsichtigt war oder wirkungslos bleiben.

Auch wird für die Frage der Meinungsmacht eines Programms keinerlei Unterscheidung dahingehend vorgenommen, um welche Art von Sendung es sich handelt. Die Gefahr der Einwirkung auf die Meinungsbildung dürfte bei politisch orientierten Programmen ungleich höher liegen als etwa bei Sport- oder Unterhaltungsprogrammen. Das Bundesverfassungsgericht hat allerdings festgestellt, dass sich die öffentliche Meinungsbildung nicht auf Nachrichtensendungen oder politische Kommentare beschränke, sondern auch durch Fernsehspiele,

368 Vgl. zu diesem Themenkomplex etwa *Schenk*, Medienwirkungsforschung; *Berg/Ridder*, Massenkommunikation VI bzw. *Berg/Kiefer*, Massenkommunikation I – V; *Klingler/Roters, Zöllner*, Fernsehforschung in Deutschland; *Klingler/Roters/Gerhards*, Medienrezeption seit 1945, alle m. w. N., sowie die in Fn. 367 ff. genannten Beiträge.

369 *Trute* in: Beck'scher Kommentar, § 26, Rn. 39 ff.

370 *Scheuch* in: *Stern/Prütting*, S. 136, 146, der auf den Sättigungseffekt des TV und auf die zunehmende Trivialisierung des Mediums hinweist, weshalb die Intensität der Rezeption zurückgehe.

Musiksendungen, kabarettistische Programme oder sonstige Unterhaltungssendungen entstehe[371]. Auch eine Bewertung nach dem verfolgten Interesse oder der Qualität der Sendung sei nicht vorzunehmen[372]. Vielmehr habe jedes Rundfunkprogramm durch die Auswahl und Gestaltung der Sendungen eine Tendenz, insbesondere auch bezüglich dessen, was gesendet werde und was nicht und wie dies vermittelt werde[373]. Insofern werden gewissermaßen Wertungen für den Rezipienten vorgenommen. Je nach der Art des Programms besteht eine unterschiedliche Bindungswirkung der Rezipienten, die etwa bei Unterhaltungsprogrammen höher liegt als bei Nachrichtenprogrammen[374].

Die Schwierigkeiten, die mit der Messung der Medienwirkungen verbunden sind, zeigen sich auch in einem kommunikationswissenschaftlichen Gutachten für die KEK, das vom Hans-Bredow-Institut für Medienforschung an der Universität Hamburg im Jahr 2003 erstattet wurde. Deutlich wird durch die Einholung eines Gutachtens, dass die KEK, die ja gerade für die Umsetzung der Regelungen des Rundfunkstaatsvertrags verantwortlich ist, nach einer verlässlichen Grundlage sucht, um diese Begriffe und die Frage nach dem Einfluss auf die Meinungsbildungsprozesse anwenden zu können. Das Gutachten hatte die Berücksichtigung medienrelevanter verwandter Märkte bei der Anwendung des Zuschaueranteilsmodells (§ 26 Abs. 2 S. 2 RStV) zum Gegenstand. Im Rahmen der Frage, welche medienrelevanten verwandten Märkte wie zu berücksichtigen sind und wie sie in eine Gesamtbetrachtung einbezogen werden können, wurde versucht, Kriterien herauszuarbeiten, nach denen die Meinungsmacht gemessen werden kann. Bei der Untersuchung wird das Zuschaueranteilsmodell auf die sonstigen sog. Publikumsmärkte übertragen, es wird also ebenfalls auf die Rezipienten abgestellt, da nur so vergleichbare Ergebnisse erzielt werden können[375]. Die Medien sollen danach bemessen werden, welche Funktion ihnen bei der Verselbständigung der Gesellschaft im politischen Bereich sowie bei der Kultivierung durch Einwirkung auf Weltbilder und Wertvorstellungen zukommt[376]. Weiterhin werden die Kundenbindung[377], das Zusammenwirken mit anderen Medien und die Folgen für die Meinungsmacht[378], weniger dagegen der Anteil

371 BVerfGE 12, 205, 260; BVerfGE 35, 202, 222 f.

372 BVerfGE 35, 202, 223.

373 BVerfGE 12, 205, 260, das sehr eindringlich formuliert: „... soweit es um die Entscheidung darüber geht, was nicht gesendet werden soll, was die Hörer nicht zu interessieren braucht, was ohne Schaden für die öffentliche Meinungsbildung vernachlässigt werden kann, und wie das Gesendete geformt und gesagt werden soll."

374 Entnommen von *Scheuch* in: *Stern/Prütting*, S. 146.

375 *Hasebrink*, S. 3.

376 *Hasebrink*, S. 9.

377 *Hasebrink*, S. 10.

378 *Hasebrink*, S. 11.

am Werbemarkt[379], als Indizien herangezogen. Dabei wurde betont, dass ein rein wissenschaftliches Ergebnis nicht zu erwarten sei, sondern dass es lediglich darum gehen könne, eine argumentative Grundlage für politische Entscheidungen zu finden[380].

Festgelegte Grenzen für das Bestehen vorherrschender Meinungsmacht können demnach nur eine Durchschnittsfiktion darstellen, die keine zuverlässige Aussage über die individuellen Meinungsbildungsprozesse hat. Im Zuschauerverhalten kann es beträchtliche Schwerpunkte geben, die teilweise weit über der Durchschnittsgrenze liegen[381], etwa durch bestimmte Zielgruppenorientierungen[382] oder durch die Marktführung in einer gewissen Sparte[383]. Der Einfluss der Programme auf das Verhalten der Rezipienten und auf deren Meinungsbildung bleibt unklar[384]. Überwiegend wird daher davon ausgegangen, dass die beim Rezipienten entstehende Meinungsmacht als solche nicht messbar[385] und der individuelle Meinungsbildungsprozess nicht zuverlässig nachvollziehbar ist[386].

Aufgrund der Schwierigkeiten bei der Bestimmung und Messung der Medienwirkung ist die Frage, ob und wann vorherrschende Meinungsmacht vorliegt, daher nur schwer zu beantworten.

Allerdings kann argumentiert werden, dass vorherrschende Meinungsmacht überhaupt nur entstehen kann, wenn möglichst viele Zuschauer durch das Medium erreicht werden[387]. Eine gewisse Reichweite ist demnach Voraussetzung. Je höher diese ist, desto höher ist die potentielle Möglichkeit der Beeinflussung des Zuschauers durch die Programme. Das Zuschaueranteilsmodell ermöglicht

---

379 *Hasebrink*, S. 11 ff.

380 *Hasebrink*, S. 2.

381 *Kaase* in: Zuschaueranteile, S. 44; vgl. auch *Engels*, ZUM 1996, 44, 53, der kritisiert, dass keine Differenzierung nach Viel- oder Wenigsehern und nach dem Programminhalt erfolgt, sondern dass lediglich auf die Gesamtheit der Zuschauerminuten abgestellt wird; es wird vorgeschlagen, eine Gewichtung nach Zuschauernutzung vorzunehmen und Zuschaueranteile nur einzubeziehen, wenn eine gewisse Mindest-Einschaltquote erreicht ist.

382 Vgl. auch *Scheuch* in: *Stern/Prütting*, S. 146: Lebensstilgruppen, auf die besonders die Werbebranche abstellt

383 Vgl. *Hasebrink*, S. 40, 41.

384 *Lehr* in: Einschaltquoten, S. 64 ff., der das Zuschaueranteilsmodell daher für verfassungsrechtlich ungeeignet erachtet.

385 *Kaase* in: Zuschaueranteile, S. 43, 44; *Scheuch* in: Stern/Prütting, S. 135, 157, der die Sicherung der Meinungsvielfalt durch das Offenhalten des Marktzuganges für zusätzliche Programme und Anbieter sichern will; *Kreile/Stumpf*, MMR 1998, 192, die anmerken, eigentlich würden die Werte des Zuschaueranteilsmodells nur den Stromverbrauch ausdrücken.

386 Vgl. *Schardt* in: Einschaltquoten, S. 75.

387 *Engels*, ZUM 1996, 44, 53; *Henle* in: Die Sicherung der Meinungsvielfalt, S. 9, 74.

durch die Begrenzung der Zuschaueranteile zudem eine Anbietervielfalt, die sich wiederum positiv auf die Meinungsvielfalt auswirken kann[388]. Insofern liefern die Zuschaueranteile wichtige Indizien für eine möglicherweise bestehende vorherrschende Meinungsmacht[389].

Da das Zuschaueranteilsmodell nach dem Gesagten somit Indizien für das Vorliegen von vorherrschender Meinungsmacht liefert, ist es von Verfassungs wegen nicht zu beanstanden und ein taugliches Mittel, die Bewertung des Vorliegens von vorherrschender Meinungsmacht vorzunehmen[390].

Vor diesem Hintergrund und dieser Problemstellung – die, wie dargestellt, sehr komplex und weitgehend unerforscht ist – musste der Gesetzgeber die Vorgaben des Bundesverfassungsgerichts umsetzen und das gewählte Zuschaueranteilsmodell für die Anwendung in der Praxis möglichst operationalisierbar machen. Den bestehenden Gestaltungsspielraum[391] hat er durch die Festlegung fester Grenzwerte einerseits sowie durch Raum für gewisse Wertungen andererseits im Rundfunkstaatsvertrag umgesetzt[392].

VII. Die Vermutungsregelungen des § 26 Abs. 2 RStV

1) Gemeinsame Voraussetzungen

a) Der Inhalt der Regelungen

Nach § 26 Abs. 1 RStV darf ein Veranstalter – wie aufgezeigt – keine vorherrschende Meinungsmacht erlangen. Ob in dieser Vorschrift ein eigener materiellrechtlicher Eingriffstatbestand gesehen werden kann, ist umstritten und wird in der vorliegenden Arbeit im Rahmen der Darstellung der Bonusregelungen geprüft[393].

Für das Vorliegen von vorherrschender Meinungsmacht enthält § 26 Abs. 2 RStV drei Vermutungsregelungen:

---

388 *Trute* in: Beck`scher Kommentar, § 26, Rn. 39 ff.

389 *Engels*, ZUM 1996, 44, 52, der vorschlägt, verschiedene Modelle zu kombinieren, um zuverlässigere Indizien für das Bestehen vorherrschender Meinungsmacht zu erlangen; *Ossyra*, S. 123, 170.

390 *Engels*, ZUM 1996, 44, 52; *Degenhart*, AfP 1995, 548, 549 f.; a.A. *Lehr* in: Einschaltquoten, S. 64.

391 Vgl. Kap. 1 II 1) a); Kap. 4 VI 1).

392 Vgl. Kap. 4 VI 1); zu den gesetzlichen Voraussetzungen für das Vorliegen vorherrschender Meinungsmacht Kap. 3 VII.

393 Kap. 4 VIII.

Erreichen die einem Unternehmen zurechenbaren Programme im Durchschnitt eines Jahres einen Zuschaueranteil von 30 vom Hundert, so wird vermutet, dass vorherrschende Meinungsmacht gegeben ist (S. 1). Gleiches gilt bei Erreichen eines Zuschaueranteils von 25 vom Hundert, sofern das Unternehmen auf einem medienrelevanten verwandten Markt eine marktbeherrschende Stellung hat oder eine Gesamtbeurteilung seiner Aktivitäten im Fernsehen und auf medienrelevanten verwandten Märkten ergibt, dass der dadurch erzielte Meinungseinfluss dem eines Unternehmens mit einem Zuschaueranteil von 30 vom Hundert im Fernsehen entspricht (S. 2).

Wie bereits ausgeführt[394], besteht seit Inkrafttreten des 3. Rundfunkstaatsvertrags keine Programmzahlbegrenzung mehr. Grenze der Aktivität eines Unternehmens ist das Bestehen vorherrschender Meinungsmacht, das nach Abs. 2 bei Vorliegen gewisser Voraussetzungen vermutet wird.

b) Der Begriff des Unternehmens

Der Begriff des Unternehmens erfasst natürliche und juristische Personen sowie Personenvereinigungen, die die Veranstaltung von Programmen zum Gegenstand haben. Dazu gehören Einzelunternehmer, Personengesellschaften und juristische Personen.

Veranstalter ist, nach Entscheidungen des Bundesverfassungsgerichts, derjenige, der die Struktur und Abfolge festlegt, die Sendungen konzipiert und unter einer einheitlichen Bezeichnung dem Publikum anbietet[395], nach dem formalen Begriffsverständnis des Rundfunkstaatsvertrags derjenige, der eine Zulassung nach § 20 RStV erhalten hat[396].

c) Die Zurechnung der Programme

§ 28 RStV enthält Regelungen über die Zurechnung von Programmen[397]. Danach sind einem Unternehmen Programme zuzurechnen, die es selbst oder die ein anderes Unternehmen veranstaltet, an dem es mit mindestens 25 % am Kapital oder an den Stimmrechten beteiligt ist. In S. 2 sind Regelungen über die Zurechnung mittelbarer Beteiligungen enthalten: Ein Unternehmen ist mit einem anderen Unternehmen nach § 15 AktG verbunden und dieses ist mit mindestens 25 % an einem weiteren Veranstalter beteiligt. Einer Beteiligung gleichgestellt

394 Vgl. Kap. 3 II.
395 BVerfGE 97, 298, 310, 314; Kap. 1 II 2) b).
396 *Trute* in: Beck`scher Kommentar, § 26, Rn. 33, 34.
397 *Bohl*, S. 122; KEK, 2. Konzentrationsbericht, S. 31, 382 ff.

ist gemäß Abs. 2 der vergleichbare Einfluss eines Veranstalters. Als vergleichbarer Einfluss gilt auch, wenn regelmäßig wesentliche Teile der Sendezeit mit zugelieferten Programmen gestaltet werden oder aufgrund von Vorschriften oder Vereinbarungen die Zustimmung zu wesentlichen Entscheidungen über Programmgestaltung, -einkauf oder -produktion erforderlich ist. Abs. 3 sieht die Zurechnung von Unternehmen vor, die ihren Sitz außerhalb des Geltungsbereichs des Staatsvertrags haben. Abs. 4 schreibt für die Beurteilung vergleichbarer Einflüsse auch die Berücksichtigung von Angehörigenverhältnissen vor.

d) Der Amtsermittlungsgrundsatz der KEK

Im Bereich der Rundfunkaufsicht gilt, wie in allen Verwaltungsverfahren, der Amtsermittlungsgrundsatz[398]. Die Landesmedienanstalten und im Rahmen der §§ 20 ff. RStV die KEK sind demnach verpflichtet, den Sachverhalt von Amts wegen zu ermitteln. Die Beteiligten treffen bestimmte Mitwirkungspflichten, die die Sachverhaltsaufklärung erleichtern und teilweise überhaupt erst ermöglichen[399]. Die Mitwirkungspflichten unterlaufen den Amtsermittlungsgrundsatz nicht, sondern unterstützen diesen[400]. Im Rundfunkstaatsvertrag ist zugunsten der KEK ein umfangreiches Untersuchungsinstrumentarium zur Verfügung gestellt (§ 22 RStV)[401]. Mitwirkungspflichten der Beteiligten sind in §§ 21, 23, 34 RStV vorgesehen.

Die Geltung des Amtsermittlungsgrundsatzes ist von der Frage zu trennen, was in den Fällen passiert, in denen der Sachverhalt trotz aller Bemühungen und Ausschöpfung aller Beweismittel nicht vollständig aufgeklärt und weder die streitige Tatsache noch ihr Gegenteil bewiesen werden kann[402]. Diese Situation wird als „non liquet" bezeichnet. Um auch in diesen Fällen eine Entscheidung treffen zu können, muss die KEK auf Beweislastregeln zurückgreifen. Die Entscheidung ergeht dann zulasten desjenigen, der die objektive Beweislast trägt[403]. Wer diese trägt, ist im Verwaltungsrecht nicht geregelt und muss nach dem materiellen Recht bestimmt werden[404]. Es ist daher auf das jeweils anzuwendende

398 Ausführlich *Dörr* in: Die Sicherung der Meinungsvielfalt, S. 331 ff., 348 ff.; vgl. §§ 9, 24 VwVfG; anders im Zivilprozess, wo die Parteimaxime Anwendung findet.

399 *Dörr* in: Die Sicherung der Meinungsvielfalt, S. 349.

400 *Dörr* in: Die Sicherung der Meinungsvielfalt, S. 349.

401 *Prütting* in: *Stern/Prütting*, S. 120 mit ausführlicher Darstellung der Beweislastproblematik.

402 Vgl. zum Ganzen ausführlich *Dörr*, in: Die Sicherung der Meinungsvielfalt, S. 354 ff.

403 *Prütting* in: *Stern/Prütting*, S. 120; *Trute* in: Beck`scher Kommentar, § 26, Rn. 37.

404 *Dörr* in: Die Sicherung der Meinungsvielfalt, S. 354.

Gesetz abzustellen, dessen Wertungen und Zielvorstellungen in die Betrachtung einfließen müssen[405]. Bei Fehlen besonderer Regelungen ist der Grundsatz zu beachten, dass die objektive Beweislast grundsätzlich der Seite obliegt, die sich auf anspruchsbegründende, sozusagen ihren Interessen dienende, Tatsachen stützt[406]. Im Verwaltungsrecht ist dies in Fällen der Eingriffsverwaltung die Behörde. Die objektive Beweislastverteilung steht nicht im Widerspruch zum Amtsermittlungsgrundsatz, da es sich gerade nicht um eine Beweisführungslast handelt. Vielmehr ermöglicht und erleichtert sie die Anwendung des Amtsermittlungsgrudsatzes in unklaren oder lückenhaften Aufklärungs- oder Beweissituationen.

Es stellt sich danach die Frage, wie die Vielfaltsicherungsregeln des § 26 RStV vor diesem Hintergrund einzustufen sind.

Die Formulierung in § 26 Abs. 1 RStV („es sei denn") deutet darauf hin, dass die objektive Beweislast für das Bestehen von vorherrschender Meinungsmacht den Landesmedienanstalten – die sich zur Feststellung der KEK bedienen – obliegt. Ein „non liquet" geht zulasten der Behörden. Mit anderen Worten: Bei Nichtbeweisbarkeit des Vorliegens vorherrschender Meinungsmacht ist zugunsten des Veranstalters davon auszugehen, dass diese nicht vorliegt.

An dieser Stelle der objektiven Beweislastverteilung setzen die Vermutungsregelungen des Abs. 2 an. Die Vermutungswirkung tritt ein, wenn die für ihren Eintritt in Abs. 2 S. 1 und 2 vorgesehenen Bedingungen erfüllt sind. Für den Rechtsanwender steht die vermutete Tatsache fest, ein darüber hinausgehender zusätzlicher Beweis ist nicht mehr erforderlich[407].

Bei den Vermutungsregelungen handelt es sich um gesetzliche Vermutungen, die widerlegbar sind (vgl. § 292 ZPO)[408]. Das Eingreifen der Vermutung hat also eine Umkehr der objektiven Beweislast zur Folge[409], nicht dagegen die Umkehr der Beweisführungslast[410]. Die Vermutung ändert insoweit nichts an der Amtsermittlungspflicht[411]. Greift die Vermutungswirkung ein, haben die Unternehmen die Möglichkeit, darzulegen und zu beweisen, dass vorherrschende Mei-

---

405 *Dörr* in: Die Sicherung der Meinungsvielfalt, S. 354.

406 Sog. Normbegünstigungsprinzip, das im Zivilprozess gilt. Es wird weitgehend auch auf Verwaltungsverfahren und Verwaltungsprozesse übertragen; vgl. eingehend *Dörr* in: Die Sicherung der Meinungsvielfalt, S. 356 f. m. w. N.

407 *Prütting* in: *Stern/Prütting*, S. 122.

408 *Prütting* in: *Stern/Prütting*, S. 121; es liegt auch keine individualvertragliche oder tatsächliche Vermutung vor und auch keine unwiderlegliche, die selten vorkommt und als solche im Gesetz gekennzeichnet sein müsste.

409 *Prütting* in: *Stern/Prütting*, S. 121; *Dörr*, MP 98, 54.

410 *Prütting* in: *Stern/Prütting*, S. 122.

411 *Prütting* in: *Stern/Prütting*, S. 125.

nungsmacht im konkreten Fall nicht vorliegt[412]. Dieser Gegenbeweis ist ein Hauptbeweis. Zugunsten der Unternehmen genügt es nicht, dass ein zusätzliches Programm ausgestrahlt wird[413]. Stattdessen müssten etwa die Maßnahmen zur Vielfaltsicherung – wie Regionalfensterprogramme oder die Einräumung von Drittsendezeit – erhöht werden[414].

e) Die Ermittlung des Zuschaueranteils

§ 27 RStV bestimmt, dass die Landesmedienanstalten durch die KEK den Zuschaueranteil der jeweiligen Programme unter Einbeziehung aller deutschsprachigen Programme des öffentlich-rechtlichen Rundfunks und des bundesweit empfangbaren privaten Rundfunks ermitteln (Abs. 1). Abs. 2 sieht vor, dass für Entscheidungen der bei Einleitung des Verfahrens im Durchschnitt der letzten zwölf Monate erreichte Zuschaueranteil der einzubeziehenden Programme maßgeblich ist. Die Landesmedienanstalten beauftragen nach Maßgabe einer Entscheidung der KEK ein Unternehmen mit der Ermittlung der Zuschaueranteile. Die Vergabe des Auftrags erfolgt nach den Grundsätzen der Wirtschaftlichkeit und Sparsamkeit. Das Unternehmen muss repräsentative Erhebungen bei Zuschauern ab Vollendung des dritten Lebensjahres nach allgemein anerkannten, wissenschaftlichen Methoden durchführen. Zur Kostensenkung sollen die Landesmedienanstalten vereinbaren, dass die gewonnenen Daten Dritten gegen Entgelt zur Verfügung gestellt werden. Die Veranstalter sind zur Mitwirkung verpflichtet. Kommen sie ihr nicht nach, droht der Widerruf der Zulassung.

§ 27 regelt die groben Umrisse des Verfahrens zur Ermittlung der Zuschaueranteile. Einzelheiten sind nicht vorgegeben. Insoweit sind mehrere Ausgestaltungsmöglichkeiten denkbar[415]. In die Messung sind der öffentlich-rechtliche und der bundesweit empfangbare private deutschsprachige Rundfunk einzubeziehen[416]. Als Messzeitraum sind 12 Monate angegeben, um Schwankungen und Zufallsergebnisse möglichst zu vermeiden[417]. Nach außen handeln die Landes-

---

412 Amtliche Begründung, abgedruckt in: *Hartstein/Ring/Kreile/Dörr/Stettner*, § 26; *Prütting* in: *Stern/Prütting*, S. 122.

413 Amtliche Begründung zu § 26, abgedruckt in: *Hartstein/Ring/Kreile/Dörr/Stettner*, § 26.

414 *Prütting* in: *Stern/Prütting*, S. 126.

415 *Ebsen*, S. 82; auch das Verfahren nach § 34 wird zur Ermittlung der Zuschaueranteile nach § 27 RStV als tauglich angesehen, trotz der unterschiedlichen Zielsetzung des § 34; vgl. *Trute/Vinke* in: Beck`scher Kommentar, § 34 Rn. 3; *Cuntz* in: Zuschaueranteile, S. 123 ff.

416 KEK, 1. Konzentrationsbericht, S. 61.

417 *Trute/Vinke* in: Beck`scher Kommentar, § 27 Rn. 17.

medienanstalten durch Beauftragung eines Unternehmens, intern entscheidet die KEK[418].

Die Regelung des § 27 RStV wurde mit dem Zuschaueranteilsmodell durch den Rundfunkstaatsvertrag 1997 eingeführt. Zu diesem Zeitpunkt lagen jedoch noch keine auf der Grundlage des Verfahrens nach § 27 Abs. 2 RStV ermittelten Zuschaueranteilswerte vor. Aus diesem Grund sah die Übergangsregelung des § 34 vor, dass bis zur ersten Bestimmung der Zuschaueranteile nach § 27 die vorhandenen Daten über Zuschaueranteile verwendet werden können und dass die auf der Grundlage dieser Daten getroffenen Maßnahmen jederzeit an die sich auf der Grundlage der nach § 27 ermittelten Zuschaueranteile ergebende Sach- und Rechtslage angepasst werden können (§ 34 S.1, 3 RStV).

Nach § 27 RStV sollen also neue Daten ermittelt werden. Diese Ermittlung von Daten nach § 27 RStV sollte – anders als die nach § 34 ermittelten Daten – dem Zuschaueranteilsmodell und der Frage der Beurteilung vorherrschender Meinungsmacht Rechnung tragen[419].

In der Praxis kommt die Regelung des § 27 RStV (noch) nicht zur Anwendung. Zur Ermittlung der Zuschaueranteile dient nach wie vor die Vorschrift des § 34 RStV. Durch eine Änderung des § 27 im 6. Rundfunkstaatsvertrag sollte verdeutlicht werden, dass die auf der Grundlage des § 34 ermittelten Daten von der KEK dauerhaft genutzt werden können[420]. Zu diesem Zweck wurde das Erfordernis der Beauftragung eines Unternehmens „aufgrund einer Ausschreibung" in § 27 gestrichen. Die amtliche Begründung zu § 27 führt dazu aus, dass die KEK bislang auf eine Entscheidung der Ermittlung der Zuschaueranteile nach § 27 RStV verzichtet habe und die auf der Grundlage des § 34 ermittelten Daten verwende. Die Streichung sollte eine entsprechende Flexibilität betonen und die Verwendung der nach § 34 ermittelten Daten auf Dauer und nicht nur als Übergangsregelung ermöglichen[421]. Offenbar wurde der Zusatz „aufgrund einer Ausschreibung" als ein gewisses „Druckmittel" verstanden, zur Ermittlung der Zuschaueranteile ein neues Verfahren in Gang zu setzen[422], das nunmehr durch

418 *Trute/Vinke* in: Beck`scher Kommentar, § 27, Rn. 28.

419 Die Verwendung der GfK-Daten auch im Rahmen des § 27 wird in der Praxis weitgehend befürwortet, vgl. *Berthoud* in: Zuschaueranteile, S. 119 ff; *Cuntz* in: Zuschaueranteile, S. 123 ff.

420 *Trute/Vinke* in: Beck`scher Kommentar, § 27 Rn. 25; vgl. allgemein zur Ermittlung des Zuschaueranteils *Darkow* in: Medienvielfalt ohne Kontrolle? S. 46 ff.; Amtliche Begründung zu § 27, abgedruckt in: *Hartstein/Ring/Kreile/Dörr/Stettner*, § 27.

421 Amtliche Begründung zu § 27, abgedruckt in: *Hartstein/Ring/Kreile/Dörr/Stettner*, § 27.

422 Vgl. *Trute/Vinke* in: Beck`scher Kommentar, § 27 Rn. 25, die sich auf den Begründungsansatz stützen, dass mit der nunmehr gestrichenen Klausel der „vermeintlich immanente Zwang, ein anderes Verfahren zu wählen", beseitigt werden sollte.

Streichung dieses Zusatzes entfallen sollte. Dieser Zweck ist aus der Änderung des § 27 nicht ersichtlich und ergibt sich lediglich aus der amtlichen Begründung. Er ergibt sich auch nicht aus § 34 RStV, der unverändert als Übergangsregelung bezeichnet wird. Keinesfalls kann aus der Änderung abgeleitet werden, dass, sofern § 27 in Zukunft angewendet werden soll, auf eine Ausschreibung verzichtet werden kann[423]. Dies ergibt sich auch aufgrund der im Vergaberecht normierten Verpflichtung öffentlicher Auftraggeber, Dienstleistungsaufträge auszuschreiben[424].

Die Zuschaueranteile nach § 34 werden von der Gesellschaft für Konsumgüterforschung (GfK) in Zusammenarbeit mit der Arbeitsgemeinschaft Fernsehforschung (AGF) monatlich erhoben. Die GfK war seit 1985 zunächst von der ARD, ihren Werbegesellschaften und dem ZDF zur Messung der Fernsehnutzung beauftragt. Seit 1988 ist Auftraggeber der GfK die AGF[425]. Bei der AGF handelt es sich um einen Zusammenschluss öffentlich-rechtlicher und privater Fernsehveranstalter, die derzeit aus den Senderfamilien ARD, ZDF, RTL und ProSieben/SAT.1 besteht[426]. Gemessen und veröffentlicht werden die Daten zahlreicher Programme[427], die über 90 % des Zuschaueranteils ausmachen[428]. Die Daten dienen in erster Linie den Sendern sowie der werbetreibenden Wirtschaft. Auf ihrer Grundlage werden insbesondere die Werbepreise kalkuliert[429]. Sie dienen vorwiegend gerade nicht der Beurteilung von vorherrschender Meinungsmacht.

Die KEK steht in keinerlei Beziehung zu GfK oder AGF und ist lediglich Mitnutzer der erhobenen Daten, die sie aus allgemein zugänglichen Datenbeständen, etwa der Veröffentlichung der Daten in Fachzeitschriften, erhält[430]. Sender, die der AGF nicht angehören und ihre Daten nicht von der GfK, sondern auf sonstige Weise ermitteln lassen – wie etwa Premiere World oder andere di-

---

423 *Trute/Vinke* in: Beck`scher Kommentar, § 27 Rn. 25.

424 KEK, 2. Konzentrationsbericht, S. 370; vgl. §§ 97 GWB i . V. m. den jeweils einschlägigen Verdingungsordnungen für Aufträge.

425 *Trute/Vinke* in: Beck`scher Kommentar, § 34 Rn. 5.

426 *Trute/Vinke* in: Beck`scher Kommentar, § 34 Rn. 6; KEK, 1. Konzentrationsbericht, S. 372.

427 ARD, ARD III, ZDF, RTL, SAT.1, Pro7, RTL II, Super RTL, Kabel 1, DSF, Eurosport, VOX, n-tv, NEUN LIVE, Kinderkanal, Phoenix, 3sat und arte, seit Anfang 2003 auch die von N24, MTV, MTV 2 Pop und TV 5 Europe; vgl. KEK, 2. Konzentrationsbericht, S. 379.

428 KEK, 2. Konzentrationsbericht, S. 379.

429 *Trute/Vinke* in: Beck`scher Kommentar, § 34 Rn. 7, 12.

430 *Trute/Vinke* in: Beck`scher Kommentar, § 34 Rn. 7, 11; KEK, 1. Konzentrationsbericht, S. 372; KEK, 2. Konzentrationsbericht, S. 28.

gital verbreitete Fernsehprogramme[431] – oder deren Daten nicht veröffentlicht werden, sind ebenfalls dazu verpflichtet, der KEK die Daten zur Verfügung zu stellen (§ 34 S. 2 RStV).

Die Messungen haben ergeben, dass ca. 40 % des Zuschaueranteils auf die öffentlich-rechtlichen, ca. 60 % auf die privaten Sender entfallen[432].

Das Verfahren der GfK sieht vor, dass der Fernsehkonsum in ca. 5600 ausgesuchten repräsentativen Test-Haushalten auf die Grundgesamtheit hochgerechnet[433] und so der Anteil der Personen ermittelt wird, die von einem Programm erreicht werden[434]. Abgebildet werden die Anteile an der durchschnittlichen Sehdauer eines Programms[435].

Die Verlässlichkeit der Zahlen wird häufig bezweifelt[436]. Kritik an diesem Verfahren wird an die geringe Zahl oder die Auswahl der Testhaushalte[437], die Nicht-Berücksichtigung der Außer-Haus-Nutzung[438], die Nicht-Einbeziehung von Ausländern[439] oder an die Einbeziehung des öffentlich-rechtlichen Rundfunks geknüpft[440].

Darüber hinaus werden häufig Bedenken aufgrund von Messungenauigkeiten und Messfehlern erhoben.

Messungenauigkeiten können bei den ermittelten Werten zu Schwankungen von bis zu 2 % führen[441]. Teilweise werden diese Bedenken durch einen Verweis auf vergleichbare Problemstellungen etwa im Rahmen der Feststellung der Blutalkoholkonzentration oder Radargeschwindigkeitsmessungen abgetan[442], wobei jedoch übersehen wird, dass diese im Gegensatz zum Zuschaueranteil naturgesetzliche Gegebenheiten darstellen, die nur möglichst exakt wissenschaftlich abzubilden sind[443]. Der Zuschaueranteil stellt dagegen nur eine Hochrechnung der

431 KEK, 1. Konzentrationsbericht, S. 374.

432 MP-Basisdaten, S. 75 sowie Nachweise in Fn. 12, 415.

433 *Clausen-Muradian*, S. 174; *Flechsig/Trute/Vinke* in: Beck`scher Kommentar, § 34 Rn. 9.

434 *Bohl*, S. 117 ff.; *Engel*, ZUM 1995, 653, 655; *Hess*, AfP 1997, 680, 682; *Hasebrink*, Gutachten 2001, S. 9 ff.

435 *Trute/Vinke* in: Beck`scher Kommentar, § 34 Rn. 8

436 *Dörr* in: Mainzer Rechtshandbuch, Rn. 96; *Lehr* in: Medienvielfalt ohne Kontrolle?, S. 56, 62 ff.

437 *Hess*, AfP 1997, 680, 682; *Engels*, ZUM 1996, 44, 53.

438 *Trute/Vinke* in: Beck`scher Kommentar, § 27 Rn. 36.

439 Jetzt aber Einbeziehung von EU-Ausländern bei § 34; *Trute/Vinke* in: Beck`scher Kommentar, § 34 Rn. 9; KEK, 2. Konzentrationsbericht, S. 380.

440 *Trute/Vinke* in: Beck`scher Kommentar, § 27 Rn. 15.

441 *Ossyra*, S. 168; *Kresse*, Pluralismus, Markt und Medienkonzentration, S. 46.

442 *Kuch*, ZUM 1997, 12, 14.

443 *Ossyra*, S. 169; *Ebsen*, S. 82.

in einer repräsentativen Stichprobe ermittelten Daten dar[444]; hundertprozentige Ergebnisse kann es somit nicht geben. Sie werden vom Gesetzgeber – der sich bewusst für dieses Modell entschieden hat – auch nicht vorausgesetzt[445]. Für die Verwendbarkeit der ermittelten Daten spricht überdies, dass auch Hochrechnungen aufgrund repräsentativer Befragungen nach Schließung der Wahllokale zu weitgehend genauen Schätzungen führen[446], und dass auch die Werbewirtschaft auf die Erhebung der Daten vertraut[447]. Darüber hinaus werden die Daten über einen Zeitraum von 12 Monaten gemessen, um Schwankungen möglichst auszugleichen[448]. Zudem können Gesetzgeber und Rechtsprechung Sicherheitsmargen vorsehen[449].

Auch das Auftreten von Messfehlern kann nicht komplett ausgeschlossen werden[450]; jedoch spricht – insbesondere aufgrund des hohen Interesses der Werbewirtschaft an den erhobenen Daten – ein hoher Vermutungsgrad für deren Richtigkeit, da diese auf die Überprüfung der Daten und die Beseitigung möglicher Fehler drängt[451]. Sie führen nicht dazu, das Modell als solches in Frage zu stellen[452], zumal das Auftreten von Fehlern auch bei Anwendung anderer Modelle niemals gänzlich ausgeschlossen werden kann.

Messungenauigkeiten und Messfehler sprechen daher nicht gegen eine Eignung der ermittelten Daten[453].

---

444 *Ebsen*, S. 82; *Lehr*, ZUM 1995, 667, 671.

445 Vgl. *Ebsen*, S. 83: Kompromiss zwischen materieller Gerechtigkeit und Praktikabilität.

446 *Engel*, ZUM 1995, 653, 656; a.A. *Lehr*, ZUM 1995, 667, 671, der darauf hinweist, dass diese Hochrechnungen im Rahmen von Wahlen „weitaus weniger komplex“ seien.

447 *Engel*, ZUM 1995, 653, 656.

448 *Kuch*, ZUM 1997, 12, 14.

449 *Ossyra*, S. 172; *Kuch*, ZUM 1997, 12, 14; *Trebbe*, in: Einschaltquoten, S. 19, 20 ff.; *Kreile/Stumpf*, MMR 1998, 192, 193: Unbilligkeiten kann Rechnung getragen werden durch Widerlegung der Vermutung oder besondere Beweisanforderungen.

450 Vgl. zu der Situation im November 1994, *Kresse*, Pluralismus, Markt und Medienkonzentration, S. 47; *Engel*, ZUM 1995, 653, 658; ausführlich zu möglichen Fehlerquellen auch S. 657 f.

451 *Engel*, ZUM 1995, 653, 658.

452 *Ossyra*, S. 171.

453 *Ossyra*, S. 172.

2) *Die einzelnen Tatbestände der Vermutungsregelungen*

a) Der Zuschaueranteil von 30 % (S. 1)

Die 30 % - Grenze des § 26 Abs. 2 S.1 RStV besteht seit der Einführung des Zuschaueranteilsmodells im 3. Rundfunkstaatsvertrag 1996.

Da bei der Ermittlung der Zuschaueranteile der öffentlich-rechtliche Rundfunk einzubeziehen ist, dessen Zuschaueranteil bei ca. 40 % liegt, so dass auf den privaten Rundfunk ca. 60 % entfallen[454], hat dies in der Praxis zur Folge, dass im Bereich des privaten Rundfunks mindestens zwei Anbietergruppen bestehen[455].

Dabei ist der 30 % - Wert Ausdruck der Gestaltungsfreiheit des Gesetzgebers[456]. Der Wert ist nicht zwingend: Auch Grenzwerte in Höhe von etwa 20 % oder 33 % wurden diskutiert[457] und wären plausibel gewesen.

Für die 30 % - Grenze sprach jedoch, dass sich diese an Regelungen des Gesetzes gegen Wettbewerbsbeschränkungen anlehnt[458]. Der Begriff der marktbeherrschenden Stellung ist in § 19 Abs. 1 GBW genannt und wird gemäß § 19 Abs. 3 S. 1 GWB vermutet, wenn ein Unternehmen für bestimmte Arten von Waren oder gewerblichen Leistungen einen Marktanteil in Höhe von einem Drittel hat.

Darüber hinaus orientierte sie sich an den tatsächlichen Gegebenheiten bei Erlass des Rundfunkstaatsvertrags und segnete das bestehende Duopol der beiden großen privaten Veranstalter RTL Group und Kirch Media[459] ab. Dies wurde den Staatsvertragsgebern häufig vorgeworfen[460], wobei andererseits nicht übersehen werden darf, dass eine Entflechtung der bereits bestehenden Unternehmensstrukturen ohnehin nicht realistisch gewesen wäre[461]. Darüber hinaus sind leistungsstarke Konzerne im Fernsehbereich insofern von Vorteil, als nur sie in

---

454 Vgl. MP-Basisdaten, S. 75; *Darschin/Gerhard*, MP 2003, 158; KEK, 2. Konzentrationsbericht, S. 45.

455 *Pelny*, AfP 1998, 35, 38.

456 Vgl. Kap. 1 II 2) a); Kap. 4 VI 1).

457 *Stockmann/Zigelski*, ZUM 1995, 537, 546; *Pelny*, AfP 1998, 35,37, 38; *Trute* in: Beck`scher Kommentar, § 26, Rn. 41; *Engels*, ZUM 1996, 44, 53.

458 *Pelny*, AfP 1998, 35, 38; vgl. Kap. 2 III.

459 Jetzt: P7S1 Holding L.P., eine 100 %-ige Tochtergesellschaft der Saban Capital Group (vgl. KEK 173, KEK 185); KEK, 2. Konzentrationsbericht, S. 45.

460 *Prütting* in: *Stern/Prütting*, S. 119; *Giani* in: Einschaltquoten, Kurzstatements, S. 55, 57 f.; *Dörr*. MP 1996, 621, 626.

461 *Dörr*, MP 1996, 621, 626; a. A. *Lehr* in: Pluralismus, Markt und Medienkonzentration, S. 100 f., wonach der Gesetzgeber gegebenenfalls verfassungsrechtlich verpflichtet sei, geeignete Maßnahmen zur Bewirkung einer Entflechtung zu erlassen.

der Konkurrenz mit großen internationalen, namentlich amerikanischen, Anbietern bestehen können[462]. Die Regelungen des Rundfunkstaatsvertrags versuchen nunmehr zu verhindern, dass der private Fernsehmarkt in die Hand nur einer Anbietergruppe gerät[463].

Teilweise wird der 30 % - Wert als zu hoch und uneffektiv angesehen. Er werde den Vorgaben des Bundesverfassungsgerichts nicht gerecht[464].

Für die Festsetzung der 30 % - Grenze sprechen die geschilderten nachvollziehbaren Gründe. Überdies bewegt sie sich innerhalb des diskutierten Spektrums von 20 % - 33 %.

b) Die Voraussetzungen des S. 2

aa) Die 25 % - Grenze

Die 25 % - Grenze des § 26 Abs. 2 S. 2 RStV wurde mit Erlass des 6. Rundfunkstaatsvertrags eingeführt; an sie knüpfen die Bonusregelungen des S. 3 an[465].

Die 25 % - Grenze ersetzte die „Geringfügigkeitsklausel" der Vorgängerregelung[466], die vorsah, dass die Vermutung bei einer „geringfügigen Unterschreitung" der 30 % - Grenze und den sonstigen in Abs. 2 S. 2 genannten Bedingungen eintreten sollte. Dabei war umstritten, ob die Geringfügigkeit quantitativ mit starren Prozentwerten zu bemessen war und wie hoch diese Werte sein sollten oder ob sie sich an Wertungen des Einzelfalls orientieren sollte[467]. Dieser Streitstand ist seit dem 6. Rundfunkstaatsvertrag und der Einführung der 25 % - Grenze obsolet geworden ist.

Die Regelung macht deutlich, dass ein Zuschaueranteil von 30 % nach Ansicht der Landesgesetzgeber geeignet ist, die Vermutung für das Bestehen vorherrschender Meinungsmacht auszulösen. Demgegenüber genügt ein Zuschaueranteil von 25 % gerade nicht. Hinzutreten müssen vielmehr weitere Umstände, nämlich die marktbeherrschende Stellung auf medienrelevanten verwandten

462 KEK, 2. Konzentrationsbericht, S. 45.
463 KEK, 2. Konzentrationsbericht, S. 45.
464 *Engels*, ZUM 1996, 44, 53.
465 Vgl. ausführlich Kap. 4.
466 § 26 Abs. 2 S. 2 RStV a.F. sah vor 2001 vor, dass vorherrschende Meinungsmacht auch bei einem Zuschaueranteil, der die 30 % - Grenze des S.1 „geringfügig unterschreitet" gegeben sein soll, wenn zudem gewisse zusätzliche Bedingungen vorliegen würden. Ausführlich *Bork*, K & R 1998, 183 ff.; *Martinek*, S. 53 ff.
467 *Bork*, K & R 1998, 183 ff.; *Martinek*, S. 59 ff.; KEK 026, S. 23 ff – die Entscheidungen der KEK sind abrufbar unter www.kek-online.de. Zur Kritik an der Entscheidungspraxis der KEK vgl. *Bamberger*, AfP 2000, 131 ff.; *Hepach*, ZUM 1999, 603, 607.

Märkten oder die Gesamtbetrachtung der Aktivitäten im Fernsehen und auf medienrelevanten verwandten Märkten, die einem Zuschaueranteil von 30 % entspricht.

bb) Marktbeherrschende Stellung auf medienrelevantem verwandtem Markt

Nach der Regelung des § 26 Abs. 2 S. 2 Alt. 1 RStV muss zu dem Zuschaueranteil in Höhe von 25 % eine marktbeherrschende Stellung auf einem medienrelevanten verwandten Markt hinzukommen.

(1) Marktbeherrschung

Weitgehend wird darauf abgestellt, dass sich der Begriff der Marktbeherrschung nach dem Kartellrecht bestimme[468]. Wie bereits ausgeführt ist Marktbeherrschung im Sinne des Kartellrechts in erster Linie dann gegeben, wenn ein Unternehmen auf einem bestimmten Markt, der nach dem sog. Bedarfsmarktkonzept abgegrenzt wird und sich an der funktionellen Substituierbarkeit der Waren oder Dienstleistungen orientiert, keinem wesentlichen Wettbewerb ausgesetzt ist oder es eine überragende Stellung inne hat[469]. Die Abgrenzung des relevanten Marktes nach dem Bedarfsmarktkonzept zur Bestimmung der Marktbeherrschung auf dem jeweiligen Markt ist kartellrechtlich zu sehen und von den medienrelevanten verwandten Märkten zu unterscheiden. Erst nach Klärung der Frage, ob eine Marktbeherrschung im oben beschriebenen kartellrechtlichen Sinn vorliegt, stellt sich die weitere Frage, ob diese gerade auch auf medienrelevanten verwandten Märkten gegeben ist[470]. So wird die „Verknüpfung" zum Medienrecht hergestellt.

Dabei stellt sich jedoch die Frage, ob diese strikt am Kartellrecht orientierte Auslegung des Begriffs der Marktbeherrschung der besonderen Aufgabe der Vielfaltsicherung und den verfassungsrechtlichen Anforderungen gerecht wird[471]. Wie bereits erläutert, verfolgt das Kartellrecht gerade eine andere Zielsetzung, nämlich die Aufrechterhaltung des ökonomischen Wettbewerbs, während im Medienrecht das Entstehen vorherrschender Meinungsmacht verhindert werden muss.

---

468 *Trute* in: Beck'scher Kommentar, § 26 Rn. 47; *Hartstein/Ring/Kreile/Dörr/Stettner*, § 26 Rn. 20.

469 Ausführlicher hierzu m. w. N. vgl. Kap. 2 III.

470 KEK, 1. Konzentrationsbericht, S. 58.

471 Vgl. hierzu *Hasebrink*, S. 4 ff.

Insofern ist fraglich, ob der Begriff der Marktbeherrschung im Medienbereich zur effektiven Sicherung der Meinungsvielfalt nicht unterhalb der Schwelle des Kartellrechts anzusiedeln ist[472].

Dies ergibt sich aus folgender Erwägung: Im Bereich der Vielfaltsicherung kommt es auf die Verhinderung des Entstehens vorherrschender Meinungsmacht an. Diese kann sich aber nicht nur dann entwickeln, wenn im Sinne des Kartellrechts eine marktbeherrschende Stellung gegeben ist, sondern auch dann, wenn ein Unternehmen auf einem anderen Markt über einen gewichtigen Meinungseinfluss, der aber noch unterhalb der Schwelle der Marktbeherrschung liegt, verfügt[473]. Gerade wenn dies bei mehreren Märkten der Fall ist, liegt eine Gefährdung der Vielfaltsicherung vor, ohne dass insoweit bezogen auf einen der Märkte eine Marktbeherrschung im kartellrechtlichen Sinn vorliegen muss. Dagegen ist ebenso denkbar, dass ein Unternehmen eine marktbeherrschende Stellung im Sinne des Kartellrechts inne hat, diese jedoch auf einem kleinen, möglicherweise spezialisierten Markt, so dass diese Beherrschung insgesamt irrelevant für das Vorliegen von vorherrschender Meinungsmacht ist[474]. Unter diesem Aspekt könnte daher der Begriff der Marktbeherrschung nach Sinn und Zweck der Vorschrift und dem Erfordernis einer effektiven Vielfaltsicherung im Sinne einer „Meinungsbeherrschung" auszulegen sein.

Das kommunikationswissenschaftliche Gutachten von Hasebrink, das im Auftrag der KEK 2003 erstellt wurde, wählt diesen Ansatz. Hasebrink stützt seine Beurteilung anderer Medienmärkte auf das Prinzip des Zuschaueranteilsmodells[475], da dieses im Rundfunkstaatsvertrag vorgesehen sei. Ausgangspunkt der so von ihm durchgeführten Untersuchung war weiterhin die Überlegung, dass von der im Rundfunkstaatsvertrag vorgesehenen Differenz zwischen der 30 % Grenze, bei der die Vermutungswirkung eingreift, und der 25 % Grenze, zu der weitere Bedingungen eintreten müssen, bevor die Vermutungswirkung eingreift, als Maßeinheit auszugehen ist. Dieser Unterschied im Zuschaueranteil in Höhe von 5 % ist entscheidend für das Eingreifen der Vermutungsregelung der 30 % Grenze. Liegt der tatsächliche Zuschaueranteil zwischen 25 % und 30 %, müssen daneben sonstige Kriterien hinzutreten, damit die Vermutungswirkung ausgelöst wird. Diese zusätzliche Maßeinheit, die einen gewichtigen Meinungseinfluss darstellt, bezeichnet er als „substantiellen Meinungseinfluss"[476]. Abzustellen ist nach Hasebrink darauf, ob auf einem anderen Markt ein solcher substantieller

472 Vgl. *Hasebrink*, S. 5 ff.; 39 f.
473 *Hasebrink*, S. 6.
474 *Hasebrink*, S. 6.
475 *Hasebrink*, S. 3.
476 *Hasebrink*, S. 4.

Meinungseinfluss vorliegt, nicht dagegen, ob dieser auch vorherrschend ist[477]. So könne auf einem anderen Markt gerade auch dann ein substantieller Meinungseinfluss vorliegen, wenn auf diesem Markt 25 % der Bevölkerung von den Angeboten des Veranstalters erreicht werden[478]. Sodann vergleicht Hasebrink auf der Basis des Zuschaueranteilsmodells, also der Zahl und Dauer der Kontakte mit dem jeweiligen Medium, zu deren Bestimmung er verschiedene Kriterien heranzieht, die verschiedenen Märkte[479] und ermittelt „Schwellenwerte" dafür, wann ein substantieller Meinungseinfluss vorliegt. Nach seiner Untersuchung gelangt er zu dem Ergebnis, dass die Schwellenwerte der anderen Märkte höher anzusetzen sind als die des Fernsehmarktes – da der Rundfunkgesetzgeber beim Fernsehmarkt von 5 % Zuschaueranteil als „substantiellem Meinungseinfluss" ausgehe, müsse diese bei den anderen Medien, für die er eine Rangfolge aufstellt, höher liegen[480], dennoch aber unterhalb der Schwelle der Marktbeherrschung[481], da er diese gerade nicht als ausschlaggebendes Kriterium bei der Bewertung des substantiellen Meinungseinflusses ansieht. Die von ihm vorgeschlagenen Schwellenwerte sind jedoch nur beispielhaft und nicht rein wissenschaftlich messbar[482]. Für die zweitwichtigsten Medien, den Hörfunk und die Presse, schlägt er etwa vor, dass von einem substantiellen Meinungseinfluss bei einer bundesweiten Reichweite von 10 % auszugehen ist[483].

Jedoch darf bei dieser Argumentation nicht übersehen werden, dass die Vorschrift nach ihrem Wortlaut eindeutig eine „Beherrschung" eines Marktes verlangt. Dies ist bei einem bloß gewichtigen oder „substantiellen" Einfluss auf diesem Markt nicht der Fall. Die Relevanz dieses substantiellen Einflusses für das Entstehen von vorherrschender Meinungsmacht kann in diesen Fällen allenfalls einer Gesamtschau entnommen werden, nicht jedoch der Betrachtung des betreffenden Einzelmarktes. Gerade auf die Einzelmarktbetrachtung wird in Alt. 1 jedoch zunächst abgestellt. Eine Gesamtschau ist aber gerade nicht von Alt. 1 erfasst, sondern ausdrücklich in Alt. 2 und Abs. 1 – soweit er als Eingriffstatbestand gesehen wird[484] – enthalten; dort ist gerade nicht auf die Marktbeherrschung abgestellt. Vielmehr genügt ein gewichtiger Einfluss auf dem Einzelmarkt. Durch die Betrachtung mehrerer Einzelmärkte und des jeweils vorhandenen Meinungseinflusses kann sich dann eine Gefährdung der Meinungsvielfalt

477 *Hasebrink*, S. 5, 39.
478 *Hasebrink*, S. 40.
479 *Hasebrink*, S. 6 ff.; Kap. 3 IV.
480 *Hasebrink*, S. 40.
481 *Hasebrink*, S. 41.
482 *Hasebrink*, S. 40, 2.
483 *Hasebrink*, S. 39.
484 Vgl. hierzu ausführlich Kap. 4 VIII.

ergeben. Um die in Alt. 2 und Abs. 1 gestellten Anforderungen für den Einflussbereich unterhalb der kartellrechtlichen Marktbeherrschung auf einem Markt nicht zu umgehen, bleibt bei Alt. 1 ein Meinungseinfluss, der keine kartellrechtliche Marktbeherrschung darstellt, außer Betracht. Darüber hinaus wurde der Begriff der Marktbeherrschung dem Kartellrecht entnommen. Er wurde vom Rundfunkstaatsvertraggeber bewusst gewählt. Dies deutet darauf hin, dass eine kartellrechtliche Auslegung gewollt war. Das Kartellrecht liefert zur Begriffsbestimmung insoweit auch klare Vorgaben. Würden die Anforderungen dahingehend abgesenkt, dass bereits ein gewichtiger – nach Hasebrink „substantieller" – Meinungseinfluss auf einem anderen Markt ausreichen würde, wäre der Begriff der Markt*beherrschung* in Alt. 1 zu sehr aufgeweicht.

Daraus ergibt sich, dass der Begriff der Marktbeherrschung im kartellrechtlichen Sinne zu verstehen ist.

(2) Medienrelevanter verwandter Markt

Der Begriff des medienrelevanten verwandten Marktes ist nicht nur für die 1. Alternative des § 26 Abs. 2 S. 2 RStV, sondern auch für die 2. Alternative von Bedeutung. Er ist, wie bereits erläutert, nicht kartellrechtlich zu bestimmen und von dem Markt im Sinne des Bedarfsmarktkonzepts zu unterscheiden.

Welche Märkte als medienrelevant und verwandt erachtet werden, ist im Rundfunkstaatsvertrag nicht aufgeführt. In jedem Fall muss ein Bezug zur Meinungsbildung bestehen[485]. Dies ergibt sich bereits aus kompetenzrechtlichen Überlegungen, nämlich der Zuständigkeit der Länder im Medienbereich[486].

Die amtliche Begründung nennt Werbung, Hörfunk, Presse, Rechte und Produktion. Diese Aufzählung ist aber nicht abschließend, da ausdrücklich Raum für andere Märkte gelassen wird[487]. Dass auch die KEK nach einer geeigneten Bewertungsgrundlage sucht, zeigt sich in der Einholung des kommunikationswissenschaftlichen Gutachtens von Hasebrink zu diesen Fragen[488].

Dabei sind die publizistischen Märkte, die sog. Publikumsmärkte, von sonstigen vor- oder nachgelagerten Märkten zu unterscheiden[489].

---

485 *Trute* in: Beck`scher Kommentar, § 26 Rn. 49; *Renck-Laufke*, ZUM 2000, 105, 111.

486 *Hartstein/Ring/Kreile/Dörr/Stettner*, § 26 Rn. 21; *Kreile/Stumpf*, MMR 1998, 192, 194; *Hess*, AfP 1997, 680, 683.

487 Amtliche Begründung zu § 26, abgedruckt in: *Hartstein/Ring/Kreile/Dörr/Stettner*, § 26.

488 Gutachten „Zur Berücksichtigung medienrelevanter verwandter Märkte bei der Anwendung des Zuschaueranteilsmodells (§ 26 Abs. 2 S. 2 RStV)"; vgl. Kap. 3 VI.

489 Zur Terminologie: *Hasebrink*, S. 7 ff.

Bei den Publikumsmärkten handelt es sich um solche mit unmittelbarem Kontakt zu den Mediennutzern; sie sind daher auch meinungsrelevant[490]. Teilweise wird der Hörfunkmarkt ausgenommen, da es sich hierbei um keinen bundesweiten Markt, sondern vielmehr um regionale und lokale Märkte handele, bei denen die Vielfalt schon aus diesem Grund gewährleistet sei[491]; gleichermaßen sollen im Bereich der Presse nur nationale Presseerzeugnisse beachtlich sein[492].

Hierbei ist jedoch zu beachten, dass auch die Marktbeherrschung eines lokalen oder regionalen Marktes in Verbindung mit einem Zuschaueranteil von 25 % zu einer Gefährdung der Vielfalt führen kann, insbesondere, wenn der betreffende Markt eine nicht unerhebliche Reichweite aufweist. Hierbei ist etwa an das sog. „Ballungsraumfernsehen", zu denken. Es handelt sich hierbei um den Zusammenschluss lokaler Veranstalter zur gemeinsamen Werbezeitenvermarktung, die oftmals eine Koordination der Programmpolitik zur Folge hat[493]. Daher sind auch die lokalen und regionalen Märkte in die Betrachtung einzubeziehen. Eine Einschränkung dahingehend, dass diese per se ausgenommen sein sollten, ist dem Gesetz nicht zu entnehmen und erscheint im Hinblick auf eine effektive Vielfaltsicherung nicht sachgerecht. Inwiefern die lokalen und regionalen Märkte und die dort erzielten Rezipientenanteile neben dem Zuschaueranteil in Höhe von 25 % im Fernsehen für die Frage des Vorliegens von vorherrschender Meinungsmacht relevant sind, bestimmt sich im Rahmen der Alt. 1 bzw. 2 des § 26 Abs. 2 S. 2 RStV – oder, sofern darin, wie hier vertreten wird, ein eigener Eingriffstatbestand liegt – nach § 26 Abs. 1 RStV.

Dagegen haben die vor- und nachgelagerten Märkte keinen unmittelbaren Kontakt zu den Mediennutzern und daher prima facie keine Meinungsrelevanz. Dennoch sind im Bereich der vorgelagerten Märkte auch Produktion und Rechtehandel einzubeziehen. Bei den nachgelagerten Märkten ist die technische Verbreitung relevant[494], da diese einen Einfluss auf Selektion und Distribution und

---

490 *Hasebrink*, S. 7.

491 *Beucher/Leyendecker/von Rosenberg*, § 26 Rn. 11.

492 A.A. *Renck-Laufke*, ZUM 2000, 105, 111 f., da ein Anbieter mit einer Vielzahl räumlich begrenzter Erzeugnisse ebenfalls eine breite Flächendeckung erreichen kann. So auch *Hasebrink*, S. 20 ff. bzgl. der Presseerzeugnisse, nach dem es zweckmäßiger und sachgerechter erscheint, diese Presseerzeugnisse zunächst in die Betrachtung der medienrelevanten verwandten Märkte einzubeziehen und dann nach der Meinungsrelevanz zu differenzieren, etwa zwischen überregionaler, regionaler und lokaler Presse, Tages- und Wochenzeitungen, Zeitschriften, Fachzeitschriften, Anzeigenblättern und Programmzeitschriften; *Trute* in: Beck`scher Kommentar, § 26 Rn. 49; vgl. *Kuch*, ZUM 1997, 12, 15.

493 *Trute* in: Beck`scher Kommentar, § 26 Rn. 25; zum Ballungsraumfernsehen: KEK, 2. Konzentrationsbericht, S. 276 ff.

494 *Hasebrink*, S. 33 ff., 36; *Renck-Laufke*, ZUM 2000, 105, 111.

damit auch die Meinungsbildung haben können, der insbesondere im Zuge der zunehmenden vertikalen und diagonalen Konzentration verstärkt wird und nicht außer Betracht bleiben kann[495].

cc) Gesamtbeurteilung von Aktivitäten im Fernsehen und auf medienrelevanten verwandten Märkten

Die Fassung der 2. Alternative des § 26 Abs. 2 S. 2 RStV weist zahlreiche unbestimmte Rechtsbegriffe auf und ist deshalb in der Praxis schwer operationalisierbar[496]. In der Literatur wird vorgebracht, die praktische Bedeutung sei gering, die Vorschrift weitgehend funktionslos[497].

Jedoch kommt der Vorschrift als Auffangtatbestand innerhalb der Vermutungsregelung des S. 2 insoweit Bedeutung zu, als alle medienrelevanten Aktivitäten in die Gesamtbetrachtung einbezogen werden können[498]. Wie bereits ausgeführt ist dies bei der 1. Alternative gerade nicht der Fall, da insoweit nach hier vertretener Ansicht eine kartellrechtliche Marktbeherrschung auf den jeweiligen Einzelmärkten gefordert wird. Das Vorliegen eines gewichtigen – nach der Terminologie Hasebrinks „substantiellen" – Meinungseinflusses, der die Stufe der Marktbeherrschung im kartellrechtlichen Sinn gerade nicht erreicht, kann somit über diese Regelung aufgefangen werden. Insbesondere sind hier auch nicht nur die Einzelmärkte relevant, sondern gerade eine Gesamtbetrachtung. Dies ermöglicht es, deutlich mehr Fälle zu erfassen als die 1. Alternative.

Problematisch bleibt aber die Klärung der Frage, wann ein Meinungseinfluss erreicht ist, der einem Zuschaueranteil von 30 % im Fernsehen entspricht (sog. Äquivalenzklausel)[499]. Aus rechtsstaatlichen Gründen sind hohe Anforderungen

---

495 *Hasebrink*, S. 33 ff., 36; *Janik*, AfP 2002, 104, 110 f.; *Renck-Laufke*, ZUM 2000, 105, 112; *Engels*, ZUM 1996, 45, 55; *Thaenert* in: *Stern/Prütting*, S. 97, 103; a. A für die technischen Dienstleistungen: *Neft*, ZUM 1998, 458, 464; *Kreile/Stumpf*, MMR 1998, 192, 194; vgl. zur Relevanz weiterer Märkte, etwa Online-Dienste, mobile Dienste und nicht-publizistische Medien *Hasebrink*, S. 28 ff.; zum Werbemarkt und Beteiligungen *Renck-Laufke*, ZUM 2000, 105, 111; *Hartstein/Ring/Kreile/Dörr/Stettner*, § 26 Rn. 23 ff.; *Kreile/Stumpf*, MMR 1998, 192, 195.

496 *Renck-Laufke*, ZUM 2000, 105, 113; *Hess*, AfP 1997, 680, 683; *Kreile/Stumpf*, MMR 1998, 192, 193; *Trute* in: Beck'scher Kommentar, § 26 Rn. 50, der überdies kritisiert, dass § 26 Abs. 2 S. 2 Alt. 2 RStV die Berücksichtigung von Kriterien verlange, die auch im Rahmen des Abs. 1 heranzuziehen wären; vgl. zur Frage, ob Abs. 1 einen eigenen Eingriffstatbestand darstellt ausführlich Kap. 4 VIII.

497 *Trute* in: Beck'scher Kommentar, § 26 Rn. 50.

498 *Trute* in: Beck'scher Kommentar, § 26 Rn. 51.

499 Sog. Entsprechens- oder Äquivalenzklausel; *Hartstein/Ring/Kreile/Dörr/Stettner*, § 26 Rn. 26; *Hess*, AfP 1997, 680, 683; *Renck-Laufke*, ZUM 2000, 105, 113; *Trute*

zu stellen[500]. Verlässliche Bewertungskriterien fehlen bislang weitgehend[501]. Hasebrink hat in seinem Gutachten insoweit die bereits erläuterten Bewertungsvorschläge gemacht. Ob sich diese durchsetzen, bleibt abzuwarten.

Tatsächlich kommen in der Praxis häufiger andere Vorschriften zur Anwendung, nämlich § 26 Abs. 2 S. 2 Alt. 1 RStV sowie § 26 Abs. 1 RStV, in dem die KEK einen eigenen Eingriffstatbestand sieht[502]. Im Rahmen des Abs. 1 können auch die Bewertungskriterien der 2. Alternative Berücksichtigung finden[503].

VIII. Verhinderung und Auflösung von vorherrschender Meinungsmacht

Die Rechtsfolgen der vorherrschenden Meinungsmacht sind in § 26 Abs. 3 und 4 RStV geregelt. Zwischen beiden Regelungen ist genau zu unterscheiden, da sie verschiedene Rechtsfolgen vorsehen und verschiedene Ziele haben[504].

Abs. 3 betrifft das sog. „externe Wachstum“. Dieses liegt vor, wenn ein Veranstalter ein neues Programm veranstalten will oder eine weitere Beteiligung oder deren Erhöhung anstrebt[505]. Dagegen regelt Abs. 4 den Fall des sog. „internen Wachstums“, bei dem sich der Zuschaueranteil der zurechenbaren Programme eines Veranstalters erhöht[506].

1) Die Regelung des § 26 Abs. 3 RStV

Abs. 3 verhindert beim Vorliegen von vorherrschender Meinungsmacht das weitere sog. „externe Wachstum“[507].

Hat ein Unternehmen mit den ihm zurechenbaren Programmen demnach vorherrschende Meinungsmacht erlangt und strebt es die Ausstrahlung eines neuen Programms bzw. eine weitere Beteiligung oder deren Erhöhung an, darf

---

in: Beck`scher Kommentar, § 26 Rn. 51, *Pelny*, AfP 1998, 35, 36 weisen ergänzend darauf hin, dass die Medienaufsicht die Beweislast für das Vorliegen des Ausnahmetatbestands zur Vermutung trägt, also nachweisen muss, dass die Voraussetzungen der Entsprechensklausel erfüllt sind.

500 *Hartstein/Ring/Kreile/Dörr/Stettner*, § 26 Rn. 26.

501 *Neft*, ZUM 1998, 458, 464.

502 Vgl. ausführlich Kap. 4 VIII m. w. N. auch zu bisherigen Entscheidungen der KEK.

503 Vgl. Kap. 4 VIII 4).

504 *Hartstein/Ring/Kreile/Dörr/Stettner*, § 26, Rn. 27; KEK, 2. Konzentrationsbericht, S. 50 f.

505 *Dörr* in: Mainzer Rechtshandbuch, Rn. 102.

506 *Dörr* in: Mainzer Rechtshandbuch, Rn. 103.

507 *Trute* in: Beck`scher Kommentar, § 26, Rn. 56.

ihm die Zulassung nicht erteilt bzw. die Beteiligung nicht als unbedenklich bestätigt werden.

Die Regelung bezieht sich auf Zulassung nach § 20 bzw. die Unbedenklichkeitsbescheinigung nach § 29 RStV und verhindert durch die Nichterteilung das weitere Wachstum des Unternehmens bei Vorliegen von vorherrschender Meinungsmacht[508]. Die Rechtsfolge ist zwingend[509]. Eine neue Zulassung kann nur dann erteilt bzw. die Unbedenklichkeit des weiteren Beteiligungserwerbs kann nur dann bestätigt werden, wenn eine andere Zulassung bzw. Beteiligung aufgegeben wird, da dann keine vorherrschende Meinungsmacht mehr vorliegt[510]. Dagegen reichen vielfaltsichernde Maßnahmen nach Abs. 4 allein nicht aus, um dem Vorliegen von vorherrschender Meinungsmacht entgegen zu wirken.

2) Die Regelung des § 26 Abs. 4 RStV

Im Gegensatz dazu regelt Abs. 4 das sog. „interne Wachstum" und versucht, der entstandenen vorherrschenden Meinungsmacht entgegenzuwirken anstatt lediglich das weitere Wachstum zu verhindern. Zu diesem Zweck sind verschiedene vielfaltsichernde Maßnahmen vorgesehen. Zwischen den verschiedenen vielfaltsichernden Maßnahmen besteht keine festgelegte Reihenfolge[511].

Hat ein Unternehmen mit den ihm zurechenbaren Programmen vorherrschende Meinungsmacht erlangt, schlägt die zuständige Landesmedienanstalt dem Unternehmen durch die KEK verschiedene Maßnahmen vor, um diese abzubauen, namentlich die Aufgabe von Beteiligungen an Veranstaltern, bis der zurechenbare Zuschaueranteil unter die Grenze des Abs. 2 S. 1 fällt (Nr. 1), im Falle des Abs. 2 S. 2 die Verminderung der Marktstellung auf medienrelevanten verwandten Märkten oder die Aufgabe von zurechenbaren Beteiligungen an Veranstaltern, bis die Grenze des Abs. 2 S. 2 unterschritten ist (Nr. 2), oder die Einrichtung von vielfaltsichernden Maßnahmen nach §§ 30 bis 32 RStV, also die Einräumung von Sendezeit für unabhängige Dritte nach § 31 RStV[512] oder die Einrichtung eines Programmbeirats nach § 32 RStV[513] (Nr. 3). Die KEK ver-

---

508 *Trute* in: Beck`scher Kommentar, § 26, Rn. 53.

509 *Trute* in: Beck`scher Kommentar, § 26, Rn. 52.

510 *Hartstein/Ring/Kreile/Dörr/Stettner*, § 26, Rn. 27.

511 Amtliche Begründung zu § 26, abgedruckt in: *Hartstein/Ring/Kreile/Dörr/Stettner*, § 26; *Trute* in: Beck`scher Kommentar, § 26, Rn. 56; *Hartstein/Ring/Kreile/Dörr/Stettner*, § 26, Rn. 28.

512 Vgl. Kap. 4 II 3).

513 Dem Programmbeirat kommt die Aufgabe zu, durch Vorschläge und Anregungen zur Meinungsvielfalt und Pluralität beizutragen, indem er die Programmverant-

sucht, auf eine einvernehmliche Regelung hinzuwirken (S. 2). Gelingt dies nicht oder führt das Unternehmen in einer angemessenen Frist die Maßnahmen nicht durch, widerruft die zuständige Landesmedienanstalt nach Feststellung durch die KEK so viele dem Unternehmen zurechenbare Zulassungen, bis keine vorherrschende Meinungsmacht mehr gegeben ist (S. 3). Die Auswahlentscheidung liegt bei der KEK (S. 4). Eine Entschädigung für Vermögensnachteile wird nicht gewährt (S. 5).

---

wortlichen, die Geschäftsführung und die Gesellschafter des Programmveranstalters berät (§ 32 Abs. 1 S. 1 und 2 RStV).

Kapitel 4: Die Bonusregelungen des § 26 Abs. 2 S. 3 RStV

Die Bonusregelungen des § 26 Abs. 2 S. 3 RStV wurden mit dem 6. Rundfunkstaatsvertrag eingeführt und knüpfen an die Regelung des § 26 Abs. 2 S. 2 RStV an. Sie haben weitreichende Auswirkungen auf das Vielfaltsicherungsrecht.

I. Der Inhalt der Bonusregelungen

Die Bonusregelungen in der Fassung des 6. Rundfunkstaatsvertrags besagten, dass auf den auf ein Unternehmen nach § 26 Abs. 2 S. 2 RStV entfallenden Zuschaueranteil in Höhe von 25 %, der zusammen mit einer marktbeherrschenden Stellung auf den medienrelevanten verwandten Märkten oder einer Gesamtbetrachtung der Aktivitäten im Fernsehen und auf medienrelevanten verwandten Märkten einen Meinungseinfluss erzielt, der einem Zuschaueranteil von 30 % entspricht und zur Vermutung von vorherrschender Meinungsmacht führt, zwei Prozentpunkte in Abzug zu bringen sind, wenn in dem dem Unternehmen zurechenbaren Vollprogramm mit dem höchsten Zuschaueranteil Fensterprogramme gemäß § 25 Abs. 4 RStV in angemessenem, mindestens im bisherigen Umfang aufgenommen sind. Bei gleichzeitiger Aufnahme von Drittsendezeit nach Abs. 5 sind weitere drei Prozentpunkte in Abzug zu bringen (§ 26 Abs.2 S. 2 Hs. 2 RStV).

In der Fassung des 7. Rundfunkstaatsvertrags sind in § 26 Abs. 2 S. 3 Hs. 1 die Worte „in angemessenem, mindestens im bisherigen Umfang" gestrichen. Zudem wurde die in Bezug genommene Regelung des § 25 Abs. 4 RStV geändert.

II. Die Voraussetzungen der Bonusregelungen im Einzelnen

Die Bonusregelungen knüpfen an die Ausstrahlung von Regionalfensterprogrammen gemäß § 25 Abs. 4 RStV und die Einräumung von Sendezeit für unabhängige Dritte gemäß §§ 26 Abs. 5, 31 RStV an. Es ist daher erforderlich, die Voraussetzungen dieser Regelungen zunächst allgemein darzustellen, um nachzuvollziehen, wann die Bonuswirkung eingreift und welche Konsequenzen dies hat, bevor auf die Bedeutung der Bonusregelungen[514] und die Frage der Verfassungsmäßigkeit[515] eingegangen wird. Zunächst wird die Rechtslage nach dem 6. Rundfunkstaatsvertrag dargestellt, dann werden die Änderungen der Vorschriften durch den 7. Rundfunkstaatsvertrag untersucht.

1) Der 2 % - Bonus des § 26 Abs. 2 S. 3 Hs. 1 RStV für Regionalfenster nach der Fassung des 6. Rundfunkstaatsvertrags

Der 1. Halbsatz des § 26 Abs. 2 S. 3 RStV knüpft einen Bonus in Höhe von 2 % an die Ausstrahlung von Regionalfensterprogrammen nach § 25 Abs. 4 RStV. Der Bonus ist in Abzug zu bringen, wenn diese in angemessenem, mindestens im bisherigen Umfang aufgenommen sind.

a) Regionalfenster gemäß § 25 Abs. 4 S. 1 RStV

Nach § 25 Abs. 4 RStV a. F. sollten in bundesweit verbreiteten Fernsehvollprogrammen nach Maßgabe des jeweiligen Landesrechts Fensterprogramme aufgenommen werden. Bis zum Inkrafttreten des 6. Rundfunkstaatsvertrags galt dies nur bei terrestrischer Verbreitung; dieser Zusatz wurde gestrichen, da nunmehr alle Programme unabhängig von ihrer Verbreitungsart erfasst werden sollten[516].

aa) Bundesweit verbreitetes Fernsehvollprogramm

Es muss ein bundesweit verbreitetes Fernsehvollprogramm vorliegen. Das bedeutet, dass die tatsächliche Möglichkeit des Empfangs im gesamten Bundesgebiet besteht und vom Veranstalter beabsichtigt ist[517].

bb) Nach Maßgabe des jeweiligen Landesrechts

Die Regelung des § 25 Abs. 4 S. 1 RStV soll nur nach Maßgabe des Landesrechts gelten. Die Länder haben bislang jedoch entweder gar keine Regelungen vorgesehen oder den Inhalt und die Vorgaben des Abs. 4 übernommen[518].

514 Vgl. Kap. 4 III, IV.
515 Vgl. Kap. 4 VI.
516 KEK, 5. Jahresbericht, S. 218.
517 *Ebsen*, S. 141.
518 *Rossen-Stadtfeld* in: Beck`scher Kommentar, § 25 Rn. 67.

cc) Der Begriff „Fensterprogramm"

Mit dem Begriff „Fensterprogramm" könnte ein Satelliten- oder Regionalfensterprogramm gemeint sein. Beide sind in § 2 Abs. 2 RStV legaldefiniert.

Ein Satellitenfensterprogramm liegt vor, wenn ein zeitlich begrenztes Rundfunkprogramm mit bundesweiter Verbreitung im Rahmen eines weiterreichenden Programms ausgestrahlt wird (§ 2 Abs. 2 Nr. 3 RStV). Um ein Regionalfensterprogramm handelt es sich, wenn ein zeitlich und räumlich begrenztes Rundfunkprogramm mit im wesentlichen regionalen Inhalten im Rahmen eines Hauptprogramms gesendet wird (§ 2 Abs. 2 Nr. 4 RStV).

Aus § 25 Abs. 4 RStV ist nicht ersichtlich, ob Satelliten- oder Regionalfensterprogramme gemeint sind.

Ein Vergleich mit § 31 Abs. 2 RStV führt nicht weiter: § 31 Abs. 2 S. 1 RStV spricht von Fensterprogrammen, auf die nach S. 2 Regionalfensterprogramme angerechnet werden sollen. Die Begriffe „Fensterprogramm" und „Regionalfensterprogramm" werden in § 31 Abs. 2 RStV nicht synonym verwendet, weshalb nicht darauf geschlossen werden kann, dass § 25 Abs. 4 RStV Regionalfensterprogramme zum Gegenstand hat[519].

Jedoch knüpft die Bestimmung an § 20 Abs. 6 S. 1 RStV (1991) an, in welchem der Begriff des Fensterprogramms im Sinne des heutigen Regionalfensterprogramms definiert war; diese Begriffsbestimmung sollte § 25 Abs. 4 RStV fortführen[520]. Auch die Überschrift des § 25, „Meinungsvielfalt, regionale Fenster" deutet darauf hin, dass § 25 Abs. 4 RStV Regionalfensterprogramme meint[521].

Nach alledem ist davon auszugehen, dass sich der Begriff „Fensterprogramm" auf Regionalfensterprogramme bezieht.

dd) Rechtsfolge: „sollen"

§ 25 Abs. 4 RStV ist als „Soll-Vorschrift" formuliert. Damit kommt zum Ausdruck, dass grundsätzlich Regionalfensterprogramme ausgestrahlt werden sollen, dass aber in besonderen Konstellationen hierauf verzichtet werden kann[522].

---

519 *Ebsen*, S. 144.

520 Amtliche Begründung zu § 25, abgedruckt in: *Hartstein/Ring/Kreile/Dörr/Stettner*, § 25.

521 *Ebsen*, S. 145.

522 Vgl. *Hartstein/Ring/Kreile/Dörr/Stettner*, § 25 Rn. 15; *Ebsen*, S. 145, der als atypische Ausnahmefälle etwa ein kleines Bundesland oder eine Frequenz mit geringer Reichweite nennt.

ee) Die sonstigen Voraussetzungen des Abs. 4

Gemäß § 25 Abs. 4 S. 2 RStV ist die Finanzierung der Regionalfensterprogramme durch die Veranstalter zu gewährleisten. Nach S. 3 kommt den Landesmedienanstalten die Aufgabe zu, die Fensterprogramme in zeitlicher und technischer Hinsicht abzustimmen und dabei die Interessen der Veranstalter zu berücksichtigen.

ff) Die Umsetzung der Regelung in der Praxis

In der Praxis haben die Landesmedienanstalten ihre Verpflichtung aus Abs. 4 in einem Beschluss vom 25.05.1993 umgesetzt[523], wonach für RTL und SAT.1 regionale TV-Fensterprogramme und Sendezeitschienen festgelegt wurden.

b) Der „angemessene, mindestens bisherige Umfang"

Im 6. Rundfunkstaatsvertrag war zudem gefordert, dass die Regionalfensterprogramme in einem „angemessenen, mindestens bisherigen Umfang" auszustrahlen waren, um die Bonuswirkung auszulösen.

aa) Der „bisherige Umfang"

Bei dem Tatbestandsmerkmal „bisherig" war fraglich, auf welchen Zeitpunkt abzustellen war. In Betracht kamen der Zeitpunkt der Unterzeichnung des 6. Rundfunkstaatsvertrags im Dezember 2001, dessen Inkrafttreten am 01.07.2002 oder ein Vergleich zwischen dem jeweiligen Prüfungszeitpunkt und der Situation in der Vergangenheit[524]. Da der Gesetzgeber keinen Zeitpunkt festgelegt hatte, der vom Inkrafttreten des Rundfunkstaatsvertrags abwich und bei einem Vergleich von jeweiligem Prüfungszeitpunkt und vergangener Situation ein Rückgang der Regionalfensterprogramme möglich gewesen wäre, ging die KEK davon aus, dass der Zeitpunkt des Inkrafttretens am 01.07.2002 gemeint war[525]. Die Beibehaltung des bisherigen Umfangs war die Mindestvoraussetzung für die Gewährung der Bonuspunkte, eine Verringerung des Umfangs der Regionalfensterprogrammausstrahlung gegenüber diesem Zeitpunkt würde zum Verlust der Bonuspunkte führen[526].

---

523 Abgedruckt in: *Hartstein/Ring/Kreile/Dörr/Stettner*, § 25 Rn. 15.

524 Vgl. KEK, 5. Jahresbericht, S. 219; *Hartstein/Ring/Kreile/Dörr/Stettner*, § 26 Rn. 12.

525 KEK, 5. Jahresbericht, S. 219; *Hartstein/Ring/Kreile/Dörr/Stettner*, § 26 Rn. 12.

526 KEK 156, S. 18.

bb) Der „angemessene Umfang"

Der Umfang der Regionalfensterprogramme musste zudem „angemessen" sein.

Der Begriff der „Angemessenheit" ist ein unbestimmter Rechtsbegriff. Die KEK griff zu dessen Auslegung in ihrer Praxis auf das Reichweitenkriterium des § 31 Abs. 2 RStV zurück[527]. Sie begründete dies damit, dass der Rundfunkstaatsvertragsgeber durch diese Regelung zum Ausdruck gebracht habe, dass Regionalfenster zur Sicherung der Meinungsvielfalt nur dann beitragen, wenn sie gewisse Mindestvoraussetzungen, nämlich die in § 31 Abs. 2 RStV vorgesehenen, erfüllten[528].

Dies ergab sich aus systematischen Gesichtpunkten, da § 31 Abs. 2 RStV Regelungen für die Anrechnung der Regionalfensterprogramme im Rahmen der Drittsendezeitverpflichtung enthalte[529] und der Rundfunkstaatsvertrag eine geschlossene Einheit darstellte[530]. Auch wenn § 26 Abs. 2 S. 3 RStV nicht die Formulierungen des § 31 Abs. 2 RStV („Sendezeit"; „Dauer"; „erreichen") aufgegriffen habe, liege die Anwendung dieser Maßstäbe dennoch nahe[531]. Weiterhin ergab sich dieses Ergebnis aus der Entstehungsgeschichte[532]: Im 6. Rundfunkstaatsvertrag war festgeschrieben worden, dass Regionalfenster nach § 25 Abs. 4 RStV unabhängig von der Verbreitungsart ausgestrahlt werden sollten, indem die Worte „bei terrestrischer Verbreitung" gestrichen wurden. Die amtliche Begründung führte aus, dass den Veranstaltern keine zusätzliche Verpflichtung zur Ausstrahlung von Regionalfensterprogrammen auferlegt, sondern ihnen die zusätzliche Möglichkeit eröffnet werden sollte, in den Genuss der Bonusregelungen des § 26 Abs. 2 S. 3 RStV zu kommen. Daraus folgte nach Ansicht der KEK, dass die Länder davon ausgingen, dass allein die Beibehaltung der Regionalfenster nicht in jedem Fall ausreichend sei, um den Bonus zu gewähren[533]. Auch Sinn und Zweck der Vorschrift sprachen dafür: Die Gewährung einer Bonifikation von 2 % auf den Zuschaueranteil sei nicht gerechtfertigt, wenn Regionalfensterprogramme, ohne eine bestimmte Reichweite zu erfüllen, geeignet seien, diesen Bonus auszulösen[534].

527 KEK, 5. Jahresbericht, S. 220; dies., 6. Jahresbericht, S. 52, 199; KEK 156, S. 18 ff.

528 KEK, 6. Jahresbericht, S. 201.

529 KEK, 5. Jahresbericht, S. 219; dies., 6. Jahresbericht, S. 200.

530 KEK 156, S. 18.

531 KEK, 5. Jahresbericht, S. 219; KEK 158, S. 18.

532 KEK, 6. Jahresbericht, S. 200; KEK 158, S. 19.

533 KEK, 6. Jahresbericht, S. 200; KEK 158, S. 19; vgl. aber die Neufassung der Bonusregelung im 7. Rundfunkstaatsvertrag sowie Kap. 4 II 2).

534 KEK, 6. Jahresbericht, S. 200; KEK 158, S. 19.

Der Bonus in Höhe von 2 % sei nur dann zu gewähren, wenn das Programm den gesetzlichen Anforderungen der Vielfaltsicherung in § 31 Abs. 2 RStV genüge, also die Regionalfensterprogrammveranstalter redaktionell unabhängig seien und eine gewisse wöchentliche Mindestdauer sowie eine Mindestreichweite, nämlich das Erreichen von 50 % der bundesweiten Fernsehhaushalte, eingehalten werde[535]. Diese Voraussetzungen müssen auch vorliegen, wenn ein Regionalfensterprogramm auf die Drittsendezeitverpflichtung angerechnet werden, diese also in gewissem Umfang ersetzen soll.

Die Prüfung, ob Regionalfensterprogramme den Anforderungen des § 31 Abs. 2 RStV genügen, ist damit sowohl für deren Anrechnung im Rahmen der Drittfensterprogramme als auch für die Frage, ob der 2 % - Bonus gewährt wird, von Bedeutung. Daher ist die Auslegung und Prüfung der Vorschrift des § 31 Abs. 2 RStV, bei der die KEK in jüngerer Zeit eine neue Vorgehensweise gewählt hat, im Rahmen des Vielfaltsicherungsrechts von immenser Bedeutung: Die KEK interpretiert das „Erreichen" abweichend von der Drittsendezeitrichtlinie, die Vorgaben hinsichtlich der Bestimmung der Reichweite enthält, und nimmt eine Prüfung der Reichweite vor[536]; insoweit verlässt sich die KEK nicht nur auf die durch die Landesmedienanstalten übermittelten Daten, sondern klärt den Sachverhalt selbständig auf[537]. Durch die Auslegung, dass der „angemessene Umfang" auf das Reichweitenerfordernis des § 31 Abs. 2 S. 3 RStV verweise und die Abwendung von den Vorgaben der Drittsendezeitrichtlinie hat die KEK damit bei Prüfung der Bonusregelung gewissermaßen ein „Korrektiv" geschaffen, das es ihr erlaubt, den 2 % - Bonus nur unter gewissen Bedingungen zu gewähren. Die KEK hatte insoweit auch kritisiert, dass der Rundfunkstaatsvertragsgeber keine Begründung dafür lieferte, warum die Gewährung von bis zu fünf Prozentpunkten gerechtfertigt sei[538]. Da die Regionalfensterprogramme von den großen privaten Veranstaltern ausgestrahlt werden, war die einzige „Hürde" zum Erhalt der Bonuspunkte daher das Angemessenheitskriterium in seiner Auslegung durch die KEK.

Die Prüfung der KEK ergab, dass beide großen Privatveranstalter die Mindestreichweiten eingehalten hatten und ihnen der entsprechende Bonus zukam[539].

---

535 KEK, 6. Jahresbericht, S. 200; KEK 158, S. 19; vgl. hierzu Kap. 4 II 1) b) bb), 3) c) bb).

536 KEK 156-1, S. 19 ff.; KEK, 2. Konzentrationsbericht, S. 377; dies., 6. Jahresbericht, S. 194 ff; ausführliche Darstellung der Vorgehensweise bei KEK vgl. Kap. 4 II 1) b) bb), 3) c) bb).

537 KEK, 6. Jahresbericht, S. 193.

538 KEK, 2. Konzentrationsbericht, S. 392.

539 Vgl. Kap. 4 II 3) c) bb) (2).

2) Der 2 % - Bonus des § 26 Abs. 2 S. 3 Hs. 1 RStV für Regionalfenster nach der Fassung des 7. Rundfunkstaatsvertrags

a) § 25 Abs. 4 S. 1 RStV nach der Fassung des 7. Rundfunkstaatsvertrags und die praktischen Auswirkungen

Nach der Neufassung des § 25 Abs. 4 S. 1 RStV sind nunmehr Fensterprogramme aufzunehmen. Diese Verpflichtung gilt für die beiden bundesweit verbreiteten reichweitenstärksten Fernsehvollprogramme. Dabei ist mindestens der zeitliche und regional differenzierte Umfang der Programmaktivitäten zum 1. Juli 2002 nach Maßgabe des jeweiligen Landesrechts zugrunde zu legen.

aa) Verpflichtung zur Ausstrahlung von Regionalfensterprogrammen

Gegenüber der alten Fassung enthält die Neufassung nunmehr die Verpflichtung zur Aufnahme der Regionalfenster; es besteht damit kein Raum mehr für Ausnahmen. Mit der Regelung werden die Fensterprogramme von RTL und SAT.1 nach dem Stand des 01.07.2002 festgeschrieben und abgesichert. Insoweit wird die Neufassung auch von der KEK begrüßt[540].

bb) Zeitlich und regional differenzierter Umfang zum 01. Juli 2002

(1) Bedeutung der Regelung und Auswirkungen in der Praxis

Problematisch erscheint die Festschreibung auf den „zeitlichen und regional differenzierten Umfang der Programmaktivitäten zum 1. Juli 2002“, die heftige Diskussionen auslöst. Diese Festschreibung wird von der KEK – im Gegensatz zu der bereits erwähnten Verpflichtung der Ausstrahlung – kritisiert, da sich die Bedeutung für den Rechtsanwender nicht erschließe[541]. Dabei bemängelt die KEK insbesondere, dass zum 01.07.2002 etwa in den neuen Bundesländern – von geringen Ausnahmen abgesehen – keine Regionalfensterprogramme veranstaltet wurden. Aufgrund der Neufassung bestehe für die Veranstalter auch keine Motivation, dies zu verändern. Ebenso wenig dürfte die Neufassung dazu anregen, die Parallelveranstaltung von Regionalfenstern in den Programmen RTL und SAT.1 in den alten Bundesländern aufzuheben[542]. Hinzu kommt, dass die Regionalfensterreichweiten in den einzelnen Bundesländern sehr unterschiedlich

540 KEK, 6. Jahresbericht, S. 214.
541 KEK, 6. Jahresbericht, S. 214.
542 KEK, 6. Jahresbericht, S. 215.

sind[543]. Da auf den regional differenzierten Umfang zu einem bestimmten Stichtag abgestellt wird, wird dies offenbar vom Gesetzgeber hingenommen. Auch insoweit dürfte für die Veranstalter kein Anreiz bestehen, eine Verbesserung in Gebieten mit geringerer Verbreitung anzustreben. Insoweit ist die Neuregelung statisch und trägt nicht zu einer Förderung der Regionalfensterprogrammausstrahlung bei.

Andererseits darf jedoch nicht übersehen werden, dass die Festschreibung auf die regionale Differenzierung der Regionalfensterprogramme zu einem festen Zeitpunkt diese – zusätzlich zur Verpflichtung der Ausstrahlung – auch absichert, da diese gegenüber dem als Stichtag genannten 01.07.2002 nicht reduziert werden dürfen. Dies kommt auch in der amtlichen Begründung zum Ausdruck: die Neuregelung in § 25 Abs. 4 S. 1 RStV soll eine möglichst hohe Anzahl verschiedener Fensterprogramme mit unterschiedlichen regionalen Inhalten gewährleisten. Programmaktivitäten, namentlich Sendezeiten, Inhalte und Verbreitungsgebiete sollten gegenüber dem 01.07.2002 nicht verringert werden. Der Stichtag des 01.07.2002 knüpfe an das Inkrafttreten des 6. Rundfunkstaatsvertrags an, der „ebenfalls eine Stärkung der Regionalfensterprogramme vorgesehen hatte"[544]. Aus dieser Formulierung ist ersichtlich, dass der Gesetzgeber eine weitere Stärkung der Regionalfensterprogramme beabsichtigte, sich insoweit jedoch möglicherweise über die Tragweite der Regelung und die dargestellten nachteiligen Auswirkungen, die eine Verbesserung des damals bestehenden Zustands gerade nicht fördert, sondern allenfalls den Status Quo absichert, nicht im Klaren war.

Die so beschriebene Festschreibung des regional differenzierten Umfangs zum 01.07.2002 ist im Zuge von aktuellen Entwicklungen besonders brisant: Um technische und ökonomische Synergieeffekte zu nutzen, besteht bei den beiden Regionalfensterprogramme ausstrahlenden Privatsendern RTL und SAT.1 die Tendenz, diese in Produktion und/oder Abwicklung zu zentralisieren[545]. Die Zentralisierung gefährdet neben der Aktualität die redaktionelle Unabhängigkeit der regionalen Fensterprogrammveranstalter[546] und gerade auch die regionale

543 Vgl. KEK, 6. Jahresbericht, S. 197 ff.

544 Amtliche Begründung zum Entwurf des 7. Rundfunkstaatsvertrags, zu Nr. 10, S. 9 f.; Begründung zum Siebten Staatsvertrag zur Änderung rundfunkrechtlicher Staatsverträge, Landtag Rheinland-Pfalz, Drs. 14/2688 zu Nr. 10.

545 Vgl. zur Problematik *Hartstein/Ring/Kreile/Dörr/Stettner*, § 25 S. 20 a; so etwa der Sender RTL, der das Regionalfensterprogramm von Hessen in Hamburg produzieren lässt oder der Sender SAT.1, der die norddeutschen Fenster in Berlin zentralisiert, vgl. DLM, Pressemitteilung 11/2003; Pressemitteilung 13/2003, 4., abrufbar unter www.alm.de/aktuelles/presse.

546 DLM, Pressemitteilung 11/2003, 13/2003, 4.

Vielfalt. Diese beiden Voraussetzungen waren jedoch der Grund für mit der Regionalfensterprogrammausstrahlung verknüpften Vergünstigungen im Rahmen der Bonusregelungen und Drittsendezeitanrechnungen. Ob infolge der Zentralisierungen die Voraussetzungen, die § 25 Abs. 4 RStV vorgibt, erfüllt sind, ist fraglich; eine Entscheidung der Landesmedienanstalten liegt bisher nicht vor. Die DLM übt jedoch Kritik an der Zentralisierung, betont die Erforderlichkeit der Eigenständigkeit und regionalen Vielfalt und äußert Zweifel an der Vereinbarkeit mit dem Rundfunkstaatsvertrag[547], der nach Ansicht der DLM in seiner 7. Fassung gerade auch darauf abziele, die Regionalfensterprogramme nicht nur zu erhalten, sondern auch zu stärken[548].

Die Neufassung des § 25 Abs. 4 RStV erhält eine besondere Bedeutung dadurch, dass die neugefasste Bonusregelung des § 26 Abs. 2 S. 3 Alt. 1 RStV auf sie verweist. Da auch diese entscheidend geändert wurde, indem das Erfordernis des „angemessenen, mindestens bisherigen Umfangs" entfallen ist, hat das Zusammenspiel beider geänderter Vorschriften erhebliche Konsequenzen. Ebenso ist die Neuregelung, wie noch aufzuzeigen sein wird, im Rahmen der Drittsendezeitanrechnung, und damit indirekt auch im Rahmen der 2. Bonusregelung, relevant.

(2) Stellungnahme und Ausblick

Die Neureglung, die auf den ersten Blick sehr einfach zu verstehen ist, weist bei genauerem Hinsehen einige Problemfelder auf, die noch nicht geklärt sind und weitreichende Auswirkungen auf das Vielfaltsicherungsrecht haben.

Zum einen wird von der KEK zu Recht kritisiert, dass die in § 25 Abs. 4 RStV gewählte Formulierung nicht dazu anregt, den Regionalfensterbestand vom 01.07.2002 zu verbessern.

Andererseits ist im Zuge der Zentralisierungstendenzen der Regionalfensterprogramme durch die Privatsender fraglich, ob diese die Voraussetzungen des § 25 Abs. 4 RStV erfüllen. Die Beantwortung dieser Frage hat – wie noch zu zeigen sein wird – Auswirkungen auf weite Teile des Vielfaltsicherungsrechts; dies insbesondere deshalb, da den privaten Fernsehveranstaltern bei Vorliegen der Voraussetzungen des § 25 Abs. 4 RStV Privilegierungen im Bereich beider Bonusregelungen und der Drittsendezeitanrechnung zuteil werden. Diesen Voraussetzungen sowie deren Auslegung und Anwendung kommt daher eine weit-

547 DLM, Pressemitteilung 13/2003, 4.

548 DLM, Pressemitteilung 13/2003, 4.; selbst wenn jedoch eine Stärkung beabsichtigt gewesen sein sollte, kann diese nach den obigen Ausführungen nur im Hinblick auf den bestehenden Umfang zum 01.07.2002 angenommen werden, der nicht gesenkt werden sollte; vgl. auch Kap. 4 V 6) c) aa).

gehende Bedeutung zu. Brisanz gewinnt die Neuregelung weiterhin durch die ebenfalls geänderte Zuständigkeitsvorschrift des § 36 Abs. 2 RStV. Eine Entscheidung der nunmehr nach § 36 Abs. 2 RStV zuständigen Landesmedienanstalten darüber, ob die Zentralisierung der Regionalfensterprogramme der Festschreibung des § 25 Abs. 4 RStV genügt, liegt noch nicht vor. Die Entwicklung ist derzeit im Fluss: die KEK hat in jüngster Zeit kritisiert, dass die Landesmedienanstalten bisher keine Entscheidung nach § 25 Abs. 4 RStV getroffen haben, die wiederum die Grundlage medienkonzentrationsrechtlicher Prüfungen durch die KEK ist. Sie hat daher die Landesmedienanstalten zu einer zeitnahen Feststellung der Voraussetzungen des § 25 Abs. 4 RStV in Bezug auf den jeweiligen Antrag aufgefordert[549].

Jedoch dürfte die aufgeworfene Frage zu verneinen sein: Das strenge Abstellen auf den Wortlaut führt zu dem Ergebnis, dass durch die Betonung der regionalen Differenziertheit keine Möglichkeiten zur Zentralisierung der Programme eingeräumt ist, da diese insoweit beschnitten würde. Gleiches gilt für den Sinn und Zweck der Regionalfensterprogramme im Rahmen der Vielfaltsicherung, da durch die Verbreitung regionaler Inhalte eine weitere Verstärkung der Vielfalt erreicht werden soll, indem, entsprechend dem förderalen Rundfunksystem, eine breitere Veranstalterstruktur geschaffen wird und regionale Informationen verbreitet werden, die beim Rezipienten auf breite Resonanz stoßen[550]. Eine Erhaltung dieses Zustandes und bestenfalls eine weitere Förderung sind von daher wünschenswert, eine Verschlechterung sollte demgegenüber vermieden werden. Dies ist insbesondere auch vor dem Hintergrund des Systems des Vielfaltsicherungsrechts und der Verknüpfung der Vorschrift mit den bereits genannten Bestimmungen zu sehen, die Privilegierungen zugunsten der Privatsender vorsehen. Ein „Aufweichen“ der Voraussetzungen der Vorschrift dahingehend, dass diese weit ausgelegt wird, würde daher weitreichende Folgen haben und eine zusätzliche Privilegierung darstellen. Schließlich ergibt sich auch aus der amtlichen Begründung, dass eine Zentralisierung der Regionalfensterprogramme nicht mehr den Vorgaben des § 25 Abs. 4 RStV entspricht, da die Neureglung ausdrücklich Regionalfenster in möglichst hoher Anzahl mit unterschiedlichen regionalen Inhalten sicherstellen und eine Reduzierung der Programmaktivitäten vermeiden sollte[551].

Die derzeitigen Zentralisierungsentwicklungen im Bereich der Regionalfensterprogramme sind daher mit dem Vielfaltsicherungsrecht nicht zu vereinba-

549 Stand: 31.07.2004, vgl. Pressemitteilung der KEK 2/04 vom 14.07.2004.

550 Vgl. *Hartstein/Ring/Kreile/Dörr/Stettner*, § 25 Rn. 15.

551 Amtliche Begründung des Entwurfs des 7. Rundfunkstaatsvertrags, zu Nr. 10, S. 9 f.; Begründung zum Siebten Staatsvertrag zur Änderung rundfunkrechtlicher Staatsverträge, Landtag Rheinland-Pfalz, Drs. 14/2688, zu Nr. 10.

ren. Eine Entscheidung der Landesmedienanstalten sowie Reaktionen der Privatsender stehen noch aus. Sie haben, wie bereits aufgezeigt, weitgehende Konsequenzen: bejahen die Landesmedienanstalten das Vorliegen der Voraussetzungen des § 25 Abs. 4 RStV trotz des eindeutigen Wortlauts auch bei der Zentralisierung der Regionalfensterprogramme, besteht eine weitere Schwächung des Vielfaltsicherungsrechts, da trotz der Reduzierung des regional differenzierten Umfangs die Privilegierungen der verknüpften Vorschriften Anwendung finden. Verneinen sie dies, worauf auch die Bedenken der DLM hindeuten, finden diese Regelungen keine Anwendung. Wollen die Privatsender dennoch in deren Genuss kommen, muss der regional differenzierte Umfang zum 01.07.2002 wiederhergestellt werden. Diese Entwicklung bleibt abzuwarten.

b) § 26 Abs. 2 S. 3 Hs. 1 RStV nach der Fassung des 7. Rundfunkstaatsvertrags und die praktischen Auswirkungen

Nach der Neufassung der Bonusregelung im 7. Rundfunkstaatsvertrag wurden aus § 26 Abs. 2 S. 3 RStV die Worte „in angemessenem, mindestens im bisherigen Umfang" gestrichen. Verwiesen wird demnach nur noch auf Regionalfensterprogramme nach den Voraussetzungen des § 25 Abs. 4 RStV, wonach für den Umfang der Regionalfensterprogramme „zeitlich und regional der differenzierte Umfang der Programmaktivitäten zum 1. Juli 2002" maßgebend sein soll[552]. Aufgrund der klarstellenden Änderung in § 25 Abs. 4 RStV entfalle die Notwendigkeit des „angemessenen, mindestens bisherigen Umfangs" in § 26 Abs. 2 S. 3 Hs. 1 RStV[553].

Die Neufassung des § 25 Abs. 4 RStV hat im Bereich der Bonusregelung des § 26 Abs. 2 S. 3 Hs. 2 RStV erhebliche Konsequenzen: im Rahmen der Gewährung der Bonuspunkte wird gerade nicht mehr gefordert, dass der Umfang der Regionalfenster auch „angemessen" ist. Dieser Begriff wurde bisher von der KEK, wie ausgeführt, dahingehend interpretiert, dass die Regionalfenster gewisse Mindestanforderungen erfüllen mussten, um als Anknüpfungspunkte für die Gewährung der Bonuspunkte in Betracht zu kommen. Die KEK orientierte sich bei diesen Mindestanforderungen bisher an § 31 Abs. 2 S. 2 RStV. Neben der redaktionellen Unabhängigkeit und der wöchentlichen Mindestdauer mussten die Regionalfenster insbesondere bundesweit eine Reichweite in Höhe von 50 % im Sinne des § 31 Abs. 2 S. 2 RStV aufweisen. Das Einhalten dieser Reichweite

552 Vgl. Kap. 4 II 2) a).

553 Amtliche Begründung des Entwurfs des 7. Rundfunkstaatsvertrags, zu Nr. 11, S. 10; Begründung zum Siebten Staatsvertrag zur Änderung rundfunkrechtlicher Staatsverträge, Landtag Rheinland-Pfalz, Drs. 14/2688, zu Nr. 11.

wurde durch die KEK besonders geprüft[554]. Die Reichweite ist nunmehr lediglich noch im Rahmen der Regionalfensteranrechnung bei der Drittsendezeitverpflichtung von Bedeutung – wobei nach der Neufassung im 7. Rundfunkstaatsvertrag eine Unterschreitung im Zuge der Digitalisierung der Übertragungswege zulässig sein soll (§ 31 Abs. 2 S. 4 RStV n. F.) – während sie im Rahmen der Bonusregelungen nicht mehr zu berücksichtigen ist. Stattdessen ist nur der zeitlich und regional differenzierte Umfang am 01.07.2002 maßgeblich. Dieser Zeitpunkt war bisher ebenfalls maßgebend („mindestens bisherig")[555], diente aber lediglich als Untergrenze[556] neben der Prüfung der Angemessenheit[557]. Nunmehr knüpfen die Bonusregelungen lediglich noch an eine in der Vergangenheit festgeschriebene Situation an. Dies erscheint verfassungsrechtlich zweifelhaft[558] und wird insbesondere von der KEK kritisiert[559]. Die Gewährung von Bonuspunkten ohne die Einhaltung gewisser Mindestkriterien sei systemfremd und verfassungsrechtlich zweifelhaft[560]. Bedenklich erscheint dabei insbesondere die Verknüpfung der Vergabe der Bonuspunkte mit einem historischen „Status Quo Ante"[561], nämlich dem Stand der Regionalfensterprogrammausstrahlung am 01.07.2002. Dies schließt eine anschließende Reduktion oder Schwächung der Regionalfensterprogramme im Bezug auf die Anknüpfung der Bonifikation zwar aus, führt jedoch keine Verbesserung der Regionalfensterprogrammverbreitung herbei[562]. Durch den Verzicht auf das Angemessenheitskriterium, insbesondere im Hinblick auf die bisher geforderte Mindestreichweite, sei eine Bonifikation auf den Zuschaueranteil in Höhe von 2 % nicht mehr vertretbar[563]. Die Vielfaltsicherung dürfe nicht durch das Vorschieben anderer regulatorischer Ziele – wie, vom Gesetzgeber argumentiert, die Sicherung regionaler Vielfalt – unterlaufen werden[564]. Darüber hinaus darf nicht übersehen werden, dass der Bonus in Höhe von 2 % auf den bundesweiten Zuschaueranteil künftig also für Regionalfensterprogramme gewährt wird, die nur in bestimmten Gebieten ausgestrahlt werden und die insgesamt bundesweit nicht einmal mehr die Hälfte aller Fernsehhaushalte erreichen. Insoweit ist äußerst fraglich, ob die in bestimmten Regionen bestehende regionale Vielfalt ausreicht, um gemessen an der bundes-

554 Vgl. Kap. 4 II 1) b) bb); 3) c) bb).
555 Vgl. Kap. 4 II 1) b) aa).
556 KEK, 6. Jahresbericht, S. 200.
557 Vgl. Kap. 4 II 1) b) bb).
558 Vgl. Kap. 4 VI.
559 KEK, 2. Konzentrationsbericht, S. 368f., 374 f., 392 ff.
560 KEK, 2. Konzentrationsbericht, S. 374.
561 KEK, 2. Konzentrationsbericht, S. 374 und Kap. 4 II 2) a).
562 Siehe hierzu Kap. 4 II 2) a).
563 KEK, 6. Jahresbericht, S. 202.
564 KEK, 6. Jahresbericht, S. 202; KEK, 2. Konzentrationsbericht, S. 374.

weiten Programmveranstaltung zur Vielfaltsicherung beizutragen und hierfür Bonuspunkte auf den bundesweiten Zuschaueranteil in Höhe von 2 % zu gewähren. Denn in einigen Regionen liegt eine regionale Vielfalt, die wiederum dazu beitragen könnte, die Vielfalt bundesweit zu sichern, gerade nicht vor. Diese bestehenden Zweifel an der Regelung des § 25 Abs. 4 RStV erhalten derzeit aufgrund der beschriebenen Zentralisierung der Regionalfensterprogramme zusätzliche Sprengkraft.

3) Der 3 % - Bonus des § 26 Abs. 2 S. 3 Hs. 2 für die Einräumung von Sendezeit für unabhängige Dritte nach §§ 26 Abs. 5, 31 RStV

Die Bonusregelung des § 26 Abs. 2 S. 3 Hs. 2 RStV knüpft an die Einräumung von Sendezeit für unabhängige Dritte (Drittsendezeit) an, deren Voraussetzungen in § 26 Abs. 5 und deren Rechtsfolgen in § 31 RStV geregelt sind.

Räumt ein Veranstalter demnach Drittsendezeit ein, wonach er gemäß § 26 Abs. 5 RStV unter bestimmten Voraussetzungen, die nachfolgend aufgezeigt werden, verpflichtet ist, und erreichen diese den in § 31 RStV beschriebenen Umfang, werden drei Prozentpunkte auf den Zuschaueranteil nach § 25 Abs. 2 S. 2 RStV in Abzug gebracht.

Bei der Einräumung von Drittsendezeit handelt es sich um ein präventives Instrument zur Sicherung der Meinungsvielfalt[565]. Dabei sollte insbesondere durch die Neuregelung des § 26 Abs. 5 S. 2 RStV sowie durch Einführung der Bonusregelung des § 26 Abs. 2 S. 3, 2. Hs im 6. Rundfunkstaatsvertrag die Bedeutung der Drittsendezeiten aufgewertet werden[566]. Deren Wirkungen sind jedoch umstritten und die Maßnahmen sind bei den Hauptveranstaltern unbeliebt[567].

a) Die Voraussetzungen für die Einräumung von Drittsendezeiten gemäß § 26 Abs. 5 RStV

Unter den in § 26 Abs. 5 RStV aufgeführten Bedingungen ist Drittsendezeit nach § 31 RStV einzuräumen.

565 *Schlette*, ZUM 1999, 802, 806.

566 Amtliche Begründung zu § 26, abgedruckt in: *Hartstein/Ring/Kreile/Dörr/Stettner*, § 26; *ebd.*, § 26, Rn. 36.

567 KEK, 5. Jahresbericht, S. 216; dies., 1. Konzentrationsbericht, S. 368.

aa) Gemeinsame Voraussetzungen des § 26 Abs. 5 S. 1 und 2 RStV

Im Gegensatz zu den Grenzwerten des Abs. 2 sind die Werte des Abs. 5 keine Vermutungsregelungen[568].

Der zur Einräumung von Drittsendezeit Verpflichtete muss seiner Verpflichtung innerhalb von sechs Monaten nach Feststellung und Mitteilung durch die Landesmedienanstalt nachkommen, da ansonsten die Zulassung nach entsprechender Feststellung durch die KEK zwingend zu widerrufen ist (§ 26 Abs. 5 S. 3 RStV).

bb) Drittsendezeit bei einem Zuschaueranteil von 10 % (S. 1)

S. 1 verpflichtet einen Veranstalter zur Einräumung von Drittsendezeit, wenn er mit einem Voll- oder Spartenprogramm mit Schwerpunkt Information im Jahresdurchschnitt einen Zuschaueranteil von 10 % erreicht.

Ein Vollprogramm[569] nach § 2 Abs. 2 Nr. 1 RStV ist ein Rundfunkprogramm mit vielfältigen Inhalten, in welchem Information, Bildung, Beratung und Unterhaltung einen wesentlichen Teil des Gesamtprogramms bilden; der wesentliche Anteil wird bei mindestens 50 % immer angenommen; bei unter 10 % ist er nicht gegeben[570].

Ein Spartenprogramm[571] ist ein Rundfunkprogramm mit im Wesentlichen gleichen Inhalten (§ 2 Abs. 2 Nr. 2 RStV). Der Schwerpunkt Information ist gegeben, wenn im Wesentlichen Informations- und Nachrichtensendungen übertragen werden[572].

Der Zuschaueranteil muss, damit die Drittsendezeitverpflichtung eintritt, mindestens 10 % betragen. Die Berechnung erfolgt nach § 27 RStV[573].

cc) Drittsendezeit bei einem Zuschaueranteil von 20 % (S. 2)

Nach dem 6. Rundfunkstaatsvertrag wurde Abs. 5 ein Satz 2 angefügt. Nach diesem trifft ein Unternehmen mit ihm zurechenbaren Programmen bei Erreichen eines Zuschaueranteils von durchschnittlich 20 % im Jahr die Verpflichtung, in

568 *Schlette*, ZUM 1999, 802; *Hartstein/Ring/Kreile/Dörr/Stettner*, § 26, Rn. 35; *Janik*, AfP 2002, 104, 112.

569 Ausführlich *Gersdorf*, ZUM 2002, 106 ff.

570 *Hartstein/Ring/Kreile/Dörr/Stettner*, § 2 Rn. 24.

571 Ausführlich, auch zum Merkmal der Information: *Gersdorf*, ZUM 2002, 106 ff., 110.

572 *Ebsen*, S. 72.

573 Vgl. Kap. 3 VII 1) a).

seinem zuschauerstärksten Programm Drittsendezeit einzuräumen, wenn keines der Vollprogramme oder Spartenprogramme mit Schwerpunkt Information einen Zuschaueranteil von 10 % erreicht (vgl. S. 1).

Anknüpfungspunkt ist nicht mehr der Veranstalter, sondern das Unternehmen[574].

Des Weiteren wird an die diesem zurechenbaren Programme angeknüpft; die Zurechnung erfolgt gemäß § 28 RStV[575].

Der Zuschaueranteil muss im Jahresdurchschnitt 20 % betragen. Es gilt § 27 RStV[576].

dd) Die praktischen Auswirkungen der Regelung

In der Praxis sind nur die Programme SAT.1 und RTL aufgrund der Regelung des Satzes 1 betroffen[577]; die Neuregelung hat derzeit kein Anwendungsfeld.

Auswirkungen hat sie jedoch dann, wenn der Zuschaueranteil von RTL oder SAT.1 unter 10 % sinken sollte; dann bestünde die Verpflichtung zur Einräumung von Drittsendezeit aufgrund der Neuregelung, da sowohl die RTL-Group als auch die Sender der ehemaligen Kirch-Media[578] die 20 % - Grenze überschreiten und in ihren zuschauerstärksten Programmen – RTL bzw. SAT.1 – zur Einräumung von Drittsendezeit verpflichtet wären.

Die Neuregelung greift auch bei Dominanz eines Unternehmens im Unterhaltungsbereich ein und trägt dadurch den sinkenden Informationsleistungen der Veranstalter Rechnung. Auch im Hinblick auf die Vergrößerung des Gesamtangebots aufgrund der zunehmenden Verbreitung des digitalen Fernsehens, die eine Verringerung der bisherigen Zuschaueranteile der einzelnen Programme erwarten lässt, könnte sie sich als sinnvoll erweisen[579].

b) Die Bestimmung des Fensterprogrammveranstalters

aa) Das Spannungsfeld zwischen den Interessen des Hauptveranstalters und der Vielfaltsicherung

Die Bedeutung von Drittsendezeiten als Mittel der Vielfaltsicherung ist nicht eindeutig geklärt und hängt weitgehend von dem Verhältnis von Haupt- und

574 Vgl. Kap. 3 V.
575 Vgl. Kap. 3 VII 1) b).
576 Vgl. Kap. 3 VII 1) a).
577 *Janik*, AfP 2002, 104, 112.
578 Jetzt: P7S1 Holding L. P., eine 100 %-ige Tochtergesellschaft der Saban Capital Group (vgl. KEK 173, KEK 185).
579 *Janik*, AfP 2002, 104, 112.

Fensterprogramm und dessen personeller, organisatorischer und inhaltlicher Ausgestaltung ab[580].

Nach außen hin stellt sich dem Zuschauer das Fensterprogramm in der Regel als Teil des Hauptprogramms dar, da es auf dessen Frequenz gesendet wird[581]. Weichen Haupt- und Fensterprogramm inhaltlich stark voneinander ab, wird die Akzeptanz des Hauptprogramms, insbesondere im engen zeitlichen Zusammenhang zum Fensterprogramm, gemindert. Dies kann nicht nur einen Eingriff in die Programmautonomie des Hauptveranstalters zur Folge haben[582], insbesondere dann, wenn er bei der Gestaltung des eigenen Programms den Wirkungen des Fensterprogramms entgegen steuern muss, sondern sich aufgrund der Gefahr von Quotenrückgängen und dem damit verbundenen Verlust von Werbeeinnahmen auch unmittelbar ökonomisch auswirken[583]. Weiterhin muss der Hauptveranstalter dem Fensterveranstalter die ihm zugewiesene Frequenz zur Verfügung stellen und kann diese nicht voll nutzen[584]. Darüber hinaus muss er dem Fensterveranstalter eine ausreichende Finanzierung ermöglichen (§ 31 Abs. 5 S. 2 RStV).

Die Einräumung von Fensterprogrammen ist bei den Hauptveranstaltern daher nicht beliebt. Wenn diese aber eingeräumt werden oder aufgrund des Rundfunkstaatsvertrags eingeräumt werden müssen, besteht naturgemäß ein Interesse der Hauptveranstalter daran, möglichst großen Einfluss auf die Auswahl des Fensterveranstalters zu nehmen, um sicherzustellen, dass dessen Konzept nicht zu sehr vom eigenen abweicht.

Demgegenüber ist ein Fensterprogramm im Hinblick auf eine effektive Vielfaltsicherung dann am sinnvollsten, wenn eine Divergenz zum Hauptprogramm und möglichst keine Verbindung der Veranstalter besteht und das Angebot durch das Fensterprogramm möglichst breiter gestaltet wird. Um diesen gegenläufigen Interessen gerecht zu werden, wurde in § 31 RStV versucht, ein Ausgleich zu finden.

bb) Das Verfahren gemäß § 31 Abs. 4 RStV i. V. m. der Drittsendezeitrichtlinie

§ 31 Abs. 4 RStV regelt das Verfahren zur Bestimmung des Fensterprogrammveranstalters. Ergänzt wird die Vorschrift durch die auf der Grundlage des § 33

580 *Schlette*, ZUM 1999, 802.
581 *Schlette*, ZUM 1999, 802, 807; *Dörr*, MP 1996, 621, 627; *Ebsen*, S. 129.
582 *Schlette*, ZUM 1999, 802, 807; *Ebsen*, S. 129.
583 *Schlette*, ZUM 1999, 802, 807; *Engel*, ZUM 2000, 345, 349, 356, nach dem § 26 Abs. 5 und § 31 RStV gegen Art. 5 Abs. 1 Satz 2 i.V.m. Art. 3 Abs. 1 GG und gegen Art. 14 Abs. 1 i.V.m. Art. 3 Abs. 1 GG verstoßen und verfassungswidrig sind.
584 *Engel*, ZUM 2000, 345, 348.

RStV von den Landesmedienanstalten erlassene „Gemeinsame Richtlinie der Landesmedienanstalten über die Sendezeit für unabhängige Dritte nach § 31 RStV – Drittsendezeitrichtlinie (DSZR)“[585], die nach wohl überwiegender Ansicht als Verwaltungsvorschrift zu qualifizieren ist[586].

Nach § 31 Abs. 4 S. 1 RStV schreibt die zuständige Landesmedienanstalt das Fensterprogramm zur Erteilung einer Zulassung aus, nachdem sie zuvor mit dem Hauptprogrammveranstalter nähere Einzelheiten – wie etwa hinsichtlich der Sendezeit – erörtert hat. Danach erfolgt die Überprüfung der eingegangenen Anträge auf ihre Vereinbarkeit mit den Vorschriften des Rundfunkstaatsvertrags – hierzu gehören die allgemeinen, für alle Rundfunkveranstalter geltenden Vorschriften, sowie die besonderen Anforderungen an das Fensterprogramm, wie der Vielfaltsbeitrag in den Bereichen Kultur, Bildung und Information (§ 31 Abs. 1 S. 1 RStV), die redaktionelle und rechtliche Unabhängigkeit des Fensterveranstalters, wobei sich die rechtliche Unabhängigkeit nach § 28 RStV beurteilt (§ 31 Abs. 1 S. 2 sowie § 31 Abs. 3 RStV, Ziff. 4 DSZR) sowie die Wahrung der Programmautonomie des Hauptprogrammveranstalters – und den landesrechtlichen Vorschriften (§ 31 Abs. 4 S. 2 RStV). Die zulassungsfähigen Anträge werden dem Hauptveranstalter mitgeteilt und mit ihm erörtert, um eine einvernehmliche Auswahlentscheidung zu treffen (§ 31 Abs. 4 S. 3 RStV), die regelmäßig einen Kompromiss zwischen den widerstreitenden Interessen – Vielfaltsicherung einerseits und dem Wunsch des Hauptveranstalters nach einem inhaltlich möglichst ähnlich gestalteten Programm andererseits – darstellen. Kommt eine Einigung nicht zustande und liegen mehr als drei zulassungsfähige Anträge vor, wählt der Hauptveranstalter drei davon aus und legt sie der Landesmedienanstalt vor, die aus diesen Vorschlägen den Fensterprogrammveranstalter bestimmt, der den größtmöglichen Beitrag zur Vielfalt im Programm des Hauptveranstalters erwarten lässt (§ 31 Abs. 4 S. 4 RStV). Dabei hat sie auch die Programmautonomie des Hauptveranstalters (Ziff. 2.1 DSZR), die inhaltliche Ausrichtung des Fensterprogramms und dessen ergänzenden Beitrag zum Hauptprogramm sowie die Leistungsfähigkeit des Bewerbers (Ziff. 5.5 DSZR) zu berücksichtigen. Bei drei oder weniger Anträgen entscheidet die Landesmedienanstalt unmittelbar (§ 31 Abs. 1 S. 5 RStV).

Der ausgewählte Fensterprogrammveranstalter schließt sodann mit dem Hauptprogrammveranstalter eine Vereinbarung über die Ausstrahlung des Fensterprogramms im Rahmen des Hauptprogramms ab (§ 31 Abs. 5 RStV; Ziff. 6 DSZR). Erst danach – und nicht bereits nach der Auswahl, wie § 31 Abs. 4 S. 3 RStV vermuten ließe – wird die Zulassung von der zuständigen Landesmedien-

---

585 Abgedruckt in: *Hartstein/Ring/Kreile/Dörr/Stettner*, § 33.

586 Vgl. zur Rechtsnatur ausführlich *Ebsen*, S. 120 ff.

anstalt auf der Grundlage der Vereinbarung erteilt (§ 31 Abs. 6 RStV; Ziff. 7 DSZR).

Bei Auswahl und Zulassung des Fensterprogrammveranstalters ist das Benehmen mit der KEK herzustellen (§ 36 Abs. 2 S. 2 RStV). Dabei ist unter dieser missverständlichen Formulierung[587] zu verstehen, dass die Auffassung der KEK von der Landesmedienanstalt bei der Auswahl Berücksichtigung findet[588]. Eine Zustimmung der KEK ist also nicht erforderlich.

In § 31 Abs. 2 S. 1 RStV sind bestimmte Mindestangaben über die Sendezeit des Fensterprogramms aufgeführt; danach muss die Dauer wöchentlich mindestens 260 Minuten betragen, wovon mindestens 75 Minuten in der sog. Hauptsendezeit zwischen 19.00 Uhr und 23.30 Uhr liegen müssen. In dieser Zeit ist damit zu rechnen, dass das Programm von einem größeren Zuschauerkreis gesehen wird, und dass die Werbeeinnahmen höher liegen, was zu einem qualitativ höherwertigen Programm des unabhängigen Fensterveranstalters beitragen kann[589]. Regionalfensterprogramme dürfen mit höchstens 80 Minuten pro Woche unter bestimmten Voraussetzungen angerechnet werden[590]. Die Drittsendezeitrichtlinie enthält unter Ziffer 3 weitere Einzelheiten.

Der Rundfunkstaatsvertrag und die Drittsendezeitrichtlinie kommen damit beiden gegenläufigen Positionen entgegen: Sie schreiben die Unabhängigkeit des Fensterveranstalters vor und gewähren ihm eine eigene Zulassung; dem Hauptveranstalter wird ein Mitspracherecht bei der Auswahl eingeräumt und es wird ihm insoweit entgegen gekommen, als ihm die Anrechnung von Regionalfenstern zugestanden wird, so dass sich die einzuräumende Drittsendezeit verringert[591].

c) Die Bedeutung der Regionalfensterprogramme gemäß § 25 Abs. 4 RStV i. R. d. § 31 RStV

Im Rahmen der Drittsendezeitverpflichtung nach § 31 RStV kommt der Einrichtung von Regionalfenstern ebenfalls Bedeutung zu. Die Vorschrift des § 25 Abs. 4 RStV mit den aufgezeigten Problemfeldern ist daher auch in diesem Bereich relevant. Gemäß Abs. 2 S. 2, 3 sind sie auf die Drittsendezeitverpflichtung

587 *Ebsen*, S. 138; *Hartstein/Ring/Kreile/Dörr/Stettner*, § 36 Rn. 5: es werden die rechtstechnischen Begriffe des „Ins Benehmen setzen" und „das Einvernehmen herstellen" vermischt.

588 *Dörr* in: Mainzer Rechtshandbuch, Rn. 106; *Ebsen*, S. 138.

589 Amtliche Begründung zu § 31, abgedruckt in: *Hartstein/Ring/Kreile/Dörr/Stettner*, § 31.

590 Vgl. Kap. 4 II 3) c).

591 Vgl. auch *Schlette*, ZUM 1999, 802, 807.

anzurechnen. Dies bedeutet, dass durch die Ausstrahlung von Regionalfensterprogrammen der Umfang der Drittsendezeitverpflichtung reduziert wird. Die Anrechnung ist allerdings nur in begrenztem Umfang und nur dann möglich, wenn bestimmte Voraussetzungen erfüllt sind.

§ 31 Abs. 2 S. 2 RStV sieht vor, dass auf die wöchentliche Drittsendezeitverpflichtung Regionalfensterprogramme mit mindestens 150 Minuten pro Woche mit höchstens 80 Minuten pro Woche angerechnet werden können, wobei sich die anrechenbare Sendezeit von 80 Minuten bei geringerer Regionalfensterprogrammsendezeit im Verhältnis 8/15 verringert. Die Anrechnung erfolgt nur auf Sendezeiten des Satellitenfensters außerhalb der Sendezeit von 19.00 bis 23.30 Uhr (§ 31 Abs. 2 S. 2 i. V. m. S. 1 RStV). Gemäß Abs. 2 S. 3 und 4 RStV ist die Anrechnung nur zulässig, wenn die Regionalfensterprogramme redaktionell unabhängig sind und bundesweit mindestens 50 % der Fernsehhaushalte erreichen, wobei nach der Fassung des 7. Rundfunkstaatsvertrags eine Unterschreitung der Reichweite im Zuge der Digitalisierung nach § 36 RStV zulässig ist.

aa) Die redaktionelle Unabhängigkeit der Regionalfensterveranstalter

Das Regionalfensterprogramm muss vom Hauptprogramm redaktionell unabhängig sein. Wann redaktionelle Unabhängigkeit vorliegt, ist in der Drittsendezeitrichtlinie aufgeführt. Nach Ziff. 3.5.2 S. 3 DSZR liegt sie vor, wenn redaktionelle Entscheidungen ohne Mitwirkungs- und Zustimmungsbefugnisse des Hauptveranstalters getroffen werden, das redaktionelle Personal eigenständig eingestellt und Programmverantwortliche nur aus wichtigem Grund gekündigt werden können. Indizien für die redaktionelle Unabhängigkeit sind gemäß Ziff. 3.5.2 S. 4 DSZR die Existenz eines unabhängigen Programmbeirats für das Regionalfensterprogramm oder deren Absicherung durch ein Redaktionsstatut[592]. Es ist dagegen nicht ausgeschlossen, dass der Hauptveranstalter selbst das Regionalfensterprogramm veranstaltet oder daran beteiligt ist (Ziff. 3.5.2 S. 2 DSZR)[593].

bb) Das Erreichen der Regionalfensterprogramme von 50 % der Fernsehhaushalte

Das Erfordernis, dass die Regionalfensterprogramme 50 % der Fernsehhaushalte erreichen müssen, um auf die Drittfensterprogramme angerechnet zu werden,

---

592 *Hartstein/Ring/Kreile/Dörr/Stettner*, § 31 Rn. 9.

593 *Hartstein/Ring/Kreile/Dörr/Stettner*, § 31 Rn. 9; Bedenken hinsichtlich der redaktionellen Unabhängigkeit der Regionalfensterveranstalter bestehen derzeit aufgrund der Zentralisierung der Regionalfensterprogramme.

war nach der Ansicht der KEK nach der Fassung des 6. Rundfunkstaatsvertrags auch für die Gewährung der 2 % - Bonifikation des § 26 Abs. 2 S. 3 Hs. 1 RStV von Bedeutung, wo die KEK die Reichweitenprüfung im Rahmen des Angemessenheitskriteriums der Regionalfensterprogramme vornahm. Die folgenden Ausführungen, die bereits kurz angesprochen wurden, sind daher auf jene Prüfung übertragbar.

(1) Die Vorgaben der Drittsendezeitrichtlinie

Die Regelung der Ziff. 3.5.3 DSZR legt fest, wie die Reichweite der Regionalfensterprogramme zu bestimmen ist. Dabei ist zunächst die Zahl aller Fernsehhaushalte maßgebend, die öffentlich-rechtliche oder private Fernsehsender über terrestrische Sender, Breitbandkabelnetze oder Satellitendirektempfang empfangen. Die Reichweite des Regionalfensters bestimmt sich dann nach der Zahl der Rundfunkhaushalte innerhalb des Verbreitungsgebiets, für welches das Regionalfensterprogramm zugelassen ist. Bei terrestrischer Verbreitung nimmt die Regelung Bezug auf die „Richtlinie für die Beurteilung der Fernsehversorgung“[594] der Deutschen Bundespost aus dem Jahr 1991. Die Reichweite der Regionalfenster muss bundesweit insgesamt 50 % betragen.

(2) Die abweichende Vorgehensweise der KEK

Die KEK fühlt sich bei der Berechnung der Reichweite der Regionalfensterprogramme in jüngerer Zeit[595] jedoch nicht an die Vorgaben der Drittsendezeitrichtlinie gebunden und weicht bei der Prüfung der Reichweiten davon ab[596].

Sie begründet dies damit, dass eine Anrechnung der Regionalfensterprogramme und damit gewissermaßen ein „Ersatz“ der Drittfensterprogramme in diesem Rahmen nur dann in Betracht komme, wenn diese Maßnahmen „funktional äquivalent“ seien[597]. Der Rundfunkstaatsvertrag sehe daher für die Anrechnung der Regionalfensterprogramme wie bei den Drittsendezeitveranstaltungen die redaktionelle Unabhängigkeit und einen Mindestumfang im Hinblick auf

594 FTZ-Richtlinie 176 TR 10.

595 Diese neuere Herangehensweise unter Abweichung von der DSZR dürfte auf das Erfordernis des „angemessenen Umfangs“ in der Bonusregelung des § 26 Abs. 2 S. 3 RStV zurückzuführen sein, in dessen Rahmen die KEK eine umfassende Reichweitenprüfung vornimmt; vgl. Kap. 4 II 1) b) bb).

596 Vgl. KEK 136-2, S. 16 ff.; KEK 156, S. 18 ff.; anders aber noch KEK, 5. Jahresbericht, S. 219, der darauf hinweist, dass die Drittsendezeitrichtlinie Anhaltspunkte für die konkreten Voraussetzungen zur Ermittlung der Reichweite enthalte.

597 KEK, 2. Konzentrationsbericht, S. 377.

Dauer und Reichweite vor. Das Ziel der Vielfaltsicherung ließe sich nur erreichen, wenn die Regionalfensterprogramme die Zuschauer auch tatsächlich erreichten, was bei Regionalfensterprogrammen im Gegensatz zu bundesweit verbreiteten Drittfensterprogrammen im Rahmen des Hauptprogramms eben gerade nicht sichergestellt sei[598]. Daher sei die Reichweite der Regionalfensterprogramme zu überprüfen.

Die Reichweite der Regionalfensterprogramme bestimme sich nach der Zahl der Fernsehhaushalte, die das Regionalfensterprogramm empfangen könnten. Die Empfangbarkeit bestimme sich wiederum danach, ob ein Fernsehgerät auf die Empfangbarkeit ausgerichtet sei[599]. Es müsse zumindest die Möglichkeit des Empfangs bestehen.

Dagegen stelle die Drittsendezeitrichtlinie nur auf die Reichweite der eingesetzten Verbreitungstechnik ab und beziehe bei der Reichweitenermittlung auch Haushalte ohne Empfangsmöglichkeit allein aufgrund ihrer geografischen Lage im jeweiligen Verbreitungsgebiet mit ein[600]. Dies entspreche weder dem Wortlaut („erreichen"), noch dem Gesamtzusammenhang und dem Sinn und Zweck der Norm, da ein effektiver Beitrag zur Vielfaltsicherung durch Regionalfenster nur erbracht werden könne, wenn diese die Zuschauer auch tatsächlich erreichen könnten[601].

Die abweichenden Vorgaben der Drittsendezeitrichtlinie gingen daher über den Konkretisierungsrahmen des § 31 Abs. 2 S. 3 RStV hinaus.

Überdies stelle die Drittsendezeitrichtlinie zwar eine normkonkretisierende Verwaltungsvorschrift dar[602] und sei daher grundsätzlich bindend, soweit sie unbestimmte Rechtsgriffe durch die Festlegung konkretisiere und damit „handhabbar" mache. Die Bindungswirkung entfalle jedoch, wenn die Verwaltungsvorschrift veraltet sei, was auf die Drittsendezeitrichtlinie zutreffe, da sie auf die FTZ-Richtlinie verweise, die von der terrestrischen Verbreitung als Hauptverbreitungsart ausgehe[603]. Diese Annahme sei ursprünglich zutreffend gewesen; durch die technischen Veränderungen sei inzwischen jedoch weitgehend die Umstellung auf Satellit (ca. 55 bis 56 %) und Kabel (ca. 36 bis 37 %) erfolgt[604], während die terrestrische Verbreitung rückläufig sei (ca. 6 bis 8 %). Die An-

598 KEK, 2. Konzentrationsbericht, S. 377.
599 KEK 156, S. 20; KEK 136-2, S. 16.
600 KEK 136, S. 17; KEK, 2. Konzentrationsbericht, S. 377; dies., 6. Jahresbericht, S. 194 ff.
601 KEK 136-2, S. 17.
602 Vgl. *Ebsen*, S. 120 ff.
603 KEK 156, S. 21; KEK 136-2, S. 19; KEK, 2. Konzentrationsbericht, S. 377; dies., 6. Jahresbericht, S. 196.
604 Entnommen aus KEK 136-2, S. 19; KEK, 6. Jahresbericht, S. 196.

knüpfung an die terrestrische Verbreitung als Hauptverbreitungsart entspreche nicht mehr den tatsächlichen Gegebenheiten. Die Einbeziehung von Haushalten allein aufgrund der geografischen Lage in diesen Gebieten unabhängig davon, ob sie über ein Fernsehgerät oder eine Antenne verfügen, sei zu weitgehend[605]. Die aufgrund der Drittsendezeitrichtlinie vorgesehenen Reichweiten hätten einen nur geringen Aussagegehalt[606].

Aufgrund des Gesetzeswortlauts ist diese Auffassung der KEK vorzugswürdig. Die KEK nimmt aufgrund ihrer Vorgehensweise damit eine tatsächliche Prüfung vor, ob die Reichweiten erfüllt sind, während es nach der Drittsendezeitrichtlinie nur auf die Lage der Haushalte ankam.

Zur Beantwortung der Frage, ob die Regionalfensterprogramme den Anforderungen des § 31 Abs. 2 RStV genügen – dies war nach der Fassung des 6. Rundfunkstaatsvertrags, wie ausgeführt, auch für das Angemessenheitskriterium im Rahmen der Bonusregelungen erforderlich – hat die KEK in den bisher zur Überprüfung gestellten Fällen mangels einer geeigneten Datengrundlage die Mindestreichweite selbst aufgeklärt[607]. Unter Zugrundelegung der AGF/GfK-Strukturdaten bezog die KEK unter anderem Satellitenprogramme mit parallelem terrestrischen Empfang mit ein und ermittelte aufgrund von besonderen Erhebungen und Berechnungen der AGF betreffend der einzelnen Bundesländer in Zusammenarbeit mit dieser und nach Rücksprache mit RTL und SAT.1 die entsprechenden Reichweiten[608]. Diese liegen für die Regionalfensterprogramme beider Sender bei über 50 %[609], d. h., bei beiden Sendern werden die Regionalfensterprogramme auf die Drittsendezeit angerechnet und beiden kommen die Bonusregelungen zugute.

cc) Sonstige Anforderungen an das Regionalfensterprogramm nach § 31 Abs. 3, 1 RStV

Weitere Anforderungen – insbesondere die rechtliche Unabhängigkeit des Regionalfensterveranstalters vom Hauptveranstalter (Abs. 3) – sind an das Regionalfensterprogramm nicht zu stellen; die Regelungen der Abs. 3 und 1 beziehen sich lediglich auf die Satellitenfensterprogramme im Rahmen der Drittsendezeitverpflichtung, nicht auf Regionalfensterprogramme. Dies ergibt sich daraus, dass

605 KEK 136-2, S. 20.
606 KEK, 2. Konzentrationsbericht, S. 378.
607 KEK, 2. Konzentrationsbericht, S. 378; dies., 6. Jahresbericht, S. 199 ff.
608 6. KEK-Jahresbericht, S. 199 ff.
609 RTL ca. 17,52 Mio. Fernsehhaushalte = 51 %; SAT.1 ca. 17,89 Mio. Fernsehhaushalte = 52, 05 %; vgl. KEK, 6. Jahresbericht, S.199 ff.; dies., 2. Konzentrationsbericht, S. 378.

in Abs. 2 zwischen Fensterprogrammen und Regionalfensterprogrammen unterschieden wird, Abs. 3 aber auf Fensterprogramme i. S. d. Abs. 1 Bezug nimmt, also gerade nicht alle Arten von Fensterprogrammen erfassen will[610].

dd) Die Unterschreitung der Reichweite im Zuge der Digitalisierung nach der Fassung des 7. Rundfunkstaatsvertrags

Der neu angefügte Satz 4 besagt, dass eine Unterschreitung der Reichweite im Zuge der Digitalisierung der Übertragungswege unter den Voraussetzungen des § 36 RStV unschädlich ist.

Damit soll dem Umstand Rechnung getragen werden, dass durch die Umstellung auf die Digitalisierung kurzzeitig Reichweitenschwankungen möglich sind, die sich jedoch nicht nachteilig auf die Regionalfensteranrechnung auswirken sollen[611].

Problematisch erscheint jedoch nach Ansicht der KEK, dass die Unterschreitung der Reichweite die Vielfaltsicherung nicht erweitert, sondern einengt und gerade nicht geregelt wurde, für wie lange und in welchem Ausmaß eine Unterschreitung zulässig sein solle[612].

Die praktischen Auswirkungen dieser Regelung bleiben abzuwarten.

ee) Die Kritik der KEK an der Regionalfensteranrechnung

Die KEK kritisiert die derzeitigen Regelungen zur Drittsendezeitverpflichtung und knüpft dies vorwiegend an die Anrechung der Regionalfensterprogramme, da es nach ihrer Ansicht nur schwer verständlich ist, warum diese im Rahmen der Drittsendezeitverpflichtung, die überdies auf zuschauerschwache Nachtschienen verwiesen worden sei, geeignet sein sollen, vorherrschender Meinungsmacht effektiv zu begegnen[613].

d) Die Bedeutung des § 26 Abs. 5 RStV für das Vorliegen von vorherrschender Meinungsmacht nach Abs. 2

Streitig sind die Auswirkungen der Einräumung von Drittsendezeit nach § 26 Abs. 5 RStV auf das Vorliegen von vorherrschender Meinungsmacht.

---

610 Vgl. hierzu ausführlich *Ebsen*, S. 149 ff.

611 Vgl. die amtliche Begründung des Entwurfs des 7. Rundfunkstaatsvertrags, zu Nr. 12, S. 10; Begründung zum Siebten Staatsvertrag zur Änderung rundfunkrechtlicher Staatsverträge, Landtag Rheinland-Pfalz, Drs. 14/2688, zu Nr. 12.

612 KEK, 6. Jahresbericht, S. 215.

613 KEK, 1. Konzentrationsbericht, S. 365, 368.

aa) Der Streitstand vor Einführung der Bonusregelungen

Nach einer Auffassung in der Literatur[614] „neutralisiert" die Einräumung von Drittsendezeit das Vorliegen von vorherrschender Meinungsmacht, d. h., Programme, die Drittsendezeit nach Abs. 5 eingeräumt haben, sind im Rahmen der Zuschaueranteilsberechnung nach Abs. 2 nicht zu berücksichtigen. Der einem Unternehmen nach Abs. 2 zurechenbare Marktanteil verringert sich also um die von den Hauptprogrammen erreichten Einschaltquoten, da nach der Logik der Vorschriften der §§ 30 ff. RStV mit dem Einräumen der Drittsendezeit als Mittel der Vielfaltsicherung diese ja gerade „gesichert" sei[615]. Konsequenz dieser Auffassung ist, dass diese Programme bei Einräumung von Drittsendezeit praktisch unbegrenzt wachsen können[616]. Sei der Veranstalter der Verpflichtung des § 26 Abs. 5 RStV nachgekommen, könne er nicht mehr auf der Grundlage einer anderen Vorschrift zur weiteren Abgabe von Drittsendezeit herangezogen werden[617].

Dieser Ansicht kann nicht gefolgt werden.

Aus der Systematik der Vorschrift ist ersichtlich, dass Abs. 5 als selbständige Maßnahme neben den Abs. 1 bis 4 steht, die Regelungen über das Vorliegen von vorherrschender Meinungsmacht enthalten. Abs. 4 sieht Maßnahmen vor, die beim Vorliegen von vorherrschender Meinungsmacht einschlägig sind, um dieser entgegenzuwirken. Erst nach Abhandlung dieser Maßnahmen wird die Regelung des Abs. 5 normiert[618]. Aufgrund der Anknüpfung des Abs. 4 an die vorherigen Absätze haben die dort aufgeführten Maßnahmen – so insbesondere auch Abs. 4 Nr. 3, der vielfaltsichernde Maßnahmen nach den §§ 30 bis 32 RStV vorsieht und somit gerade auch auf die Einräumung von Drittsendezeiten verweist – eine andere qualitative Bedeutung als Abs. 5[619]. Diese Bedeutung der Maßnahmen nach Abs. 4 würde weitgehend ausgehebelt, wenn die Drittsendezeit nach Abs. 5 das Hauptprogramm „neutralisieren" würde, da diese Maßnahmen dann gar nicht oder jedenfalls erst zu einem späten Zeitpunkt zum Einsatz

614 *Hain*, AfP 2000, 329.

615 Vgl. *Hain*, AfP 2000, 329; kritisch dazu *Stock*, JZ 1997, 583, 592 und *ders.*, in: Medienmarkt und Meinungsmacht, S. 47: bezeichnet Abs. 5 als Fehlgriff des Gesetzgebers; die Grenzwerte des Abs. 2 könnten aufgrund Abs. 5 legal umgangen werden, was einer Aushebelung des Zuschaueranteilsmodells gleichkomme.

616 *Neft*, ZUM 1998, 458, 461; auch *Schlette*, ZUM 1999, 802, 810; *Stock*, JZ 1997, 583.

617 *Hess*, AfP 1997, 680, 686, der weiter ausführt, aus Gründen der Verhältnismäßigkeit ergebe sich auch eine Sperrwirkung für andere vielfaltsichernde Maßnahmen nach § 26 Abs. 4 RStV.

618 *Schlette*, ZUM 1999, 802, 810.

619 *Neft*, ZUM 1998, 458, 461; *Hain*, AfP 2000, 329, 330.

kämen[620]. Das präventiv eingerichtete Fensterprogramm würde als Sperre für weitere vielfaltsichernde Maßnahmen fungieren und somit dem eigenen Sinn und Zweck zuwider laufen[621]. Die KEK stützte ihre Auffassung nach der Rechtslage vor dem 6. Rundfunkstaatsvertrag ebenfalls auf die so beschriebene Systematik.

Weiterhin gibt es keine Anhaltspunkte für einen Willen des Gesetzgebers dahingehend, dass Programme, die Drittsendezeiten aufnehmen, nicht bei der Berechnung der Zuschaueranteile einzubeziehen sind. Der Gesetzgeber hat sie bei der Berechnung der Zuschaueranteile nach §§ 26 Abs. 2, 27 RStV bewusst nicht ausgenommen.

Die Einhaltung der Verpflichtung aus Abs. 5 kann daher allenfalls ein Indiz darstellen, dass vorherrschende Meinungsmacht trotz Erreichen der einschlägigen Grenzwerte nicht vorliegt[622].

Darüber hinaus knüpfen Drittsendezeitverpflichtungen unabhängig vom Vorliegen vorherrschender Meinungsmacht an sonstige meinungsgefährdende Sachverhalte, die unterhalb dieser Schwelle liegen, an[623]. Diese Anknüpfung ist zulässig, da sie auch der Rechtsprechung des Bundesverfassungsgerichts, wonach dem Entstehen von vorherrschender Meinungsmacht auch präventiv zu begegnen sei[624], entgegen kommt. Auch darf nicht übersehen werden, dass durch die Einräumung von Drittsendezeit kleinere Anbieter die Möglichkeit erhalten, sich vorzustellen. Ebenso kann Konzentrationstendenzen entgegen gewirkt werden. Schließlich wird auch auf die unterschiedlichen Anknüpfungspunkte der Abs. 1 und 2 abgestellt, um die Stellung des Abs. 5 neben Abs. 1 und 2 zu betonen: Anknüpfungspunkt in Abs. 1 und 2 ist das Unternehmen, nach Abs. 5 entweder das Programm[625] oder – seit Inkrafttreten des 6. Rundfunkstaatsvertrags – daneben auch das Unternehmen.

Da der Fensterprogrammanbieter vom Hauptprogrammanbieter gemäß §§ 26 Abs. 5, 31 Abs. 3 RStV unabhängig ist, wird weiter argumentiert , dass der Fensterprogramm-Zuschaueranteil dem betroffenen Unternehmen nach § 28 RStV gerade nicht zuzurechnen sei[626].

---

620 Vgl. KEK, 026, S. 19; KEK 029, S. 23.

621 *Schlette*, ZUM 1999, 802, 810; *Neft*, ZUM 1998, 458, 461.

622 *Hain*, AfP 2000, 329; *Schlette*, ZUM 1999, 802, 811; *Neft*, ZUM 1998, 458, 462: die KEK trägt die Begründungslast dafür, dass die vielfaltsichernden Maßnahmen nicht ausreichen, um das Vorliegen vorherrschender Meinungsmacht zu widerlegen.

623 *Renck-Laufke*, ZUM 2000, 105, 109; *Ebsen*, S. 106.

624 Vgl. Kap. 1 II 1) a).

625 *Schlette*, ZUM 1999, 802, 810.

626 Ausführlich *Hain*, AfP 2000, 329, 332, demzufolge es nicht darauf ankommt, ob § 26 Abs. 5 RStV eine selbständige Regelung enthalte, sondern nur darauf, dass die Zurechenbarkeit nicht vorliege; *Ebsen*, S. 107 f.: da keinerlei Zurechnung erfolge,

Für diese Ansicht sprechen auch die tatsächlichen Gegebenheiten: Wirkung und Reichweite der Drittsendezeit als Instrument der Vielfaltsicherung sind weitgehend ungeklärt und zweifelhaft, da sich die tatsächlichen Auswirkungen der Drittsendezeit als Beitrag für die Vielfaltsicherung nicht absolut messen lassen und daher nicht zu hoch angesiedelt werden sollten[627]. Ihnen die „Neutralisierung“ von vorherrschender Meinungsmacht zuzugestehen, wäre unter diesem Gesichtspunkt sicherlich zu weitgehend

bb) Die Auswirkungen der Bonusregelungen auf die Argumentation

Die Auffassung, dass § 26 Abs. 5 RStV die Zuschaueranteile des Abs. 2 nicht „neutralisiert“, hat mit der Einführung der Bonusregelungen im 6. Rundfunkstaatsvertrag Bestätigung erfahren[628]. Durch Einführung der Bonusregelungen ist in mehrfacher Hinsicht ersichtlich, dass die Programme mit Drittsendezeitverpflichtung nach Abs. 5 bei der Berechnung nach Abs. 2 nicht außer Betracht bleiben: Der Gesetzgeber hat durch die Einführung der Bonusregelungen zu erkennen gegeben, dass der zwischen 25 % und 30 % liegende tatsächliche Zuschaueranteil nach § 26 Abs. 2 S. 2 bei Vorliegen von Drittsendezeiten nach Abs. 5 um 3 % zu reduzieren ist – sofern „zuvor“ der 2 % - Bonus für Regionalfensterprogramme gewährt wurde. Das Programm, das der Verpflichtung nach Abs. 5 nachkommt, bleibt allerdings nicht – wie von der oben dargestellten Auffassung vorgetragen – bei der Bewertung von vorherrschender Meinungsmacht außer Betracht, sondern es wird bei der Ermittlung des Zuschaueranteils des Unternehmens mitgerechnet. Dem Unternehmen werden lediglich bestimmte Vorteile als Ausgleich für die Drittsendezeiteinräumung zugesprochen, und zwar in Form des ihm gutgeschriebenen Bonus in Höhe von 3 %, der bei Erfüllen bestimmter Mindestvoraussetzungen nach § 31 Abs. 2 RStV unabhängig vom tatsächlichen Zuschaueranteil des Fensterprogramms gewährt wird. Darüber hinaus werden die Boni nicht gewährt bei einem Zuschaueranteil in Höhe von 30 %; er

---

dürfe das Unternehmen aber auch keine Vorteile aus der Einrichtung des Fensterprogramms ziehen; diese Argumentation dürfte aber nunmehr mit Einführung der Bonusregelung nicht mehr haltbar sein, da das Unternehmen gerade weitere Vorteile aus der Einräumung der Drittsendezeit ziehen darf.

627 *Dörr*, MP 1996, 621, 627; *Stock* in: Medienmarkt und Meinungsmacht, S. 55 f.; *Renck-Laufke*, ZUM 2000, 105, 109; *Neft*, ZUM 1998, 458, 461; *Dörr* in: Mainzer Rechtshandbuch, Rn. 106; kritisch auch KEK, 1. Konzentrationsbericht, S. 368; *Clausen-Muradian*, ZUM 1996, 934, 946: wonach die Unabhängigkeit der Fensterveranstalter zweifelhaft sei, da den Hauptveranstaltern umfangreiche Mitwirkungs- und Vorschlagsrechte zustünden; vgl. Kap. 4 II 3).

628 So auch *Trute* in: Beck`scher Kommentar, § 26, Rn. 78 ohne nähere Begründung; KEK, 5. Jahresbericht, S. 216.

knüpft nur an die Regelung des S. 2 an und enthält keinerlei Verbindung mit S. 1. Die Regelung des S. 1 hat somit keinerlei gesetzessystematische Verknüpfung mit Abs. 5. Hätte der Gesetzgeber eine solche gewollt, hätte er sie hergestellt. Es kann aber nicht sein, dass er für die niedrigere Zuschauergrenze des S. 2 für die Drittsendezeiteinräumung „nur" einen Bonus einräumt, bei der höheren Grenze des S. 1 aber darauf abzielte, das Hauptprogramm aufgrund der Drittsendezeit gänzlich zu neutralisieren. Demnach ist Abs. 5 im Rahmen des Abs. 2 S. 2 nur im Bereich der Bonusregelungen zu berücksichtigen, im Rahmen des Abs. 2 S. 1 bleibt er außer Betracht.

Auch die KEK sieht sich nach der neuen Rechtslage erst recht in dieser Auffassung bestätigt, ohne dies näher zu begründen[629]: Dies dürfte darauf zurückzuführen sein, dass die Einräumung von Drittsendezeiten nunmehr auch im Rahmen der Bonusregelungen zu berücksichtigen ist. Würde sie das Hauptprogramm neutralisieren, bedürfte es dieser Regelungen nicht.

III. Der Zweck der Bonusregelungen

Durch die Einführung der Bonusregelungen sollten die Regionalfensterprogramme und die Drittsendezeitverpflichtung in ihrer Bedeutung für die Sicherung der Meinungsvielfalt aufgewertet und honoriert werden[630]. Diese Absicht des Gesetzgebers geht auch aus der Änderung der Vorschriften des § 25 Abs. 4 RStV und § 26 Abs. 5 S. 2 RStV hervor[631]. Beide Maßnahmen sind bei den Veranstaltern nicht sonderlich beliebt und in ihrer Wirkung nicht unumstritten[632]. Sie kommen den Veranstaltern auch im Rahmen der Bonusregelungen zugute, indem sie bei der Anrechnung auf den Zuschaueranteil des § 26 Abs. 2 S. 2 RStV berücksichtigt werden. Insbesondere die Regionalfensterprogramme spielen im Bereich der Bonusregelungen eine große Rolle, da sie sowohl im Rahmen des 2 % - Bonus als auch bei der Anrechnung auf die Drittsendezeit nach § 31 Abs. 2 S. 2 RStV im Rahmen des 3 % - Bonus Berücksichtigung finden. Erfüllten die Regionalfensterprogramme die Anforderungen des § 31 Abs.2 RStV, lösten sie, da sie in „angemessenem Umfang" vorlagen, nach der Fassung des 6. Rundfunkstaatsvertrags den 2 % - Bonus aus. Gleichzeitig führten dieselben Voraussetzungen des § 31 Abs. 2 RStV dazu, dass die Regionalfensterprogramme auf die Drittsendezeit angerechnet wurden. Die Erfüllung dieser Drittsende-

629 KEK, 5. Jahresbericht, S. 215.
630 KEK, 5. Jahresbericht, S. 216.
631 Vgl. Kap. 4 II 2) a) bzw. 3) a) cc).
632 Vgl. Kap. 4 II 1), 3).

zeitverpflichtung wiederum löste die 3 % Bonusregelung aus. Beide Bonusregelungen hingen somit nach dem 6. Rundfunkstaatsvertrag weitgehend von denselben Voraussetzungen ab, die an die Regionalfensterprogramme anknüpften.

Nach der Fassung des 7. Rundfunkstaatsvertrags ist diese Situation zwar nicht mehr gegeben, da auf das Angemessenheitskriterium der 2 % - Bonusregelung verzichtet wird. Die Regionalfensterprogramme behalten dennoch ihre gestärkte Position, da sie nunmehr die 2 % - Bonuswirkung gegenüber der Regelung des 6. Rundfunkstaatsvertrags unter abgeschwächten Voraussetzungen auslösen können; wie sich in diesem Zusammenhang die Zentralisierungstendenzen bei den Regionalfensterprogrammen auswirken, bleibt abzuwarten. Den Regionalfensterprogrammen kommt in jedem Fall nach dem Rundfunkstaatsvertrag eine große Bedeutung zu, die Veranstalter werden hierdurch mehrfach privilegiert. Ob dies zur Vielfaltsicherung beiträgt, ist im Folgenden zu untersuchen.

Die amtliche Begründung zur Einführung der Bonusregelungen enthält keine Begründung oder Erklärung dafür, warum die relativ hohen Prozentpunktanteile für die Regionalfensterprogramme und die Drittsendezeit gewährt werden. Dies wird insbesondere von der KEK kritisiert[633], die der Regionalfensteranrechnung ebenfalls zurückhaltend gegenüber steht und die neuere Entwicklung des Vielfaltsicherungsrechts skeptisch verfolgt[634].

IV. Die Auswirkungen der Bonusregelungen auf das Vielfaltsicherungsrecht und die Kritik der KEK

Die Bonusregelungen wirken sich in der Praxis folgendermaßen aus: Ein Veranstalter erfüllt die Voraussetzungen des § 26 Abs. S. 2 RStV. Somit würde das Bestehen vorherrschender Meinungsmacht vermutet. Dem privaten Veranstalter bliebe die Möglichkeit der Widerlegung.

Strahlt er jedoch Regionalfensterprogramme gemäß § 25 Abs. 4 RStV im geforderten Umfang aus, wird der von ihm erreichte tatsächliche Zuschaueranteil zu seinen Gunsten um 2 % verringert. Liegt der Zuschaueranteil damit bei bis zu 26,99 % und werden die Regionalfensterprogramme ausgestrahlt, bewirkt die Bonusregelung des § 26 Abs. 2 S. 3 Hs. 1 RStV, dass nach dem Abzug der zwei Prozentpunkte ein Zuschaueranteil von unter 25 % verbleibt. Die Vermutungswirkung wird aufgrund der Bonuspunkte nicht ausgelöst.

633 Kap. 4 IV.

634 Vgl. KEK, 2. Konzentrationsbericht, S. 393: „Vermengung von Messgrößen".

Räumt er zudem Drittsendezeit nach §§ 26 Abs. 5, 31 RStV ein, werden vom tatsächlichen Zuschaueranteil weitere drei Prozentpunkte abgezogen. Liegt also der tatsächliche Zuschaueranteil zwischen 27 % und 29,99 % und sind die Voraussetzungen des § 26 Abs. 2 S. 3 Hs. 1 und 2 RStV erfüllt, kommen fünf Prozentpunkte in Abzug, so dass der Zuschaueranteil wie oben ebenfalls unterhalb der 25 % - Vermutungsgrenze verbleibt. Interessant ist dabei, dass nach der gesetzlichen Regelung nur ein Bonus in Höhe von 2 % oder 5 % vergeben wird. Der 3 % - Bonus als solcher ist an den 2 % - Bonus gekoppelt und kann nicht für sich allein eingreifen. Diese Regelung ist insoweit unverständlich, als einerseits die Einräumung von Drittsendezeit – die bei bestimmten Zuschaueranteilen gesetzlich vorgeschrieben ist – nach § 26 Abs. 5 RStV als ausreichend angesehen wird, um dafür einen Bonus zu gewähren. Dem Hauptveranstalter kam sie bereits insofern zugute, als sie bei der Berechnung des auf ihn entfallenden Zuschaueranteils nicht mitgerechnet wurde. Der 3 % - Bonus ist – wie auch der für die Ausstrahlung von Regionalfensterprogrammen – von der tatsächlichen Reichweite der Drittsendezeitprogramme unabhängig; er liegt jedoch höher als der für die Ausstrahlung von Regionalfensterprogrammen. Der Gesetzgeber hat damit der Einräumung von Drittsendezeit prima facie einen höheren Beitrag zur Vielfaltsicherung zugesprochen als den Regionalfensterprogrammen. Andererseits kann der 3 % - Bonus für Drittsendezeit jedoch nur eingreifen, wenn zugleich der 2 % - Bonus für Regionalfenster gewährt wird. Dieser wiederum ist nicht mit dem 3 % - Bonus verknüpft. Hieraus scheint sich zu ergeben, dass die Einräumung von Drittsendezeit für sich allein genommen die Gewährung von Bonuspunkten nicht rechtfertigt. Hinzu kommt, dass den Regionalfensterprogrammen durch die Bonusregelungen eine mehrfache Bedeutung dahingehend zukommt, als dass ihre Einräumung geeignet ist, den 2 % - Bonus auszulösen. Darüber hinaus spielten sie nach der Fassung des 6. Rundfunkstaatsvertrags im Rahmen des Angemessenheitskriteriums insofern eine Rolle, als sie auf die Drittsendezeitausstrahlung und damit die daran anknüpfende Bonusregelung anzurechnen waren. Hinzu tritt die Verpflichtung zur Ausstrahlung nach § 25 Abs. 4 RStV sowie die Anrechnung im Rahmen der Drittsendezeiteinräumung auch unabhängig von der Vergabe der Bonuspunkte. Dies spricht dafür, dass ihnen eine gewichtigere Rolle im Rahmen der Bonusregelungen zukommt als der Drittsendezeitverpflichtung. Tatsächlich deutet – auch aufgrund der gewählten Höhe der Bonuspunkte und deren „abstrakter" Gewährung, d.h., unabhängig vom tatsächlichen Umfang der Drittsendezeiten oder Regionalfenster – einiges darauf hin, dass der Gesetzgeber das Eingreifen beider Boni zugunsten der großen privaten Veranstalter beabsichtigte und der Reihenfolge der Regelungen keine weitergehende Bedeutung beimaß. Eine Begründung oder Erklärung hierfür fehlt.

Bemerkenswert ist dabei weiterhin, dass die 30 % - Grenze die Obergrenze darstellt[635]. Bei tatsächlichen Zuschaueranteilen von 30 % werden keine Abzüge mehr vorgenommen. Vielmehr greift die Vermutungsreglung unabhängig von etwaigen vielfaltsichernden Maßnahmen, deren Art und Umfang, zulasten des Veranstalters ein, der die Vermutungswirkung widerlegen kann. Erst im Rahmen der Widerlegung kommt den vielfaltsichernden Maßnahmen erneut Bedeutung zu. Die 30 % - Grenze ist dabei vom Gesetzgeber offensichtlich als so prägnant angesehen worden, dass auch bei Vorliegen der Voraussetzungen der Bonusregelungen ein Abzug nicht in Betracht kommt.

Insbesondere hat das Eingreifen beider Boni, das dazu führt, dass die Vermutungswirkung erst bei 30 % statt bei 25 % ausgelöst wird, aber zur Konsequenz, dass de facto nur die 30 % Grenze des S. 1 gilt und der Vermutungstatbestand des § 26 Abs. 2 S. 2 RStV in mehrfacher Hinsicht quasi ausgehöhlt wird. Zum einen wird das Erfordernis des tatsächlichen Zuschaueranteils angehoben, der Vermutungstatbestand kommt nicht zur Anwendung. Zum anderen werden die neben dem Zuschaueranteil geforderten zusätzlichen Voraussetzungen des S. 2, die zur Auslösung der Vermutungswirkung erfüllt sein müssen – etwa die Marktbeherrschung auf medienrelevanten verwandten Märkten – insoweit abgeschwächt, als diese „für sich genommen" nicht in der Lage sind, die Vermutungswirkung auszulösen. Sind die Zusatzvoraussetzungen nämlich erfüllt, ist der Zuschaueranteil aber aufgrund des wegen der Bonusregelungen vorzunehmenden Abzugs geringer als von § 26 Abs. 2 S. 2 RStV gefordert, genügen die sonstigen Voraussetzungen, auch wenn sie in hohem Maße vorhanden sind, nicht, um dennoch die Vermutungswirkung auszulösen. Mit anderen Worten: Liegt der tatsächliche Zuschaueranteil zwischen 25 % und 29,99 % und greifen beide Boni ein, so wird das Vorliegen vorherrschender Meinungsmacht – entgegen § 26 Abs. 2 S. 2 RStV – eben doch nicht vermutet. Dabei ist auch unerheblich, ob die sonstigen von § 26 Abs. 2 S. 2 RStV gestellten Anforderungen vorliegen; diese vermögen die Vermutungswirkung nicht auszulösen. Die Bonusregelungen „neutralisieren" quasi das Vorliegen der Zusatzvoraussetzungen des § 26 Abs. 2 S. 2 RStV[636]. Eine Vermutungsregelung greift nicht ein. Insoweit wird den Bonusregelungen und deren Voraussetzungen gewissermaßen dasselbe Gewicht beigemessen wie den Zusatzvoraussetzungen des § 26 Abs. 2 S. 2 RStV. Erst bei einem tatsächlichen Zuschaueranteil von mindestens 30 % werden keinerlei Abzüge zugunsten des Veranstalters mehr vorgenommen und der

635 Amtliche Begründung zu § 26 RStV, abgedruckt in: *Hartstein/Ring/Kreile/Dörr/Stettner*, § 26.

636 KEK, 2. Konzentrationsbericht, S. 393; dort ist sehr kritisch angemerkt, dass das „medien- und wettbewerbsrechtliche Mischsystem der Konzentrationskontrolle den hohen Anforderungen der Vielfaltsicherung nicht genüge".

Vermutungstatbestand greift – dann aufgrund von S. 1 – ein, es besteht jedoch die Möglichkeit der Widerlegung des Bestehens von vorherrschender Meinungsmacht. Die neben dem Zuschaueranteil erforderlichen sonstigen Voraussetzungen des § 26 Abs. 2 S. 2 RStV bleiben jedoch im Rahmen des Abs. 1 – soweit darin ein eigener Eingriffstatbestand gesehen wird – von Bedeutung.

Daraus ergibt sich, dass die Vermutungswirkung des § 26 Abs. 2 S. 2 RStV einen sehr eingeschränkten Anwendungsbereich und bei Eingreifen der Bonusregelungen praktisch ihre Bedeutsamkeit verloren hat, da insoweit nur die Grenze des S. 1 gilt. De facto existiert bei Eingreifen der Bonusregelungen also nur die 30 % - Grenze.

Ob die Voraussetzungen der Bonusregelungen vorliegen und daher die beschriebenen Konsequenzen in der Praxis eintreten, ist aufgrund neuerer Entwicklungen derzeit fraglich:

Nach der Fassung des 6. Rundfunkstaatsvertrags erfüllten die beiden größten privaten Veranstalter, für die allein die Regelung des Abs. 2 relevant werden kann, sowohl das Kriterium für den 2 % - als auch für den 3 % - Bonus[637]: die Vorgaben des § 25 Abs. 4 RStV waren eingehalten: beide strahlten Regionalfensterprogramme gemäß § 25 Abs. 4 RStV – der in der Fassung des 6. Rundfunkstaatsvertrags als Soll-Vorschrift ausgestaltet war – i. V. m. dem Beschluss der Direktorenkonferenz der Landesmedienanstalten vom 25.05.1993[638] aus. Überdies erfüllten beide die Voraussetzungen des „angemessenen, mindestens bisherigen Umfangs", insbesondere also die von der KEK geprüften Reichweitenerfordernisse[639]. Darüber hinaus waren beide gemäß § 26 Abs. 5 RStV zur Einräumung von Drittsendezeit verpflichtet, da sie die dort aufgeführten Voraussetzungen erfüllten. Beide Veranstalter kamen dieser Verpflichtung im geforderten Umfang auch nach. Auch damit erfüllten sie automatisch die Voraussetzungen der 3 % - Bonusregel.

Nach Erlass des 7. Rundfunkstaatsvertrags ist problematisch, ob die Voraussetzungen des § 25 Abs. 4 RStV erfüllt werden: Die Verpflichtung zur Ausstrahlung von Regionalfensterprogrammen ergibt sich unmittelbar aus § 25 Abs. 4 RStV; das Erfordernis des „angemessenen, mindestens bisherigen Umfangs" und somit die Reichweitenprüfung entfällt. Stattdessen ist der zeitlich und regional differenzierte Umfang der Programmaktivitäten zum 01.07.2002 maßgebend, der, wie bereits ausgeführt, eine Festschreibung auf einen vergangenen statischen Zustand mit sich bringt und insofern Kritik ausgesetzt ist, als die Verbrei-

637 KEK, 2. Konzentrationsbericht, S. 48.

638 KEK, 2. Konzentrationsbericht, S. 48.

639 Vgl. KEK, 6. Jahresbericht, S. 197 ff.: Reichweite der Regionalfenster: RTL ca. 51 %, SAT.1 ca. 52,05 %.

tung in den einzelnen Regionen sehr unterschiedlich ist und etwa in den neuen Bundesländern fast gar keine Regionalfensterprogramme ausgestrahlt werden.

Darüber hinaus ist problematisch, ob aufgrund der Zentralisierung der Regionalfensterprogramme die regionale Differenziertheit überhaupt vorliegt. Damit ist fraglich, ob der 2 % - Bonus eingreift, an den wiederum der 3 % - Bonus gekoppelt ist. Mit anderen Worten: liegen aufgrund der Zentralisierung der Regionalfensterprogramme die Voraussetzungen des § 25 Abs. 4 RStV nach der derzeit geltenden Fassung nicht vor und greift daher die Bonusregelung des § 26 Abs. 2 S. 3 , 1. Hs RStV nicht ein, so dass der 2 % - Bonus nicht anwendbar ist, greift zwangsläufig auch die davon abhängige 3 % - Bonusregelung des § 26 Abs. 2 S. 3, 2. Hs RStV nicht ein. Folglich hat die Regelung des § 25 Abs. 4 RStV Auswirkungen auf beide Bonusregelungen und die Gewährung aller 5 Bonuspunkte: sofern die Landesmedienanstalten die Entscheidung treffen, dass – trotz der Zentralisierung der Regionalfensterprogramme – die Voraussetzungen des § 25 Abs. 4 RStV erfüllt sind oder diese im Umfang vor den Zentralisierungen von den Veranstaltern wiederhergestellt werden, greift, gewissermaßen „automatisch", der 2 % - Bonus des § 26 Abs. 2 S. 3, 1. Hs ein. Da die Voraussetzungen des 3 % - Bonus – zumindest bisher – in der Praxis von beiden großen privaten Fernsehveranstaltern erfüllt waren, greift dieser ebenfalls ein. De facto hat also die Entscheidung der Landesmedienanstalten zur Folge, dass entweder 5 Bonuspunkte gewährt werden und damit die Vermutungswirkungen nicht eingreifen. Oder es kommen, soweit die Landesmedienanstalten zur Entscheidung gelangen, dass die Voraussetzungen des § 25 Abs. 4 RStV derzeit nicht eingehalten sind, beide Bonusregelungen nicht zum Einsatz. Diese Konsequenzen knüpfen damit alle an die von den Landesmedienanstalten zu treffende Entscheidung an.

Sofern nach dem 6. und 7. Rundfunkstaatsvertrag für beide großen privaten Veranstalter aufgrund gesetzlicher Regelung die Bonusregelungen des § 26 Abs. 2 S. 3 RStV in der Praxis eingreifen[640], hat dies zur Folge, dass auf den tatsächlichen Zuschaueranteil – sofern dieser unterhalb von 30 % liegt – 5 % zum Abzug kommen, so dass die tatsächlich zurechenbaren Werte unter 25 % und damit unterhalb der Vermutungsgrenze des S. 2 liegen[641]. Die 25 % - Grenze in Verbindung mit der Berücksichtigung medienrelevanter verwandter Märkte hat dann de facto keinen Anwendungsbereich und ist in der Praxis bedeutungslos; de facto existiert nur eine Vermutungsgrenze in Höhe von 30 %[642]. Es dürfte dem

640 Vgl. KEK, 5. Jahresbericht, S. 217, wo die Zentralisierungstendenzen noch nicht berücksichtigt wurden.

641 Vgl. KEK 158, S. 15.

642 *Hartstein/Ring/Kreile/Dörr/Stettner*, § 26 Rn. 16.

Willen der Länder entsprechen, dass beiden großen privaten Veranstaltern die Bonusregelungen zugute kommen[643]. Die Voraussetzungen, unter denen die Bonusregelungen eingreifen, wurden entsprechend gewählt. Auch die Höhe der gewährten Boni, nämlich 2 % und 3 %, die neben dem Zuschaueranteil von 25 % in Addition wiederum 30 % ergeben, deuten darauf hin, dass de facto nur die 30 % - Grenze erhalten bleiben sollte. Es ist davon auszugehen, dass der Gesetzgeber die Werte der Bonifikationen in Höhe von insgesamt 5 % gerade zu diesem Zweck bewusst ausgewählt hat. Ansonsten wären die Boni in dieser Höhe, die weit über den tatsächlichen Zuschaueranteilen der Regional- und Drittfensterprogramme liegen, nicht erklärbar. Fraglich ist ohnehin, warum, dem System des Zuschaueranteils entsprechend, nicht die tatsächlich von den Fensterprogrammen erreichten Zuschauerwerte in Abzug gebracht werden. Denn ob beiden Maßnahmen, zu deren Ausstrahlung eine Verpflichtung besteht, eine Wirkung beigemessen werden kann, die geeignet ist, das Vorliegen von vorherrschender Meinungsmacht, das gewissermaßen in einem Prüfungsschritt „davor" vermutet wurde, zu entkräften, ist äußerst zweifelhaft, zumal die neben dem Zuschaueranteil vorliegenden Zusatzbedingungen quasi durch die Bonusregelungen „neutralisiert" werden. Ob eine Marktbeherrschung auf medienrelevanten verwandten Märkten oder eine Gesamtbetrachtung aber tatsächlich durch Fensterprogramme und Drittsendezeiten, deren Wirkung zudem nicht unumstritten ist, aufgewogen werden kann, ist – trotz der Unsicherheiten im Rahmen der Medienwirkung[644] – unwahrscheinlich. Der Gesetzgeber setzt die Zusatzanforderungen des § 26 Abs. 2 S. 2 RStV, die neben der 25 % - Grenze vorliegen müssen, mit einem Zuschaueranteil von 5 % gleich. Ebenso setzt er die Bonusregelungen mit einem Zuschaueranteil von 5 % gleich. Diese Vorgehensweise überrascht und vermag nicht zu überzeugen. Begründungsansätze hierfür fehlen[645].

Damit bewirken die angeblich zur Stärkung der Instrumente der Vielfaltsicherung eingeführten Regelungen des § 25 Abs. 4 RStV und § 26 Abs. 5 RStV in der Praxis, dass durch das Eingreifen der Bonusregelungen aufgrund der gesetzlichen Regelungen die Meinungsvielfalt durch das faktische Bestehen nur der 30 % - Grenze wiederum geschwächt wird.

Die KEK bemängelt insoweit auch, dass der Rundfunkstaatsvertraggeber in der Begründung zur Einführung der Bonusregelungen im 6. Rundfunkstaatsvertrag nicht einmal den Versuch unternommen habe, den Kompensationseffekt von bis zu 5 % des bundesweiten Zuschaueranteils zu begründen oder zu erklären;

643 KEK, 2. Konzentrationsbericht, S. 48.
644 Vgl. Kap. 3 VI.
645 Dies wird auch von der KEK kritisiert, vgl. KEK, 2. Konzentrationsbericht, S. 391 ff.

die fünf Prozentpunkte sieht die KEK für „zeitlich knappe Regionalfensterprogramme“ und „regelmäßig außerhalb der Kernsendezeiten liegende Beiträge eines Drittveranstalters“[646] offenbar als zu hoch an und versuchte daher, entsprechend dem System des Rundfunkstaatsvertrags, solche Kompensationskriterien zu entwickeln[647].

Äußerungen der KEK kann entnommen werden, dass sie mit dem gegenwärtigen System der Vielfaltsicherung und insbesondere den Tendenzen der Entwicklung nicht zufrieden ist[648]. Durch den 3. Rundfunkstaatsvertrag habe der Gesetzgeber zu erkennen gegeben, dass er konzentrationsrechtlich den Status Quo von zwei großen privaten Veranstaltergruppen neben den öffentlich-rechtlichen Sendern mit Zuschaueranteilen von 40 % geduldet habe. Dies spiegele sich in der 30 % - Grenze für private Veranstalter. Hierdurch habe sich an der Einführung der 25 % - Grenze nichts geändert, da zugleich damit Bonifikationen in Höhe von bis zu 5 % eingeführt wurden, die an Regional- und Drittfensterprogramme knüpften. Die 25 % - Grenze fand damit kaum ein Anwendungsgebiet. Das Zuschaueranteilsmodell habe sich grundsätzlich bewährt, doch bestehe die Gefahr, dass es aufgrund der Korrekturen und Änderungen zugunsten von „Partikularinteressen“ aufgeweicht würde, worauf etwa die Bonusregelungen hindeuten[649]. Kritik wird weiterhin daran geübt, dass neben der 30 % - Grenze die „Ersatz-Vermutung“ von 25 % in Verbindung mit sonstigen Anforderungen gewissermaßen die Quantifizierung dieser Zusatzanforderungen mit einem Zuschaueranteil von 5 % bedeute[650]. Dieser wiederum wird auch vergleichbar gewichtet mit den zwei Bonusregelungen, da hiernach für Regional- und Drittfenster insgesamt 5 % des Zuschaueranteils in Abzug zu bringen sind. Die Bonusreglungen haben damit in der Bewertung denselben Stellenwert wie die Zusatzanforderungen des § 26 Abs. 2 S. 2 RStV; greifen sie ein, heben sie die Zusatzanforderungen auf. Nach Ansicht der KEK handelt es sich hierbei um eine „Vermengung von Messgrößen“[651]. Sie sieht das „medien- und wettbewerbsrechtliche Mischsystem einer Konzentrationskontrolle“ als nicht genügend im Hinblick auf die Vielfaltsicherung an und fordert dessen Transparenz und Vereinfachung[652].

646 KEK, 2. Konzentrationsbericht, S. 392.

647 Kap. 4 II b) bb).

648 KEK, 2. Konzentrationsbericht, S. 391 ff.

649 KEK, 2. Konzentrationsbericht, S. 392.

650 KEK; 2. Konzentrationsbericht, S. 392; so auch *Hasebrink*, S. 4, der von „substantiellem Meinungseinfluss“ spricht; vgl. Kap. 3 VII 2) b) bb) (1).

651 KEK, 2. Konzentrationsbericht, S. 393.

652 KEK, 2. Konzentrationsbericht, S. 393.

Zusammenfassend kann man den Äußerungen der KEK entnehmen, dass nach ihrer Ansicht im Hinblick auf das Vielfaltsicherungsrecht eine „Rückwärtsentwicklung" auszumachen ist, die durch den 6. und 7. Rundfunkstaatsvertrag stark zu Tage tritt; auch die Neuerungen bezüglich der Kompetenzfrage, die von der KEK ebenfalls kritisiert werden und die nachfolgend dargestellt werden, dürften diese Einschätzung weiter verstärken.

Auf die Konsequenzen ist im Folgenden näher einzugehen[653].

V. Die Zuständigkeit für die Überprüfung der Voraussetzungen der Bonusregelungen

1) Die Zuständigkeit aufgrund der allgemeinen Regelungen des 6. Rundfunkstaatsvertrags

Die Zuständigkeit der KEK und der Umfang ihrer Prüfungsbefugnisse sind im Hinblick auf die Bonusregelungen nicht unumstritten. So hatte die DLM die Zuständigkeit der KEK für die Auslegung und Anwendung der Bonusregelungen des § 26 Abs. 2 S. 3 RStV in Abrede gestellt[654] und die Auffassung vertreten, dass die für den Hauptprogrammveranstalter zuständige Landesmedienanstalt im Einvernehmen mit der für den Fensterprogrammveranstalter zuständigen Landesmedienanstalt feststelle, ob die Voraussetzungen des § 26 Abs. 2 S. 3 RStV vorliegen[655].

Die KEK wies dagegen darauf hin[656], dass sie gemäß § 36 Abs. 1 RStV für die abschließende Beurteilung von Fragestellungen zur Sicherung der Meinungsvielfalt zuständig sei. Dies gelte für sämtliche Fragestellungen. Die KEK sei dabei an keinerlei Weisungen – auch nicht an die der Landesmedienanstalten – gebunden. Die Landesmedienanstalten könnten allenfalls die KDLM anrufen. Danach steht der KEK nach ihrer Auffassung das volle Prüfungsrecht für die Voraussetzungen der Bonusregelung des § 26 Abs. 2 S. 3 RStV zu. Dem Rundfunkstaatsvertrag könne nichts Gegenteiliges entnommen werden.

Sie prüfe den Umfang der Regionalfensterprogramme[657].

Im Rahmen der an die Drittsendezeitverpflichtung geknüpften Bonusregelung werde vorausgesetzt, dass der Drittsendezeitverpflichtung ordnungsgemäß nachgekommen werde. Die KEK müsse somit inzident alle Voraussetzungen des

---

653 Vgl. Kap 4 VI.

654 Ausgehend von KEK 136-2, KEK 156.

655 Pressemitteilung der DLM vom 18./19.11.2002.

656 Presseerklärung 12/2002 der KEK, 68. KEK-Sitzung vom 17.12.2002.

657 *Hartstein/Ring/Kreile/Dörr/Stettner*, § 26 Rn. 14.

§ 26 Abs. 5 RStV prüfen. Vor Einführung der Regelung war die KEK im Rahmen der Drittsendezeiteinräumung nur mit der Lizenzvergabe für unabhängige Dritte durch die Landesmedienanstalten befasst; insoweit hatte sie zur Auswahl und Zulassung der Drittveranstalter lediglich Stellung zu nehmen und das „Benehmen“ mit den Landesmedienanstalten herzustellen (§ 36 Abs. 2 S. 2 RStV). Nunmehr müsse sie selbst den Sachverhalt aufklären und alle Voraussetzungen prüfen; insoweit stelle die Neuregelung auch eine Kompetenzerweiterung dar[658].

Demgegenüber wird die Kompetenz der KEK, eine erneute materielle Prüfung der Voraussetzungen nach § 31 RStV vorzunehmen, bestritten. Es bestehe kein eigenes nachträgliches Prüfungsrecht. Vielmehr sei die KEK an die bestandskräftigen Entscheidungen nach § 31 RStV gebunden[659].

Die Frage der Zuständigkeit für die Anwendung der Bonusregelungen war auch insofern von Bedeutung, als die KEK und die Landesmedienanstalten unterschiedliche Auffassungen zur Auslegung der Bonusregelungen, etwa im Hinblick auf das „Angemessenheitskriterium“ des § 26 Abs. 2 S. 2 RStV, vertraten[660]. Durch den 7. Rundfunkstaatsvertrag hat sich dieses Auslegungsproblem durch Streichung des Angemessenheitskriteriums geklärt.

2) Die Neufassung des § 36 Abs. 2 im 7. Rundfunkstaatsvertrag

Der Umfang der Prüfungskompetenzen der KEK hinsichtlich der Bonusregelungen wurde von den Ländern im Rahmen der Änderung des § 36 Abs. 2 RStV teilweise konkretisiert. Die Klarstellung betrifft jedoch nur die Bonusregelung nach § 26 Abs. 2 S. 3 Hs. 1 i. V. m. § 25 Abs. 4 RStV. Nach der Neufassung prüfen nunmehr die Landesmedienanstalten mit einer Mehrheit von ¾ das Vorliegen der Voraussetzungen des § 25 Abs. 4 S. 1 RStV und damit das Eingreifen der Bonusregelung des § 26 Abs. 2 S. 3 Hs. 2 RStV.

Für die Bonusregelung nach § 26 Abs. 2 S. 3 Hs. 2 i. V. m. § 31 RStV wurde eine Präzisierung der Prüfungskompetenz gerade nicht vorgenommen. Das ist insoweit bedauerlich, als es – wie dargestellt – gerade in diesem Bereich Klärungsbedarf gegeben hätte.

---

658 KEK, 5. Jahresbericht, S. 221, 222.

659 *Hepach*, ZUM 2003, 112, 119; vgl. *Hartstein/Ring/Kreile/Dörr/Stettner*, § 26 Rn. 15.

660 KEK, 2. Konzentrationsbericht, S. 368; Kap. 4 II 3) c) bb) (2), II 1) b) bb).

a) Die Bedeutung der Neufassung für die Prüfungsbefugnis der KEK

Diese Änderung hat Konsequenzen für die Prüfungsbefugnisse der KEK: Diese stellt nach wie vor das Vorliegen vorherrschender Meinungsmacht gemäß § 26 Abs. 2 S. 2 RStV fest. Bejaht sie diese, prüfen die Landesmedienanstalten, ob ein Regionalfensterprogramm gemäß § 25 Abs. 4 S. 1 RStV im ordnungsgemäßen Umfang vorliegt und ob folglich der 2 - % Bonus des § 26 Abs. 2 S. 3 Hs. 1 RStV zugunsten des Veranstalters eingreifen kann. Liegen die Voraussetzungen der Bonusregelung nicht vor und greift diese folglich nicht ein, liegt – entsprechend der vorherigen Feststellung der KEK – ein Fall von vorherrschender Meinungsmacht vor. Greift der Bonus nach der Überprüfung durch die Landesmedienanstalten dagegen ein, stehen der KEK erneute Prüfungsbefugnisse – bzgl. der Bonusregelung des § 26 Abs. 2 S. 3 Hs. 2 RStV, die ja erst dann greift, wenn „zuvor" die Regelung des Hs. 1 einschlägig ist – erst wieder bei Vorliegen eines tatsächlich erreichten Zuschaueranteils in Höhe von mindestens 27 % – ohne den Abzug durch die Bonusregelung – zu. Im Bereich von tatsächlichen Zuschaueranteilen zwischen 25 % und 27 % ist die Prüfungskompetenz der KEK damit quasi „suspendiert", da nach Feststellung durch die Landesmedienanstalten 2 % zum Abzug kommen.

Hinzu kommt, dass das Erfordernis des „angemessenen Umfangs" mit Inkrafttreten des 7. Rundfunkstaatsvertrags entfallen ist. In diesem Rahmen hatte die KEK aber das Reichweitenerfordernis geprüft, also das Erreichen von 50 % der Fernsehhaushalte[661]. Diese Prüfung findet nicht mehr statt. Die Landesmedienanstalten haben stattdessen zu entscheiden, ob der zeitlich und regional differenzierte Regionalfensterprogrammumfang vom 01.07.2002 vorliegt. Diese scheinbar einfach zu beantwortende Frage wirft aufgrund der fortschreitenden Zentralisierung Probleme auf und ist derzeit noch nicht entschieden.

In der amtlichen Begründung zum 7. Rundfunkstaatsvertrag wurde hierzu ausgeführt, es handele sich bei der Frage der Feststellungen der Voraussetzungen des § 25 Abs. 4 RStV nicht um eine Frage des Medienkonzentrationsrechts. Die Zuständigkeitsänderung sei in der Sachnähe der Landesmedienanstalten zur Regionalfensterversorgung begründet. Da der Sachverhalt bundesweit zu beurteilen sei, seien alle Landesmedienanstalten einzubeziehen[662].

661 Vgl. Kap. 4 II 2) b) bb).

662 Amtliche Begründung des Entwurfs des 7. Rundfunkstaatsvertrags, zu Nr. 13, S. 10; Begründung zum Siebten Staatsvertrag zur Änderung rundfunkrechtlicher Staatsverträge, Landtag Rheinland-Pfalz, Drs. 14/2688, zu Nr. 13.

b) *Die Reaktionen der KEK auf die Neufassung*

Die KEK hat in ersten Stellungnahmen[663] kritisiert, dass Kompetenzen auf die Landesmedienanstalten zurückübertragen würden. Die Schaffung der KEK durch den 3. Rundfunkstaatsvertrag habe Standortsicherungsinteressen der Landesmedienanstalten gerade entgegen wirken sollen, was in der amtlichen Begründung auch hervorgehoben worden sei[664]. Die Änderung des S. 2 stehe dem entgegen. Die Prüfung der Voraussetzungen der Bonusregelungen sei ein entscheidungserheblicher Bestandteil des Medienkonzentrationsrechts. Diese Prüfung auf die Landesmedienanstalten zu übertragen entspreche nicht den Anforderungen an eine effektive Vielfaltsicherung. Die Zulassungsbehörden würden sich somit in wesentlichen Fragen selbst kontrollieren. Dies sei kontraproduktiv, wirke auf die KEK demotivierend und greife in den Kernbereich der Zuständigkeit der KEK ein[665]. Auch sei den Bedenken der KEK gegen die Neuregelung wenig Aufmerksamkeit geschenkt worden. Nach Ansicht der KEK ist diese Änderung im 7. Rundfunkstaatsvertrag die Gravierendste der Novelle.

Das Land Baden-Württemberg hat in einer Protokollerklärung auf seine Bedenken an der Neuregelung hingewiesen[666].

Die praktischen Auswirkungen dieser Neuerung bleiben abzuwarten. Jedoch hat sie, im Zusammenspiel mit § 25 Abs. 4 RStV und dessen Verknüpfung mit den Bonusregelungen des § 26 Abs. 2 S. 3 RStV weitreichende Auswirkungen auf das Vielfaltsicherungsrecht[667].

VI. Die verfassungsrechtliche Rechtfertigung der Bonusregelungen

Nachdem nunmehr die Voraussetzungen und Auswirkungen der Bonusregelungen und ihre Einfügung in das System des Rundfunkstaatsvertrags dargestellt wurden, stellt sich die Frage, ob die Bonusregelungen mit Art. 5 Abs. 1 S. 2 GG vereinbar und damit verfassungsgemäß sind.

Dabei ist zunächst zu klären, ob es sich bei den Regelungen des Vielfaltsicherungsrechts und insbesondere den Bonusreglungen, die mit anderen Vorschriften des Vielfaltsicherungsrechts verknüpft sind, um Ausgestaltungsgesetze handelt. Ausgestaltungsgesetze sind von Schrankengesetzen zu unterscheiden.

663 Pressemitteilung 10/03; KEK, 6. Jahresbericht, S. 216.
664 Abgedruckt in: *Hartstein/Ring/Kreile/Dörr/Stettner*, § 26; s. Kap. 3 IV 2) a).
665 KEK, 6. Jahresbericht, S. 216; KEK, 2. Konzentrationsbericht, S. 369.
666 KEK, 6. Jahresbericht, S. 216.
667 Vgl. insoweit auch Kap. 4 IV.

Im Rahmen des Vielfaltsicherungsrechts und insbesondere im Hinblick auf die Bonusregelungen ist die Vornahme dieser Einordnung nicht unproblematisch. Dies ergibt sich einerseits daraus, dass bei der Rundfunkfreiheit nach Auffassung des Bundesverfassungsgerichts eine objektiv-rechtliche Komponente dominiert, aber auch eine subjektiv-rechtliche Komponente besteht. Wie ausgeführt haben sich die einander gegenüber stehenden Auffassungen der Rechtsprechung der des Schrifttums insoweit angenähert. Die Bonusregelungen stehen gewissermaßen zwischen diesen Positionen: Sie privilegieren die Veranstalter, wirken sich also, für sich allein genommen, positiv auf diese aus. Allerdings sind sie Teil des Vielfaltsicherungsrechts, das wiederum für die Veranstalter belastende Regelungen enthält. Umgekehrt kann einerseits argumentiert werden, dass die Bonusregelungen das Vielfaltsicherungsrecht, dessen Teil sie sind und das sie ergänzen und fördern sollen, tatsächlich „untermauern", da sie an vielfaltsichernde Maßnahmen anknüpfen. Andererseits könnten sie eine abträgliche Wirkung auf die Vielfaltsicherung haben, da sie dazu führen, dass die Vermutungswirkungen des § 26 Abs. 2 S. 2 RStV erst bei tatsächlich höheren Zuschaueranteilen eintreten. Hinzu kommt ein weiteres Spannungsfeld: Der Gesetzgeber wird vom Bundesverfassungsgericht zur Schaffung einer positiven Ordnung aufgefordert, um die Meinungsvielfalt zu sichern. Daher kann nicht jede Regelung, die dieses Ziel verfolgt, als Eingriff zu werten sein. Die Frage, ob es sich bei Regelungen im Rundfunkbereich um Ausgestaltungsregelungen handelt, ist schwierig zu beantworten.

Die Einordnung hängt mit zahllosen und sehr umstrittenen grundrechtsdogmatischen Fragestellungen zusammen. Sie ist wichtig zur Bestimmung der Voraussetzungen und Grenzen der Gesetzgebung. Ausgestaltungsgesetze stellen keine Grundrechtsschranke dar und unterliegen nicht denselben hohen Rechtfertigungsanforderungen wie Schrankengesetze[668]. Für die Rundfunkfreiheit bedeutet dies, dass sie nicht an Art. 5 Abs. 2 GG zu messen sind. Schrankengesetze enthalten demgegenüber Eingriffe in den grundrechtlichen Schutzbereich und finden im Rahmen der Rundfunkfreiheit ihre Grenze in den Maßstäben des Art. 5 Abs. 2 GG.

Es ist daher zu untersuchen, ob die Regelungen der Vielfaltsicherung im Rundfunkstaatsvertrag, und dabei insbesondere die Bonusregelungen, Ausgestaltungsgesetze darstellen. Die Einstufung hängt maßgeblich mit der Frage zusammen, ob die Rundfunkfreiheit als objektiv- oder subjektiv-rechtliche Freiheit zu verstehen ist und ob und inwieweit ein Ausgestaltungsspielraum besteht. Sie wird vor diesem Hintergrund behandelt und entschieden.

---

668 *Alexy*, S. 300.

Eine erschöpfende Behandlung dieser grundrechtsdogmatischen Fragestellung ist im Rahmen dieser Arbeit nicht möglich. Sie kann nur insoweit untersucht werden, als sie erforderlich zur Herausarbeitung eines Prüfungsmaßstabs für die Bonusregelung ist.

1) Der Ausgestaltungsspielraum des Gesetzgebers

a) Das Ausgestaltungsrecht nach Art. 5 Abs. 1 S. 2 GG nach der Rechtsprechung des Bundesverfassungsgerichts

Das Bundesverfassungsgericht hat in seiner Rechtsprechung deutlich hervorgehoben, dass es zwei Kategorien von Gesetzen im Rahmen der Rundfunkfreiheit gibt, die vor dem Hintergrund der primär objektiv-rechtlichen Auslegung der Rundfunkfreiheit zu sehen sind: Bei den erlassenen Vorschriften kann es sich um Ausgestaltungsregelungen handeln, die der Sicherung der Rundfunkfreiheit dienen und allein ihr dienen dürfen und die keiner weiteren Rechtfertigung unterliegen, da sie keinen Grundrechtseingriff enthalten[669]. Demgegenüber sind Schrankengesetze aufgrund ihrer beschränkenden Wirkungen an Art. 5 Abs. 2 GG zu messen[670].

Die Rundfunkfreiheit wird als Grundrecht angesehen, das der Ausgestaltung bedarf. Dies folge aus dem objektiven Gehalt. Die Rundfunkfreiheit diene der Aufgabe, eine freie und umfassende Meinungsbildung zu gewährleisten. Zur Verwirklichung dieser Aufgabe sei die Ausgestaltung durch den Gesetzgeber erforderlich. Dem Gesetzgeber stehe hierbei ein Ausgestaltungsspielraum zu[671].

Die Besonderheit des Ausgestaltungsvorbehalts ergebe sich daraus, dass der Gesetzgeber eine positive Ordnung herzustellen habe[672]. Er habe diese Ordnung durch materielle, organisatorische und prozedurale Regelungen zu schaffen und auszugestalten. Ihr Ziel sei es, zu gewährleisten, dass eine freie, umfassende und wahrheitsgemäße Meinungsbildung ermöglicht werde, indem die Vielfalt der bestehenden Meinungen in möglichster Breite zum Ausdruck komme, und dass Fehlentwicklungen vermieden würden[673]. Der Gesetzgeber sei verpflichtet, die Rundfunkordnung so auszugestalten, dass sie die Erreichung dieses Ziels – die Freiheitlichkeit des Rundfunkwesens – sicherstelle[674]. Dies ergebe sich aus der

669 Vgl. auch BVerfGE 73, 118, 166 f.
670 BVerfGE 73, 118, 166; BVerfGE 57, 295, 321.
671 BVerfGE 57, 295, 319 f.; *Jarass*, AöR, 110, 363, 391.
672 Vgl. Kap. 1 II 1) a) und BVerfGE 57, 295, 320; BVerfGE 83, 238, 296.
673 BVerfGE 57, 295, 321, 322; BVerfGE 97, 228, 267; vgl. Kap. 1 II 1) a).
674 BVerfGE 83, 238, 315 f.

dienenden Funktion der Rundfunkfreiheit: Als dienende Freiheit müsse sie nicht primär den Interessen der Rundfunkveranstalter, sondern der individuellen und öffentlichen Meinungsbildung gerecht werden[675].

Dogmatisch werden für das Ausgestaltungsrecht zwei Erklärungsansätze diskutiert.

Einerseits wird vertreten, dass die individuelle von einer generellen Betrachtung zu unterscheiden sei: So könnten sich Ausgestaltungsgesetze im Einzelfall auch belastend auf die Grundrechtsausübung auswirken. Da jedoch aufgrund der Ausgestaltung die Rundfunkfreiheit konkretisiert und damit gefördert werde, bewirke sie eine generelle Verbesserung durch Schaffung von schärferen Konturen[676]. Die Rundfunkfreiheit werde dadurch insgesamt gefördert. Kritisiert wird dabei jedoch, dass der Individualschutz zurücktreten müsse. Das sei insoweit schwer begründbar, als die zielgerichtete Beeinträchtigung eines Grundrechts gerade einen Eingriff darstelle[677]. Der Rechtsprechung des Bundesverfassungsgerichts wird teilweise entnommen, es folge diesem Ansatz[678], der jedoch wegen seiner dogmatischen Schwäche nicht überzeugen kann: Werden subjektive Rechte anerkannt und liegt ein Eingriff in diese Rechtspositionen vor, kann allein die Förderung eines ansonsten positiven Zwecks, wie etwa die Sicherung der Meinungsvielfalt, die Eingriffsqualität in die subjektiven Rechtspositionen nicht negieren.

Daneben wird ein weiterer Ansatz verfolgt, der ebenfalls in der Rechtsprechung des Bundesverfassungsgerichts anklingt: Das Bundesverfassungsgericht hat stets betont, dass die Rundfunkfreiheit in ihrer Funktion als dienende Freiheit der gesetzlichen Ausgestaltung bedarf, um wirksam zu werden[679]. Erst durch Ausgestaltung der Rundfunkfreiheit kann diese betätigt werden[680]. Demzufolge sind Maßnahmen, die sich belastend auswirken, keine Begrenzungen der Rundfunkfreiheit, solange sie sich im Rahmen der Ausgestaltung bewegen[681]. Vielmehr ist die Rundfunkfreiheit von vornherein nur begrenzt gewährt[682].

675 BVerfGE 83, 238, 315.

676 *Jarass*, AöR 110, 363, 391 f.; *Ruck*, AöR 117, 543, 548.

677 *Jarass*, AöR 110, 363, 391 f.; *Ruck*, AöR 117, 543, 548.

678 *Jarass*, AöR 110, 363, 391 f.; *Ruck*, AöR 117, 543, 548; so wohl auch *Bohl*, S. 45.

679 Vgl. Kap. 1 II 1) a) und BVerfGE 57, 295, 319.

680 *Gersdorf* in: Mainzer Rechtshandbuch, Rn. 10: die Schaffung einer positiven Ordnung ist konstitutiv für die Grundrechtsbetätigung; *Hoffmann-Riem*, AöR 109, 304, 315.

681 *Hoffmann-Riem*, AöR 109, 304, 316; *Gersdorf* in: Mainzer Rechtshandbuch, Rn. 11; *Ruck*, AöR 117, 543, 548.

682 *Hoffmann-Riem*, AöR 109, 304, 316.

Für die Ausgestaltung besteht ein Landesparlamentsvorbehalt[683], da der grundrechtsrelevante Bereich betroffen ist. Wie dargelegt, sind die ausgestaltenden Regelungen wesentlich zur Verwirklichung des Grundrechts. Daher müssen die Landesparlamente die wesentlichen Fragen selbst regeln und dürfen diese nicht der Exekutive übertragen (Wesentlichkeitstheorie[684]).

Weiterhin ist zu klären, wie die Ausgestaltung erfolgen soll. Das Bundesverfassungsgericht hat in mehreren Rundfunkurteilen entschieden, dass es dem Gesetzgeber selbst überlassen bleibe, wie er seiner Aufgabe nachkommen wolle. Deren Erfüllung sei modellunabhängig[685], es seien weder ein bestimmtes Modell noch bestimmte Mittel vorgeschrieben[686]. Auch sei der Gestaltungsspielraum des Gesetzgebers nicht durch die Wahl eines Modells mit anschließendem Zwang zur Modellkonsistenz erschöpft[687]. Der Gesetzgeber müsse also nicht an einem einmal gewählten Modell festhalten, sondern könne wechseln oder Mischformen anwenden[688]. Ihm stehe ein breiter Gestaltungsspielraum zu[689], was das Bundesverfassungsgericht in mehreren Entscheidungen betont hat.

Bei der Beurteilung des Gesetzgebers, ob er ausgestaltende Regelungen erlasse und wie diese beschaffen seien, müsse er Prognosen bzgl. der Auswirkungen aufstellen. Hierbei sei zu berücksichtigen, dass die Sicherung der Meinungsvielfalt nicht mit letzter Gewissheit möglich sei. Es müsse aber eine hinreichende Wahrscheinlichkeit dafür bestehen, dass sich eine gleichgewichtige Vielfalt einstellen könne[690]. Auch wird dem Gesetzgeber zugestanden, dass er zunächst Erfahrungen sammeln müsse[691]. Seien die Regelungen nicht ausreichend, müsse er gegebenenfalls nachbessern[692].

Da das Bundesverfassungsgericht im Bereich der Rundfunkfreiheit, dessen objektiv-rechtliche Komponente es betont, hervorhebt, dass die Rundfunkfreiheit der Ausgestaltung bedürfe, um wirksam zu werden, und daher dem Gesetzgeber einen weiten Ausgestaltungsspielraum zugesteht, ist davon auszugehen, dass es sich bei den Regelungen des Vielfaltsicherungsrechts und somit auch bei den Bonusregelungen, um Ausgestaltungsgesetze handelt, die der Rundfunkfreiheit

---

683 BVerfGE 57, 295, 321.
684 BVerfGE 57, 295, 321; BVerfGE 47, 46, 78 f.
685 BVerfGE 83, 238, 316.
686 BVerfGE 57, 295, 321; BVerfGE 83, 238, 296, 316; BVerfGE 97, 228, 267.
687 BVerfGE 83, 238, 316.
688 BVerfGE 83, 238, 296, 316.
689 BVerfGE 90, 60, 94; BVerfGE 97, 228, 267: weitgehende Freiheit; 83, 238, 324 bzw. 337: weitgehende Gestaltungsfreiheit bzw. weiter Gestaltungsspielraum; BVerfGE 57, 295, 324 erhebliche größere Gestaltungsfreiheit.
690 BVerfGE 57, 295, 324.
691 BVerfGE 57, 295, 324.
692 BVerfGE 73, 118, 169; *Stern*, StR, S. 1308.

erst Konturen geben. Dies ergibt sich auch daraus, dass der Gesetzgeber gerade verpflichtet wird, eine positive Ordnung zu schaffen. Regulierende Gesetze können daher nicht immer gleich als Eingriff zu werten sein. Aufgrund der wechselseitigen Auswirkungen von Gesetzen im Rundfunkbereich, die notwendigerweise immer einen der Teilbereiche eher privilegieren, den anderen eher belasten werden, erscheint die Einordnung als Ausgestaltungsgesetze auch pragmatisch. Dass diese Auffassung in der Rechtsprechung des Bundesverfassungsgerichts trotz der vorhandenen Widersprüche dominieren dürfte, ergibt sich auch aus der noch darzustellenden Rechtsprechung zu den Grenzen des Ausgestaltungsspielraums, die gerade beide Positionen schützen sollen[693].

Allerdings hat das Bundesverfassungsgericht die Unterscheidung zwischen Ausgestaltungs- und Schrankengesetzen, die sich ausschließen und die nicht ineinander übergehen können[694], nicht immer strikt eingehalten: So hat es beispielsweise die Aussage getroffen, dass die Ausgestaltung nicht zur Beschränkung des Grundrechts berechtige. Diese sei nur aufgrund von Art. 5 Abs. 2 GG möglich[695]. Weiterhin gebrauchte es die Formulierung von ausgestaltenden Gesetzen, die Art. 5 Abs. 1 S. 2 GG dienen und die die Rundfunkfreiheit berühren können[696].

Damit räumt es ein, dass eine Beschränkung des Grundrechts durch Ausgestaltung denkbar – allerdings nicht zulässig – ist, was der klaren Trennung der beiden Institute widerspricht. Ebenso hat das Gericht nach Feststellung einer unzulässigen – da zu weit gehenden – Ausgestaltung das betreffende Gesetz am Maßstab der Schrankengesetze gemessen[697]. Diese Vorgehensweise ist inkonsequent. Unzulässige Ausgestaltungsgesetze sind verfassungswidrig; sie können nicht als Schrankengesetze ausgelegt und an deren Maßstäben gemessen werden[698]. Die Unzulässigkeit einer Maßnahme führt nicht dazu, sie qualitativ anders zu bewerten[699]. Diese Vorgehensweise und die entsprechenden Formulie-

693 Es handelt sich hierbei um die „Zweckbindung und Geeignetheit" zum Schutz der Vielfaltsicherung einerseits und der „Funktionsfähigkeit" des privaten Rundfunks andererseits, vgl. Kap. 4 VI 2) b) bb).

694 A.A.: *Ricker/Schiwy*, B 185, F 69, wonach beide Regelungsarten ineinander übergehen können.

695 BVerfGE 57, 295, 321.

696 BVerfGE 74, 297, 334.

697 BVerfGE 74, 297, 336 ff.; *Charissé*, S. 107 f.

698 Vgl. *Ruck*, AöR 117, 543, 549; *Hoffmann-Riem*, S. 73, Fn. 48: die Beeinträchtigung einer subjektiven Rechtsposition bedingt den Eingriffscharakter, nicht die Unzulässigkeit der Ausgestaltung; anders aber *Rossen*, S. 309: verfehlt der Gesetzgeber die Gestaltungsaufgabe, kann die Ausgestaltung in einen Eingriff „umschlagen".

699 *Ruck*, AöR 117, 543, 550; a. A. wohl *Jarass/Pieroth*, GG, Art. 5 Rn. 44.

rungen des Bundesverfassungsgerichts zeigen jedenfalls auf, dass auch es selbst nicht immer über die Einordnung einer Maßnahme im Klaren ist.

b) Die Auffassung des Schrifttums zum Bestehen eines Ausgestaltungsrechts i. R. d. Art. 5 Abs. 1 S. 2 GG

Die Auffassungen des Schrifttums zum Bestehen eines Ausgestaltungsspielraums hängen davon ab, ob die Rundfunkfreiheit vorwiegend objektiv- oder subjektiv-rechtlich gedeutet wird.

Vor dem Hintergrund der objektiv-rechtlichen Sichtweise wird vertreten, dass ein Ausgestaltungsvorbehalt bestehe, der sich aus den Grundsätzen von Organisation und Verfahren ergebe[700]. Eine Organisationsgesetzgebung diene der Verwirklichung der Grundrechte und stelle teilweise sogar deren notwendige Voraussetzung dar[701]. Die Rundfunkfreiheit sei nicht primär subjektiv-rechtlich zu verstehen und erhalte durch die Ausgestaltung erst Substanz. Allerdings könnten durch die Ausgestaltung subjektive Rechte entstehen. Bei deren Umgestaltung könnte damit zugleich ein Eingriff gegeben sein[702].

Andere Stimmen erkennen das Bestehen eines Ausgestaltungsspielraums an, unterwerfen diesen jedoch denselben Grenzen wie die Schrankengesetze, wobei zahlreiche Nuancen vertreten werden[703]. Begründet wird dies damit, dass die Grundrechtsausgestaltung in ihrer Wirkung auf subjektive Rechtspositionen ebenso belastend sein könne wie Eingriffe in einen Grundrechtsbereich, und dass

700 Zur Terminologie: *Alexy*, S. 430 ff.; vgl. auch *Lerche*, HaBuStR, § 121.

701 *Stern*, HaBuStR, § 109, Rn. 61; *ders.*, StR, S. 959 ff., 966; *Bethge*, DVBl 1983, 369, 375 f., nach dem Art. 5 Abs. 1 S. 2 GG einen grundrechtlichen Gesetzesvorbehalt enthalte, der zur Grundrechtsaktualisierung und -effektuierung den Erlass von Organisations- und Verfahrensgesetzen erforderlich mache; der Gestaltungsvorbehalt sei den allgemeinen Gesetzen gewissermaßen „vorgelagert“; vgl. aber auch *Denninger*, HaBuStR § 133 Rn. 7, der 4 Untergruppen der Organisations- und Verfahrensregeln bildet und Art. 5 Abs. 1 S. 2 GG außer in die Gruppe der so bezeichneten „Verfahrensrechte“ in die drei sonstigen einordnet: die Grundrechtsausübung hängt von dem Durchlaufen eines Verfahrens ab; das Grundrecht dient der Grundrechtsverwirklichung Dritter oder dem Gemeinwohlinteresse; das Grundrecht kann nur unter Inanspruchnahme besonderer Leistungen oder Einrichtungen ausgeübt werden.

702 Vgl. Kap. 1 II 3) a); *Hoffmann-Riem*, S. 71 ff; *Eichler*, ZUM 1995, 599, 602.

703 Vgl. Kap. 4 VI 1) b); *Charissé*, S. 105 ff., 108, der den Ausgestaltungsvorbehalt ablehnt, aber darstellt, dass bei dessen Befürwortung Art. 5 Abs. 2 GG anzuwenden ist; *Schmitt Glaeser* AöR 112, 215, 246 f.; *Bohl*, S. 52 f.; *Hoffmann-Riem*, AöR 109, 304, 313, 315.

deshalb nicht einzusehen sei, dass diese Maßnahmen an verschiedenen Maßstäben zu messen seien[704].

Teilweise wird das Bestehen eines Ausgestaltungsvorbehalts bei Art. 5 GG abgelehnt[705]. Dies geschieht vor dem Hintergrund des subjektiv-rechtlichen Verständnisses der Rundfunkfreiheit: Stellt diese ein Individualgrundrecht dar, haben staatliche Beeinträchtigungen Eingriffsqualität und sind an Art. 5 Abs. 2 GG zu messen[706].

c) Stellungnahme

Die hier vertretene Ansicht orientiert sich an der Rechtsprechung des Bundesverfassungsgerichts[707] und betrachtet die Rundfunkfreiheit vorwiegend als objektiv-rechtliche Freiheit, die der Ausgestaltung durch den Gesetzgeber bedarf. Soweit diese – zulässigerweise – reicht, tritt die subjektiv-rechtliche Komponente zurück. Daher ist es konsequent, das Bestehen eines Ausgestaltungsspielraums anzunehmen, um damit dem Grundrecht Konturen zu geben.

2) Die Grenzen des Ausgestaltungsspielraums

Nachdem das Bestehen eines Gestaltungsspielraums somit skizziert wurde, stellt sich weiterhin die Frage, wo dieser endet.

Für den Gesetzgeber stellt sich im Rahmen dieser Ausgestaltung das Problem, dass er einerseits vom Bundesverfassungsgericht zur Sicherung der Meinungsvielfalt in die Pflicht genommen wird und er aufgrund der vom Bundesverfassungsgericht mehrfach herausgehobenen überragenden Bedeutung der Rundfunkfreiheit für eine funktionierende Demokratie ausdrücklich zur Schaffung einer positiven Ordnung aufgefordert wird. Gleichzeitig ist die Staatsfreiheit des Rundfunks zu beachten, die insoweit auch ein Abwehrrecht der Rundfunkveranstalter darstellt[708]. Vor diesem Hintergrund erscheint die Grenzziehung schwierig.

Ausdrückliche Grenzen hat das Bundesverfassungsgericht in seiner Rechtsprechung nicht gezogen. Aus Art. 5 Abs. 2 GG können diese nicht entnommen

704 *Bremer* in: *Bremer/Esser/Hoffmann*, Fn. 120; *Charissé*, S. 105 ff., 108.
705 Vgl. *Ruck*, AöR 117, 543, 555 ff.
706 Eine dogmatische Sonderbehandlung sei nicht zulässig, *Braml*, S. 91, 96; *Charissé*, S. 101 ff., 105, der einen Ausgestaltungsvorbehalt ablehnt, aber einen Handlungsauftrag aus dem Schutzpflichtgedanken ableitet.
707 Vgl. Kap. 1 II 1) a).
708 Vgl. Kap. 1 I 2) a); BVerfGE 73, 118, 182; BVerfGE 83, 238, 322.

werden. Dies ergibt sich aufgrund der bereits dargestellten strukturellen und funktionalen Unterschiede der Ausgestaltungs- und Schrankengesetze.

a) Übertragung der Grenzen des Gestaltungsspielraums, die aus anderen Grundrechten abgeleitet wurden

In einer Entscheidung, die nicht die Rundfunkfreiheit, sondern die Arbeitsmarkt-, Sozial- und Wirtschaftsordnung betraf, und in der das Bundesverfassungsgericht dem Gesetzgeber ebenfalls einen weiten Gestaltungsspielraum sowie einen Einschätzungs- und Prognosevorrang zuerkannte, äußerte es sich auch zu den Grenzen dieses Spielraums.

Dabei hob es hervor, dass der Gestaltungsspielraum nur dann überschritten sei, wenn die Erwägungen des Gesetzgebers „so offensichtlich fehlsam sind, dass sie vernünftigerweise keine Grundlage für gesetzgeberische Maßnahmen abgeben können“[709]. Diese Grenze gelte auch im Hinblick auf die eingesetzten Mittel. Weiterhin hat das Bundesverfassungsgericht in derselben Entscheidung die Maßnahmen danach bemessen, ob sie unvertretbar oder nachweislich unrichtig sind.

Die Grenzziehung der „offensichtlichen Fehlsamkeit“ einer Maßnahme kann jedoch nicht auf die Rundfunkfreiheit übertragen werden. Ebenso ist es nicht ausreichend, wenn die Maßnahmen unvertretbar oder nachweislich unrichtig sind.

Dies ergibt sich aus der besonderen Bedeutung der Rundfunkfreiheit nach der Rechtsprechung des Bundesverfassungsgerichts insbesondere im Hinblick auf deren dienende Funktion für die individuelle und öffentliche Meinungsbildung, die es erfordern, Fehlentwicklungen entgegen zu wirken und diese zu vermeiden.

Ist eine Maßnahme jedoch offensichtlich fehlsam, ist eine solche Fehlentwicklung bereits eingetreten. Diese soll jedoch gerade verhindert werden.

Dies führt dazu, dass die offensichtliche Fehlsamkeit als Grenze für die Rundfunkfreiheit zu weit gezogen ist. Die tatsächliche Grenze muss unterhalb dieser Schwelle angesiedelt werden.

b) Ableitung der Grenzziehung aus der Rechtsprechung des Bundesverfassungsgerichts zur Rundfunkfreiheit

Die Grenzen des gesetzgeberischen Gestaltungsspielraums bei der Rundfunkfreiheit sind vielmehr den Ausführungen des Bundesverfassungsgerichts zu entnehmen.

---

709 BVerfGE 77, 84, 106; BVerfGE 30, 292, 317.

aa) Willkür und „grobe Verzerrung" als Grenze

Im sog. sechsten Rundfunkurteil[710] stand das Bundesverfassungsgericht vor der Aufgabe, die Zusammensetzung von Kontrollgremien des Westdeutschen Rundfunks (WDR) und privater Veranstaltergemeinschaften zu bewerten und an den Anforderungen des Art. 5 Abs. 1 S. 2 GG zu messen.

Das Bundesverfassungsgericht betonte auch hierbei den weiten Gestaltungsspielraum des Gesetzgebers. Dessen Regelungen müssten geeignet sein, die Rundfunkfreiheit zu wahren. Innerhalb dieser Grenzen unterliege der Gesetzgeber keinen Beschränkungen[711]. Der Gestaltungsraum bedeute jedoch kein Belieben[712]. Die Gestaltungsbefugnis ende nicht an der hoch anzusetzenden Willkürgrenze des Art. 3 Abs. 1 GG. Auch ein grob einseitig zusammengesetztes Gremium sei nicht geeignet, die Anforderungen des Art. 5 Abs. 1 S. GG zu erfüllen.

In dieser Entscheidung, die speziell den Rundfunkbereich betraf, wurde der Maßstab des Gestaltungsspielraums damit ein wenig weiter konkretisiert: Für die Zusammensetzung von Kontrollgremien gelte, dass die Gestaltungsbefugnis des Gesetzgebers nicht erst an der hoch anzusetzenden Willkürgrenze des Art. 3 Abs. 1 GG ende[713]. Es dürfe keine grobe Verzerrung eintreten und die Kontrollgremien dürften nicht grob einseitig besetzt werden[714].

Ob dies allein auf den gesamten Bereich der Rundfunkfreiheit als Grenzziehung übertragen werden kann, ist jedoch zweifelhaft. Zum einen lassen auch diese Vorgaben des Bundesverfassungsgerichts nicht genau erkennen, wo die Grenze des Gestaltungsspielraums verläuft. Sie liegt jedenfalls unterhalb der Willkürgrenze oder der Schwelle einer „groben Verzerrung". Allerdings genügt es zur Sicherung der Meinungsvielfalt nicht nur, eine „grobe Verzerrung" zugunsten von Partikularinteressen zu verhindern. Vielmehr muss möglichst jeder Art und jedem Grad der Verzerrung entgegen getreten werden, da jegliche Verzerrung eine Fehlentwicklung darstellt oder eine solche auslösen kann. Deren Entstehung soll aber gerade auch verhindert werden. Die Grenze der „groben Verzerrung" kann daher im Rundfunkbereich nicht ausreichen, um die Meinungsvielfalt wirksam zu sichern, da bereits unterhalb dieser Schwelle eine Beeinträchtigung entstehen kann.

710 BVerfGE 83, 238.
711 BVerfGE 83, 238, 334.
712 BVerfGE 83, 238, 337.
713 BVerfGE 83, 238, 334.
714 BVerfGE 83, 238, 335.

bb) Zweckbindung, Geeignetheit sowie „Funktionsfähigkeit des privaten Rundfunks" als Grenzen

Nach der Rechtssprechung des Bundesverfassungsgerichts dient der eingeräumte Gestaltungsspielraum der Sicherung der Meinungsvielfalt. Mit der Festlegung des Spielraums ist jedoch auch eine Festlegung der Grenzen erfolgt. Sie klingen in mehreren Entscheidungen des Bundesverfassungsgerichts an und können daraus entwickelt werden.

Danach darf die Ausgestaltung nur der Sicherung der Rundfunkfreiheit dienen. Der Gesetzgeber ist bei der Ausgestaltung an Art. 5 Abs. 1 S. 2 GG gebunden[715].

Als zulässige Ausgestaltung ist somit nur anzusehen, was der Sicherung der Rundfunkfreiheit dient[716]. Da der Rundfunk die individuelle und öffentliche Meinungsbildung gewährleisten soll, endet der Gestaltungsspielraum des Gesetzgebers dort, wo diese Aufgabe gefährdet wird[717]. Die zwingenden Anforderungen der Rundfunkfreiheit sind zu beachten[718]. Daher endet die Gestaltungsfreiheit dort, wo sie nicht geeignet ist, die dienende Funktion der Rundfunkfreiheit wirksam zu sichern[719].

Weiterhin müssen die getroffenen Maßnahmen aber auch bewirken, dass das Ziel der Rundfunkfreiheit erreicht wird. Die Maßnahmen müssen wirksam sein. Die Aufgabe und deren wirksame Erfüllung stellen daher die Grenze der Ausgestaltungsfreiheit dar[720]. Eine Grenze ist somit in der Zweckbindung und Geeignetheit der Maßnahmen zum Schutz der Meinungsvielfalt zu sehen.

Dies kann auch aus den Besonderheiten der dienenden Funktion selbst und den Anforderungen des Bundesverfassungsgerichts an die Rundfunkfreiheit gefolgert werden, die von vielen anderen Gegenstandsbereichen abweichen: Es ist eine positive Ordnung zu schaffen, die imstande ist, einen Grundstandard gleichgewichtiger Vielfalt zu sichern und gewährleistet, dass die verschiedenen Meinungsrichtungen und gesellschaftlichen Kräfte im privaten Rundfunk zu Wort kommen können[721]. Die Gewährleistung freier und umfassender Berichterstattung und die Vermeidung von Fehlentwicklungen sind von Verfassungs we-

715 BVerfGE 74, 297, 334.
716 BVerfGE 74, 297, 334; *Jarass*, Gutachten G für den 56. DJT, Rn. 34, 35.
717 BVerfGE 83, 238, 310.
718 BVerfGE 83, 238, 324.
719 BVerfGE 83, 238, 324.
720 Vgl. *Lehr* in: Pluralismus, Markt und Medienkonzentration, S. 101, nach dem aufgrund der gebotenen Effektivität der Konzentrationskontrolle der Gestaltungsspielraum des Gesetzgebers eng sei.
721 Vgl. Kap. 1 II 1) a); BVerfGE 73, 118, 160, 169.

gen zu beachten[722]. Daraus ergibt sich der Anspruch, dem die Rundfunkordnung genügen muss: Sie muss in der Lage sein, diese Voraussetzungen zu erfüllen; gelingt ihr das nicht und trägt sie nicht zu diesen Zielvorgaben bei, ist sie nicht verfassungsgemäß.

Weiterhin ist es die häufig betonte Vorgabe des Bundesverfassungsgerichts, dass Fehlentwicklungen möglichst vermieden werden sollen, da diese nur schwer oder gar nicht rückgängig zu machen seien[723]. Auch dieses Erfordernis gebietet es, die Grenze der gesetzgeberischen Ausgestaltungsfreiheit, wie bereits ausgeführt, nicht erst bei Willkür oder offensichtlicher Fehlsamkeit der Maßnahmen anzusetzen, sondern bereits dann, wenn die Entstehung von Fehlentwicklungen begünstigt oder zumindest nicht effektiv bekämpft und dadurch die Meinungsvielfalt gefährdet wird.

Daraus ergibt sich, dass der Ausgestaltungsspielraum des Gesetzgebers durch die Zweckbindung an Art. 5 Abs. 1 S. 2 GG und die Geeignetheit der Maßnahmen begrenzt ist.

Dies bedeutet jedoch nicht, dass alle Maßnahmen, die geeignet sind, die Rundfunkfreiheit zu sichern, zulasten der privaten Rundfunkveranstalter zulässig sind.

Das Bundesverfassungsgericht hat vielmehr betont, dass privater Rundfunk nicht Anforderungen unterliegen darf, die seine Veranstaltung in hohem Maß erschweren oder ausschließen[724]. Die Maßnahmen zur Sicherung und Förderung der Meinungsvielfalt dürfen damit nicht soweit gehen, dass sie private Veranstalter in dieser Weise einschränken. Durch dieses Erfordernis ist damit eine weitere Grenze gezogen[725]. Die Freiheit des Gesetzgebers besteht daher nur insoweit, als er diese Grenzen nicht überschreitet[726]. Das Bundesverfassungsgericht trägt damit auch der subjektiven Komponente der Rundfunkfreiheit Rechnung.

Aus dieser Rechtsprechung ergibt sich, wie bereits angesprochen, dass es sich bei den Regelungen der Vielfaltsicherung um Ausgestaltungsgesetze handelt, da das Bundesverfassungsgericht als Grenzen des Ausgestaltungsspielraums vorsieht, dass sowohl die Vielfaltsicherung, als auch der private Rundfunk, „funktionsfähig" sein müssen.

722 BVerfGE 97, 228, 267.
723 Vgl. Kap. 1 II 1) a); BVerfGE 73, 118, 160.
724 BVerfGE 73, 118, 157; BVerfGE 83, 238, 317; *Degenhart* in: BK, Art. 5, Rn. 638, 831.
725 BVerfGE 83, 238, 317; *Gersdorf* in: Mainzer Rechtshandbuch, Rn. 14; *Bohl*, S. 46.
726 BVerfGE 83, 238, 317.

c) Fazit

Der Ausgestaltungsspielraum bewegt sich daher zwischen diesen Positionen der Interessen zur Sicherung der Meinungsvielfalt und der privaten Veranstalter. Die Grenzen sind erreicht, wenn entweder der Rundfunkfreiheit als dienender Freiheit nicht wirksam Rechnung getragen wird oder wenn die Veranstaltung privaten Rundfunks unnötig erschwert wird. In jedem Fall liegen die Grenzen aber niedriger als bei Willkür oder offensichtlicher Fehlsamkeit der Maßnahmen oder einer groben Verzerrung, da beide vom Bundesverfassungsgericht gezogenen Grenzen bereits unterhalb von offensichtlicher Fehlsamkeit, Willkür oder einer groben Verzerrung berührt oder überschritten sind.

3) Die Verhältnismäßigkeit als Prüfungsmaßstab für ausgestaltende Gesetze

Es stellt sich nunmehr die Frage, welcher Prüfungsmaßstab an ausgestaltende Gesetze anzulegen ist und ob sie am rechtstaatlichen Maßstab der Verhältnismäßigkeit gemessen werden können.

a) Die im Schrifttum vertretenen Auffassungen zur Anwendbarkeit der Verhältnismäßigkeitsprüfung

Schrankengesetze gemäß Art. 5 Abs. 2 GG unterliegen der Verhältnismäßigkeitsprüfung. Für Ausgestaltungsgesetze ist dies umstritten.

Soweit im Schrifttum ein Ausgestaltungsrecht eingeräumt wird, wird vorgebracht, dass eine komplette oder zumindest eingeschränkte Verhältnismäßigkeitsprüfung durchzuführen sei; teilweise wird darüber hinaus gefordert, es an den Schranken des Art. 5 Abs. 2 GG zu messen, da es ebenso belastende Wirkungen haben könne wie ein Eingriff[727].

---

727 *Ricker/Schiwy*, F 69, B 185; *Bohl*, S. 51 ff., der sich auf die subjektiv-rechtliche Auslegung der Rundfunkfreiheit beruft und darüber hinaus auch die Schranken des Abs. 2 anwenden will; *Eberle*, S. 42 ff., 44: Anders als im Fall des Art. 14 GG diene die Ausgestaltung des Art. 5 Abs. 1 S. 2 GG der Meinungsbildung, die aber nicht grundrechtsimmanent sei, sondern gewissermaßen außerhalb des Grundrechts stehe; daher sei diese Art der Ausgestaltung sonstigen grundsrechtsbeschränkenden Gesetzen vergleichbar; daher sei das Übermaßverbot mit den Maßstäben der Geeignetheit, Erforderlichkeit und Verhältnismäßigkeit wie im Fall der Eingriffsgesetzgebung anzuwenden; *Bremer*, S. 44 Fn. 120 a.E., da der Gesetzgeber bei der Ausgestaltung auch auf Grundrechte einwirke, die aber nur unter den Voraussetzungen des Übermaßverbots beschränkbar seien; *Bullinger*, AöR 108, 161, 208; *Schmitt Glaeser*, AöR 112, 215, 246 f.; einschränkend *Hoffmann-Riem*, AöR 109, 304, 316:

Die Stimmen im Schrifttum, die zwischen der erstmaligen Ausgestaltung durch den Gesetzgeber und einer Umgestaltung unterscheiden, wenden für die Umgestaltung den Prüfungsmaßstab des Übermaßverbots an, wenn und soweit durch die erstmalige Ausgestaltung subjektive Rechtspositionen geschaffen worden seien, die durch das Umgestaltungsgesetz beeinträchtigt würden. Dann läge in der Umgestaltung gleichzeitig ein Eingriff[728].

Den dargestellten Ansichten kann nicht gefolgt werden.

Vorzugswürdig ist vielmehr der folgende Überlegungsansatz: Teilweise wird vertreten, dass die Übertragung der Verhältnismäßigkeitsprüfung auf die Rundfunkfreiheit wegen der primär dienenden Funktion nicht gerechtfertigt sei[729]. Es sei nur die Geeignetheit zu prüfen, nicht dagegen die Erforderlichkeit und die Verhältnismäßigkeit im engeren Sinne[730]. Dies ergebe sich aus den Besonderheiten der Rundfunkfreiheit: Die klassische Verhältnismäßigkeitsprüfung liege in der subjektiv-rechtlichen Funktion der Freiheitsrechte als Abwehrrechte des Bürgers gegen staatliche Eingriffe begründet. Demgegenüber steht bei der Rundfunkfreiheit nach der Rechtsprechung des Bundesverfassungsgerichts die dienende Komponente im Vordergrund. Mit dieser sei es aber nicht vereinbar, eine Erforderlichkeitsprüfung durchzuführen: Diese sei nicht übertragbar, da sie im Falle staatlicher Eingriffe in Grundrechte die Frage nach dem für den Grundrechtsträger milderen Mittel, also diesen weniger belastenden Maßnahmen, aufwerfe. Diese Konstellation passe aber nicht auf die Rundfunkfreiheit, die aufgrund der dienenden Komponente in erster Linie nicht der Grundrechtsverwirklichung des Grundrechtsträgers diene, sondern dem individuellen und öffentlichen Meinungsbildungsprozess[731]. Aus denselben Erwägungen sei eine Überprüfung der Verhältnismäßigkeit im engeren Sinne ausgeschlossen, da diese die Frage nach dem Ausgleich von Konfliktpositionen aufwerfe und auf eine angemessene Mittel-Zweck-Relation fokussiere[732]. Daher sei nur die Geeignetheit –

Es wäre verfehlt, die Anforderungen bei Ausgestaltungsgesetzen in gleicher Weise zu überprüfen wie bei Schrankengesetzen; *Jarass*, Gutachten G für den 56. DJT, Rn. 36: Grenze ist der Verhältnismäßigkeitsgrundsatz, wenn auch in nicht in einer besonders strikten Form, wobei offen bleibt, inwieweit die einzelnen Kriterien Anwendung finden; *Charissé*, S. 105 ff., 108, der Art. 5 Abs. 2 GG anwendet, die Anforderungen an die Verhältnismäßigkeitsprüfung aber absenken will.

728 *Hoffmann-Riem*, S. 73, 74; *Ruck*, AöR 117. 543, 550; *Eichler*, ZUM 1995, 599, 602.

729 Vgl. *Ruck*, AöR 117 543, 550, *Gersdorf* in: Mainzer Rechtshandbuch, Rn. 14 ff.

730 *Gersdorf* in: Mainzer Rechtshandbuch, Rn. 14 ff.

731 *Gersdorf* in: Mainzer Rechtshandbuch, Rn. 15.

732 *Gersdorf* in: Mainzer Rechtshandbuch, Rn. 15.

neben sonstigen allgemeinen verfassungsrechtlichen Vorgaben wie dem Bestimmtheitsgrundsatz[733] – zu prüfen.

b) Entwicklung eines eigenen Prüfungsmaßstabs unter Berücksichtigung der Rechtsprechung des Bundesverfassungsgerichts

Zustimmung verdient die Auffassung, dass eine klassische Verhältnismäßigkeitsprüfung aufgrund des dienenden Charakters der Rundfunkfreiheit sinnvollerweise nicht durchgeführt werden kann. Dies liegt auch darin begründet, dass Maßnahmen, die die Rundfunkfreiheit betreffen, immer entweder zulasten der dienenden Komponente oder zulasten der subjektiv-rechtlichen Komponente gehen und zwischen diesen ein Ausgleich zu schaffen ist. Hinzu kommt, dass der Gesetzgeber gerade zur Schaffung einer positiven Ordnung aufgefordert ist. Die Gegenauffassung verkennt oft die Bedeutung des dienenden Charakters und überträgt die Schranken für Eingriffe in Grundrechte auf die Ausgestaltungsfreiheit, die nach der – insoweit aber nicht immer widerspruchsfreien – Rechtsprechung des Bundesverfassungsgerichts aber voneinander zu trennen sind[734].

Anders als bei den Abwehrrechten stehen sich nicht zwei widerstreitende Positionen – die des Grundrechtsinhabers und des Staates – gegenüber, die in Ausgleich zu bringen sind. Im Rahmen der Prüfung der Erforderlichkeit und der Verhältnismäßigkeit im engeren Sinne fehlt der Anknüpfungspunkt – es stellt sich nämlich die Frage, im Hinblick auf welchen Bezugspunkt das Vorliegen eines milderen Mittels gemessen oder eine Mittel-Zweck-Relation hergestellt werden sollte. Dieses Vorgehen ist sinnvoll und nachvollziehbar, soweit Grundrechte im Sinne einer subjektiv-rechtlichen Auslegung verstanden werden. Anknüpfungspunkt ist dann der Grundrechtsträger selbst und die diesen treffende Belastung. Vor dem Hintergrund einer objektiveren Betrachtung, bei der die Rundfunkfreiheit als dienende Freiheit verstanden wird, erweisen sich diese Prüfungsschritte jedoch als schwer nachvollziehbar.

Eine „klassische" Verhältnismäßigkeitsprüfung widerspricht der Rechtsprechung des Bundesverfassungsgerichts auch insoweit, als dieses dem Gesetzgeber weitgehende Gestaltungsfreiheit einräumt und diesem in Form des Wirksamkeitserfordernisses bzw. der angemessenen Berücksichtigung der Ziele des Art. 5 Abs. 1 S. 2 GG relativ hohe Grenzen setzt. Dies wäre schwerlich mit einer Prü-

733 *Gersdorf* in: Mainzer Rechtshandbuch, Rn. 14, 16; BVerfGE 83, 238, 322.
734 Vgl. Kap. 4 VI 1) a).

fung der Erforderlichkeit und Verhältnismäßigkeit im engeren Sinne zu vereinbaren[735].

Allerdings kann der Rechtsprechung des Bundesverfassungsgerichts entnommen werden, dass nicht nur auf die Eignung der Maßnahmen abzustellen ist. Es betont über die Frage der Geeignetheit hinaus, dass weitere Aspekte vorliegen müssen, die unterschiedlich bezeichnet und beschrieben werden, wie etwa die angemessene Berücksichtigung der Interessen des Art. 5 Abs. 1 S. 2 GG[736]. Die dienende Funktion darf nach den Vorgaben des Bundesverfassungsgerichts nicht gefährdet, sondern muss wirksam gesichert werden[737]. Die Ausgestaltung dürfe nur der Sicherung der Rundfunkfreiheit dienen, es bedürfe konkreter Gründe statt allgemeiner Erwägungen, dass die gesetzlichen Maßnahmen, die die Rundfunkfreiheit berühren, der besseren oder gleichwertigen Sicherung dieser Freiheit dienen[738].

In diesen Ausführungen, insbesondere zu der Orientierung an der Sicherung der Meinungsvielfalt und deren Wirksamkeit, liegen aber Wertungen, die über die Frage der (abstrakten) Geeignetheit hinausgehen und gesondert geprüft werden müssen, damit eine Maßnahme verfassungsrechtlich zulässig ist[739]. Daher muss zum Prüfungsmaßstab der Geeignetheit der Regelung zur Erreichung eines legitimen Ziels ein weiterer Prüfungspunkt hinzutreten, der hier als „konkrete Geeignetheit" bezeichnet wird und der die Wertungen des Bundesverfassungsgerichts berücksichtigt[740]. Korrektiv auf der gegenläufigen Position ist die „Funktionsfähigkeit privaten Rundfunks". Demgegenüber wird der Prüfungspunkt, der

---

735 Diesem Problemfeld wollen einige Stimmen in der Literatur dadurch begegnen, dass sie dem Bundesverfassungsgericht nur eine eingeschränkte Kontrolldichte zugestehen, vgl. Kap. 4 VI 4).

736 BVerfGE 57, 295; 320; BVerfGE 60, 53, 64; BVerfGE 97, 228, 267 – dies stellt aber keine Verhältnismäßigkeitsprüfung dar: das Bundesverfassungsgericht prüft die Erforderlichkeit nicht; die „angemessene Berücksichtigung der Ziele des Art. 5 Abs. 1 S. 2 GG ist keine klassische Prüfung der Verhältnismäßigkeit im engeren Sinn; vgl. auch *Charissé*, Fn. 362.

737 BVerfGE 83, 238, 324.

738 BVerfGE 74, 297, 334; wohl insbesondere aus dieser Formulierung wird teilweise der Schluss gezogen, das Bundesverfassungsgericht wolle doch eine Verhältnismäßigkeitsprüfung durchführen; vgl. *Ricker/Schiwy*, F. 69 ff.; *Bremer*, Fn. 120.

739 Vgl. Kap. 4 VI 5); die – abstrakte – Eignung kann aufgrund der praktischen Auswirkungen und sonstiger Effekte erheblich davon abweichen, ob die Maßnahme auch wirksam ist und dem Ziel der Rundfunkfreiheit gerecht wird.

740 Es bleibt bei *Gersdorf* in: Mainzer Rechtshandbuch, Rn. 16 a.E. ein Stück weit unklar, ob die Wertungen des Bundesverfassungsgerichts innerhalb der Geeignetheit berücksichtigt werden, da er insoweit die Frage aufwirft, ob die Maßnahmen geeignet sind, zu bewirken, was durch Art. 5 Abs. 1 S. 2 GG geboten ist.

üblicherweise die Frage der Geeignetheit zum Gegenstand hat, als „abstrakte Geeignetheit" bezeichnet.

An diesen Maßstäben sind also die Bonusregelungen zu messen.

4) Die Kontrolldichte des Bundesverfassungsgerichts für ausgestaltende Gesetze

Schließlich stellt sich die Frage nach der Kontrolldichte des Bundesverfassungsgerichts für Maßnahmen im Rundfunkbereich.

Die Kontrolldichte des Bundesverfassungsgerichts hängt einerseits von dem Prognosespielraum des Gesetzgebers ab. Das Bundesverfassungsgericht hat insoweit hervorgehoben, dass die Ungewissheit über Auswirkungen eines Gesetzes nicht die Befugnis des Gesetzgebers zum Erlass des Gesetzes, auch wenn dies von großer Tragweite ist, beschränkt, während andererseits die Ungewissheit über zukünftige Entwicklungen nicht dazu führt, einen Prognosespielraum zu begründen. Die Grundlagen des Wahrscheinlichkeitsurteils, das in der Prognoseentscheidung enthalten sei, seien überprüfbar[741].

Im einzelnen hängen die Einschätzungsprärogative und der Prognosespielraum des Gesetzgebers in Bezug auf den zu regelnden Sachverhalt von verschiedenen Faktoren und insbesondere von der Eigenart des betroffenen Sachbereichs, der Möglichkeit, sich ein sicheres Urteil zu bilden, und der Bedeutung der auf dem Spiel stehenden Rechtsgüter ab[742]. Danach bestimme sich, ob eine Evidenzkontrolle, eine Vertretbarkeitskontrolle oder eine intensivierte inhaltliche Kontrolle durchzuführen sind. Je bedeutsamer ein Grundrecht ist, desto intensiver fällt die Kontrolle aus[743]. So hat das Bundesverfassungsgericht im Hinblick auf das Rechtsgut „Leben" eine intensive Kontrolle ausgeübt, während bei ökonomisch geprägten Sachverhalten eine geringere Kontrolldichte auszumachen ist[744]. Bei der Überprüfung ist jedoch Zurückhaltung geboten, wenn es sich um komplexe, schwer überschaubare und im Einzelnen unklare Verhältnisse handelt[745].

Aus der Rechtsprechung des Bundesverfassungsgerichts können sich im Bereich der Rundfunkfreiheit Anhaltspunkte sowohl für eine enge als auch für eine weite Kontrolldichte entnehmen lassen[746]: Einerseits spricht die Betonung der

---

741 BVerfGE 50, 290, 332.

742 BVerfGE 50, 290, 332 f.

743 *Lehr* in: Pluralismus, Markt und Medienkonzentration, S. 95 ff., 99; *ders.*, in: Medienvielfalt ohne Kontrolle, S. 56 ff., 59.

744 *Ossyra*, S. 112, 114.

745 BVerfGE 77, 84, 107.

746 Vgl. hierzu *Stern*, StR, S. 1307 f.

herausragenden Bedeutung der Rundfunkfreiheit und der Wirksamkeit der Maßnahmen, insbesondere im Hinblick auf eine Vermeidung von Fehlentwicklungen, für eine enge Kontrolldichte im Sinne einer intensivierten inhaltlichen Kontrolle, um die gestellten hohen Anforderungen an die Geeignetheit genau zu überprüfen[747]. Hierfür spricht auch, dass der Gesetzgeber gegebenenfalls nachbessern muss[748].

Jedoch eröffnet das Bundesverfassungsgericht dem Gesetzgeber einen weiten Gestaltungsspielraum, räumt ihm das Recht zu Prognosen ein, betont, dass die Sicherung der Meinungsvielfalt nicht mit letzter Gewissheit möglich sei und gesteht ihm zu, zunächst Erfahrungen sammeln zu müssen. Dies deutet eher auf eine schwächere Kontrolldichte im Sinne einer Vertretbarkeitskontrolle hin. Demgegenüber dürfte eine bloße Evidenzkontrolle nicht in Betracht kommen, da diese der Bedeutung der Rundfunkfreiheit nicht gerecht wird[749].

5) Die verfassungsrechtliche Bewertung der Bonusregelungen nach dem 6. Rundfunkstaatsvertrag

Die verfassungsrechtliche Überprüfung der Bonusregelungen richtet sich somit nach den dargestellten Kriterien.

a) Legitimes Ziel

Ziel der Bonusregelungen ist es, die Ausstrahlung von Regionalfensterprogrammen und die Einräumung von Drittsendezeit zu honorieren, da in beiden Fällen ein Beitrag zur Meinungsvielfalt geleistet wird[750]. Bei der Erfüllung der aufgeführten Voraussetzungen wird der tatsächliche zurechenbare Zuschaueranteil eines Veranstalters reduziert und die Vermutungswirkung des § 26 Abs. 2 S. 2 RStV greift nicht ein[751]. Durch die Honorierung soll zur Meinungsvielfalt bei-

747 *Hoffmann-Riem*, AöR 109, 304, 317, der sich insoweit darauf bezieht, dass eine „hinreichende Wahrscheinlichkeit" für die Wirksamkeit der Maßnahme bestehen müsse; *Lehr* in: Pluralismus, Markt und Medienkonzentration, S. 100 f.; a.A. *Ossyra*, der für eine Vertretbarkeitskontrolle plädiert: sie stelle einen angemessenen Kompromiss zwischen der Einschätzungsprärogative und der effektiven Vielfaltsicherung dar; *Charissé*, S. 110, der von einer verringerten Kontrolldichte ausgeht, da es sich um die Beurteilung eines komplexen Sachgebiets handeln würde.

748 BVerfGE 73, 118, 169, 203.

749 So auch *Ossyra*, S. 114.

750 Amtliche Begründung zu § 26, abgedruckt unter *Hartstein/Ring/Kreile/Dörr/Stettner*, § 26.

751 Vgl. Kap. 4 IV.

getragen werden, da vielfaltsichernde Maßnahmen zur Bekämpfung des Entstehens von vorherrschender Meinungsmacht gefördert werden sollen[752].

b) Die abstrakte Geeignetheit der Bonusregelungen zur Erreichung der Ziele des Art. 5 Abs. 1 S. 2 GG

Die Bonusregelungen müssten auch geeignet sein, die Meinungsvielfalt wirksam zu sichern.

Dies ist der Fall: Durch die Ausstrahlung der Regionalfensterprogramme und der Aufnahme von Drittsendezeit werden neue Aspekte in das Programm aufgenommen, die zusätzliche Beiträge zur Meinungsvielfalt leisten. Indem die Aufnahme dieser Maßnahmen honoriert wird, schafft sie für die privaten Veranstalter den Anreiz, die Bedingungen der Bonusregelungen zu erfüllen und die Vermutungsregelung des § 26 Abs. 2 S. 2 RStV außer Kraft zu setzen.

Dabei muss jedoch auch beachtet werden, dass die beiden größten privaten Veranstalter RTL Group und die ehemalige Kirch-Media[753], für die die Regelungen allein praktisch werden können, durch die Vorschriften der § 25 Abs. 4 bzw. § 26 Abs. 5 RStV gehalten sind, die Bedingungen, an die die Bonusregelungen geknüpft sind, zu erfüllen. In der Praxis ist derzeit jedoch fraglich, ob die Bedingungen tatsächlich erfüllt werden, da insoweit noch nicht geklärt ist, ob die Zentralisierung der Regionalfensterprogramme mit der Festschreibung auf den zeitlich und regional differenzierten Umfang zum 01.07.2002 eingehalten ist.

Dies sind allerdings nur tatsächliche Auswirkungen, die an andere Vorschriften anknüpfen. Die – grundsätzliche – Eignung der Bonusregelungen an sich ist deswegen nicht in Frage zu stellen, da diese nur an die vielfaltsichernden Maßnahmen anknüpft.

c) Die konkrete Geeignetheit der Bonusregelungen zur Erreichung der Ziele des Art. 5 Abs. 1 S. 2 GG

Nach der Rechtsprechung des Bundesverfassungsgerichts sind die Meinungsvielfalt und die Vermeidung von Fehlentwicklungen durch die positive Ordnung wirksam zu sichern[754]. Diese Ziele müssen also durch die Bonusregelungen angemessen berücksichtigt und dürfen nicht gefährdet werden. Die Veranstaltung

752 Vgl. KEK, 5. Jahresbericht, S. 216 f.

753 Jetzt: P7S1 Holding L. P., eine 100 %-ige Tochtergesellschaft der Saban Capital Group (Vgl. KEK 173, KEK 185).

754 Vgl. Kap. 1 II 1) a).

privaten Rundfunks darf nicht unnötig erschwert oder unmöglich gemacht werden.

Einerseits könnte daher davon auszugehen sein, dass die Bonusregelungen und ihre Auswirkungen von einem weiten gesetzgeberischen Gestaltungsspielraum gedeckt sind, zumal aufgrund der Unsicherheiten im Bereich der Medienwirkung kaum verlässliche Maßstäbe bestehen[755]. Der Rundfunkstaatsvertrag erkennt durchgehend in mehreren Bestimmungen an, dass Regionalfenster und Drittsendezeiten Maßnahmen darstellen, durch die die Meinungsvielfalt gefördert bzw. gesichert werden kann (vgl. §§ 25 Abs. 4, 26 Abs. 4, 5, 31 RStV). Veranstalter, die diese Maßnahmen vorsehen, zu privilegieren, scheint daher zunächst nicht unangemessen. Darüber hinaus stellt der Gesetzgeber auch an anderer Stelle des Rundfunkstaatsvertrags auf abstrakte statt tatsächlich gemessene Werte ab, wie etwa im Rahmen des § 26 Abs. 2 S. 1 RStV oder § 26 Abs. 5 S. 1, 2 RStV. Auch ist anerkannt, dass die Festlegung abstrakter Werte im Rahmen des Zuschaueranteilsmodells ein möglicher Weg der Bewertung ist[756].

Jedoch dürfte durch die Festlegung dieser Bewertung keine Gefährdung der Meinungsvielfalt eintreten. Sie müsste überdies sogar gesichert werden.

Auf den ersten Blick scheint es, als werde die Meinungsvielfalt durch die Bonusregelungen gefördert und abgesichert, dies entspricht auch der Zielsetzung des Gesetzgebers.

An dieser Stelle müssen jedoch die praktischen Auswirkungen der Bonusregelungen auf die Vielfaltsicherung und die Rundfunkfreiheit in die Bewertung einfließen, die bereits diskutiert[757] und noch einmal zusammengefasst dargestellt werden sollen: Es ist unklar, wieso der Gesetzgeber im Rahmen der Bonusregelung von den festgelegten Werten in Höhe von 2 % und 3 % ausgeht anstatt tatsächlich gemessene Werte in Abzug zu bringen, die unterhalb dieser Schwellenwerte liegen. Die Wahl dieser Werte und die „Rangfolge" der Bonifikationen von Drittsendezeit und Regionalfenstern, die gewisse Unzulänglichkeiten aufweisen, überdies miteinander verbunden sind und mehrfach zugunsten des privaten Veranstalters in Ansatz gebracht werden, sind nicht nachvollziehbar. Darüber hinaus ist zweifelhaft, ob die mehrfache Berücksichtigung der Regionalfenster und der Drittsendezeitanrechnung ihrer Bedeutung tatsächlich gerecht wird: Regionalfenster entfalten als solche (§ 25 Abs. 4 RStV), bei der Drittsendezeitanrechnung (§ 31 Abs. 2 S. 2 RStV) und der Bonusregelung (§ 26 Abs. 2 S. 3 Hs. 1 RStV) Wirkungen zugunsten der privaten Veranstalter, Drittsendezeiten werden zugunsten des Hauptveranstalters bei der Ermittlung von dessen Zu-

755 Vgl. Kap. 3 VI.
756 Vgl. *Hasebrink*, S. 39 f.
757 Vgl. insbesondere Kap. 4 IV.

schaueranteil nicht mitgerechnet, lösen aber dennoch eine Bonifikation zu seinen Gunsten aus. All diese Faktoren deuten darauf hin, dass die Bonifikationen in Höhe von 2 % und 3 % bewusst gewählt wurden, um de facto zur 30 % - Grenze zu gelangen. Beide Bonifikationen werden zudem mit einem Zuschaueranteil in Höhe von 5 % gleichgesetzt, ebenso wie die „Zusatzanforderungen" des § 26 Abs. 2 S. 2 RStV, die neben dem dort genannten Zuschaueranteil in Höhe von 25 % bestehen, so dass diese praktisch „aufgehoben" werden. Auch wenn die Medienwirkung weitgehend unerforscht und ungeklärt ist – was für einen großen Ausgestaltungsspielraum spricht – kann beiden Maßnahmen kein so großer Einfluss auf die Meinungsbildung zugebilligt werden, dass sie das Vorliegen vorherrschender Meinungsmacht, das zuvor nach § 26 Abs. 2 S. 2 RStV bejaht wurde, nunmehr entkräften.

Damit bewirken die Bonusregelungen aber in der Praxis, dass die Meinungsvielfalt nicht gestärkt oder gesichert, sondern diese aufgrund der Verknüpfung mit § 25 Abs. 4 bzw. §§ 26 Abs. 5, 31 RStV und den dort festgelegten Anforderungen sogar geschwächt wird: Ohne die Bonusregelungen würde die Vermutungswirkung des § 26 Abs. 2 S. 2 RStV bei tatsächlichen Zuschaueranteilen in Höhe von 25 % eintreten. Eine Abzugsmöglichkeit und damit die Verringerung des Zuschaueranteils, die den Ausschluss des Eintretens der Vermutungswirkung zur Folge hätte, gäbe es nicht. Der private Veranstalter müsste die Vermutung durch Führen eines Hauptbeweises widerlegen. Das Eingreifen der Bonusregelungen und der Abzug auf den tatsächlich erreichten Zuschaueranteil kommt ihm entgegen, da die Vermutungswirkung – wenn überhaupt – erst bei einem höheren tatsächlichen Zuschaueranteil eingreift, in der Praxis wie aufgezeigt in der Regel erst bei einem Erreichen der 30 % - Grenze, die von den Bonusregelungen unberührt bleibt. Das Eingreifen der Bonusregelungen ermöglicht es ihm somit, erst später – oder möglicherweise gar nicht – die Vermutungswirkung durch einen Hauptbeweis zu widerlegen. Ohne sie wäre das schon bei tatsächlich niedrigeren Zuschaueranteilen der Fall. Dabei sind die Bonusregelungen für die Veranstalter gegenüber der Widerlegung der Vermutung auch insoweit vorteilhaft, als die Voraussetzungen der Bonusregelungen von der KEK – bzw. nach Inkrafttreten des 7. Rundfunkstaatsvertrag teilweise von den Landesmedienanstalten – geprüft und gegebenenfalls angenommen werden[758].

Da die Bonusregelungen aber an die gesetzlichen Verpflichtungen der § 25 Abs. 4, 26 Abs. 5, 31 RStV geknüpft sind, führt die schlichte Erfüllung der gesetzlichen Anforderungen dazu, dass dem Veranstalter weitergehende erhebliche Vorteile eingeräumt werden. Die Bonusregelungen honorieren somit keine freiwillige Leistung der privaten Veranstalter, sondern eine gesetzlich ohnehin vor-

---

758 Vgl. Kap. 4 V.

geschriebene[759]. Das nach dem 6. Rundfunkstaatsvertrag bestehende Angemessenheitskriterium bei der Frage des Umfangs des 2 % - Bonus war der einzige – minimale – Spielraum der KEK, den diese sich gewissermaßen selbst eingeräumt hatte, indem sie sich am Reichweitenkriterium des § 31 orientierte und bei dessen Anwendung von den Vorgaben der Drittsendzeitrichtlinie abwich[760]; das Angemessenheitskriterium war allerdings bei den größten privaten Veranstaltern erfüllt. Dieses Angemessenheitskriterium ist mit Inkrafttreten des 7. Rundfunkstaatsvertrags entfallen und es ist allein auf das Vorliegen der Voraussetzungen des § 25 Abs. 4 RStV abzustellen. Sind diese gegeben und von den Landesmedienanstalten festgestellt, bleibt für die KEK keinerlei Wertungsspielraum. Die Vorschrift des § 25 Abs. 4 RStV weist zudem, wie bereits dargestellt, einige Problemfelder auf.

Die „Mehrfachverwertung“ der Drittsendezeiten und Regionalfensterprogramme zugunsten der privaten Veranstalter trägt ebenso nicht zur Vielfaltsicherung bei, da dies über die Bedeutung der Maßnahmen hinausgeht und die – zudem verpflichtend – eingeräumten Maßnahmen zu mehrfachen Privilegierungen führen.

Die Gleichsetzung der Bonifikation in Höhe von 5 % mit den „Zusatzanforderungen“ des § 26 Abs. 2 S. 2 RStV ist für die Vielfaltsicherung ebenfalls nicht förderlich, da diese zusätzlichen Anforderungen, die gerade als Gefährdung der Meinungsvielfalt angesehen wurden, nunmehr „neutralisiert“ werden durch Maßnahmen, die verpflichtend eingeräumt sind, mehrfach verwertet werden, einige Unzulänglichkeiten aufweisen und an abstrakte Werte, die über gemessenen Schwellenwerten liegen, anknüpfen.

Die gesetzliche Verpflichtung besteht jedoch unabhängig von den Bonusregelungen und ließe auch die Vermutungsreglungen und das Bestehen vorherrschender Meinungsmacht unberührt. Es wäre also – wie vor Einführung der Bonusreglungen – möglich, den Veranstalter zur Einräumung dieser Maßnahmen zu verpflichten, ohne ihm dafür Bonusregelungen als Ausgleich anzubieten. Ebenso könnten diese nach dem Umfang der Maßnahmen vergeben werden. In diesem Fall würden sich die Maßnahmen der Regionalfensterausstrahlung und der Drittsendezeitverpflichtung tatsächlich vielfaltsichernd auswirken. Durch die Bonusregelungen werden diese, die Meinungsvielfalt stützenden, Auswirkungen durch die aufgezeigten Konsequenzen zurückgenommen.

Ebenso wäre es ausreichend, die Einräumung von Drittsendzeit oder Regionalfenstern einmalig zu privilegieren, ohne diese mehrfach zugunsten der priva-

---

759 *Von Danwitz*, ZUM 2000, 769, 773; KEK, 5. Jahresbericht, S. 217; dies wird nach Inkrafttreten des 7. Rundfunkstaatsvertrags noch deutlicher.

760 Vgl. Kap. 4 II 1) b) bb), 3) c) bb).

ten Veranstaltern – noch dazu mit abstrakt festgelegten, hohen Werten – in Ansatz zu bringen.

Schließlich darf folgender Aspekt nicht übersehen werden, an dem die Kritik der KEK festmacht[761]: mit der Einführung der Bonusregelungen wurden die Vielfaltsicherungsregelungen gegenüber der Rechtslage zuvor abgeschwächt. Zudem kommen in § 26 Abs. 2 RStV medien- und kartellrechtliche Wertungskriterien nebeneinander zur Anwendung, was die KEK kritisch als „Vermengung von Messgrößen" bezeichnet. Weiterhin sieht die KEK die Gefahr einer Aufweichung zugunsten von „Partikularinteressen". Dem ist zuzugeben, dass den Regelungen im bisherigen Verlauf der Entwicklung – auch unter Berücksichtigung der Regelungen des 7. Rundfunkstaatsvertrags – ein einheitliches System fehlt. Die häufigen, recht tiefgreifenden Änderungen des Gesetzes, die verschachtelten Regelungen sowie die Anknüpfungspunkte an Einzelinteressen, die nebeneinander stehen, aber dennoch im Gesetz miteinander verknüpft werden, sind der effektiven Vielfaltsicherung nicht zuträglich.

Aufgrund dieser Auswirkungen tragen die Bonusregelungen nicht dazu bei, die Meinungsvielfalt zu stärken, sondern schwächen diese sogar.

Demgegenüber erschweren oder verhindern die Bonusregelungen nach dem Gesagten nicht die Ausübung von Privatrundfunk und überschreiten damit nicht die zweite gezogene Grenze der Ausgestaltungsfreiheit. Sie stellen für den privaten Veranstalter gerade eine Begünstigung dar: Trotz der Vermutung, dass vorherrschende Meinungsmacht nach § 26 Abs. 2 S. 2 RStV vorliegt, werden ihm zwei bzw. drei Prozentpunkte gutgeschrieben. Dagegen besteht die gesetzliche Verpflichtung unabhängig von den Bonusregelungen. Die Bonusregelungen selbst sind für die Veranstalter vorteilhaft. Die Belastung beruht auf anderen Vorschriften, an die die Bonusregelungen zwar anknüpfen, die sie aber zugunsten der Veranstalter gestalten.

Die Bonusregelungen sind aufgrund der aufgezeigten Auswirkungen nicht konkret geeignet, zur Vielfaltsicherung beizutragen; sie sind daher verfassungsrechtlich bedenklich.

6) Die verfassungsrechtliche Bewertung der Bonusregelungen nach dem 7. Rundfunkstaatsvertrag

Der 7. Rundfunkstaatsvertrag hat Änderungen der §§ 26 Abs. 2 S. 3 Hs. 1, 25 Abs. 4 RStV sowie des § 36 Abs. 2 S. 2 RStV zur Folge, die ebenfalls auf ihre Verfassungsmäßigkeit zu untersuchen sind.

761 Vgl. Kap. 4 IV.

a) Legitimes Ziel

aa) Die Regelungen der §§ 26 Abs. 2 S. 3 Hs. 1, 25 Abs. 4 RStV

§ 25 Abs. 4 S. 1 RStV soll eine möglichst hohe Anzahl verschiedener Fensterprogramme mit unterschiedlichen regionalen Inhalten gewährleisten: Sendezeiten, Inhalte und Verbreitungsgebiete zum Stand des 1. Juli 2002 sollen nicht verringert werden. Dieser Stand knüpft nach der amtlichen Begründung an das Inkrafttreten des 6. Rundfunkstaatsvertrags an, der ebenfalls eine Stärkung der Regionalfensterprogramme vorgesehen habe[762]. Aufgrund dieser Konkretisierung in § 25 Abs. 4 RStV entfalle die Notwendigkeit des „angemessenen, mindestens bisherigen Umfangs“ in § 26 Abs. 2 S. 3 Hs. 1 RStV[763].

bb) Die Zuständigkeit nach § 36 Abs. 2 S. 2 RStV

Die Änderung der Zuständigkeit ergebe sich aufgrund der Sachnähe der Landesmedienanstalten zur Versorgung mit Regionalfenstern. Es handele sich hierbei nicht um eine Frage des Medienkonzentrationsrechts. Daher treffen nunmehr die Landesmedienanstalten die Feststellung über das Vorliegen der Voraussetzungen des § 25 Abs. 4 RStV. Da der Sachverhalt bundesweit zu beurteilen sei, seien alle Landesmedienanstalten einzubeziehen[764].

b) Die abstrakte Geeignetheit der Neufassung zur Erreichung der Ziele des Art. 5 Abs. 1 S. 2 GG

aa) Die Regelungen der §§ 26 Abs. 2 S. 3 Hs. 1, 25 Abs. 4 RStV

Die Neuerungen des 7. Rundfunkstaatsvertrags bewirken in § 25 Abs. 4 S. 1 RStV, dass die bestehenden Regionalfenster in ihrem zeitlich und regional differenziertem Umfang zum 01.07.2002 abgesichert und verpflichtend eingerichtet

762 Amtliche Begründung zum Entwurf des 7. Rundfunkstaatsvertrags, zu Nr. 10, S. 9 f.; Begründung zum Siebten Staatsvertrag zur Änderung rundfunkrechtlicher Staatsverträge, Landtag Rheinland-Pfalz, Drs. 14/2688, zu Nr. 10.

763 Amtliche Begründung des Entwurfs des 7. Rundfunkstaatsvertrags, zu Nr. 11, S. 10; Begründung zum Siebten Staatsvertrag zur Änderung rundfunkrechtlicher Staatsverträge, Landtag Rheinland-Pfalz, Drs. 14/2688, zu Nr. 11.

764 Amtliche Begründung des Entwurfs des 7. Rundfunkstaatsvertrags, zu Nr. 13, S. 10; Begründung zum Siebten Staatsvertrag zur Änderung rundfunkrechtlicher Staatsverträge, Landtag Rheinland-Pfalz, Drs. 14/2688, zu Nr. 13.

werden[765]. Eine Verringerung gegenüber dem Stand des Inkrafttretens des 6. Rundfunkstaatsvertrags am 01.07.2002 ist nach dem Gesetzeswortlaut unzulässig. Da die Regionalfensterprogramme in ihrem Bestand abgesichert werden und die Bonusregelungen hieran anknüpfen, sind sie abstrakt geeignet, die Meinungsvielfalt zu sichern.

bb) Die Zuständigkeit nach § 36 Abs. 2 S. 2 RStV

Zweifel an der abstrakten Eignung der Landesmedienanstalten zur Beurteilung der Voraussetzungen des § 25 Abs. 4 RStV sind nicht gegeben.

c) Die konkrete Geeignetheit der Neufassung zur Erreichung der Ziele des Art. 5 Abs. 1 S. 2 GG

Es sind nunmehr die praktischen Auswirkungen der Neuregelungen zu untersuchen.

aa) Die Regelungen der §§ 26 Abs. 2 S. 3 Hs. 1, 25 Abs. 4 RStV

Im Rahmen des § 25 Abs. 4 RStV bewirkt die Änderung eine Absicherung der Regionalfensterprogramme, die verpflichtend einzurichten sind und nicht den Stand vom 1. Juli 2002 unterschreiten dürfen. Trotz dieses positiven Aspekts wird aber eine weitere Förderung und Anpassung der Regionalfensterprogrammausstrahlung dadurch nicht erreicht: Für die betroffenen Unternehmen besteht keine Notwendigkeit, diese zu erweitern, etwa auf Gegenden, die zu diesem Zeitpunkt keine Regionalprogramme aufwiesen, oder zeitlich unterschiedliche Schienen der Regionalfensterprogramme der konkurrierenden Privatsender einzurichten[766]. Der Gesetzgeber sah in der Neufassung dennoch eine Stärkung der Regionalfensterprogramme, da der 7. Rundfunkstaatsvertrag wie der 6. Rundfunkstaatsvertrag „gleichfalls“ eine Stärkung der Regionalfensterprogramme zum Ziel habe[767]. Dabei sind die gerade aufgezeigten nachteiligen Auswirkungen sowie die im Rahmen der Bonusreglungen entstehenden Problemstellungen nicht ausreichend beachtet worden.

765 KEK, 6. Jahresbericht, S. 201, 214; vgl. Kap. 4 II 2) a).
766 KEK, 6. Jahresbericht, S. 214.
767 Amtliche Begründung des Entwurfs des 7. Rundfunkstaatsvertrags, zu Nr. 10, S. 9 f.; Begründung zum Siebten Staatsvertrag zur Änderung rundfunkrechtlicher Staatsverträge, Landtag Rheinland-Pfalz, Drs. 14/2688, zu Nr. 10.

Gravierend zeigt sich diese Auswirkung im Hinblick auf die Bonifikation, deren Gewährung an einen Zeitpunkt in der Vergangenheit angeknüpft wird[768] – ohne insoweit wie bisher den Zusatz „mindestens" beizufügen und damit eine Entwicklungsmöglichkeit und einen Bewertungsspielraum zu belassen – und eine Weiterentwicklung behindert. Auch ein Spielraum in Form des „angemessenen Umfangs" wird nach der Neufassung nicht mehr gewährt – der KEK - Praxis zu diesem Angemessenheitserfordernis wurde damit eine Absage erteilt. Der Gesetzgeber ging nach der Begründung offenbar davon aus, durch die Änderung des § 25 Abs. 4 S. 1 RStV auf die Erfordernisse des „angemessenen, mindestens bisherigen Umfangs" verzichten zu können, ohne an den Bonusregelungen selbst etwas zu ändern, da „mit der Konkretisierung des § 25 Abs. 4 S. 1 die Notwendigkeit des bisherigen Kriteriums entfalle"[769]. Möglicherweise – so legt es zumindest die Formulierung nahe – wurde dabei in erster Linie auf die Absicherung des bisherigen Zustands abgestellt, jedoch nicht berücksichtigt, dass die Festschreibung auf den Zeitpunkt des 01.07.2002 eine weitere Verbesserung der Regionalfensterprogrammausstrahlung nicht fördert. Gerade diese Änderung hat aber erhebliche Auswirkungen, die möglicherweise so gar nicht beabsichtigt und gewünscht waren, wie man der Formulierung der Begründung entnehmen kann. Im Hinblick auf die ständigen und vielfältigen Veränderungen des Fernsehmarktes erscheint es bedenklich, die Bonusregelungen für die Zukunft an einen Zeitpunkt in der Vergangenheit zu knüpfen und darüber hinaus jegliche Möglichkeit der Einräumung eines Bewertungsspielraums zu nehmen.

Hinzu kommt das Abstellen auf den „regional differenzierten Umfang"[770], der zum 01.07.2002 abgesichert wird, jedoch sehr unterschiedlich war. In den neuen Bundesländern wurden fast keine Regionalfensterprogramme ausgestrahlt. Trotz dieses regional sehr unterschiedlichen Spektrums wird eine Bonifikation in Höhe von 2 % auf den bundesweiten Zuschaueranteil vergeben, obwohl stellenweise der Zweck der Regionalfenster gar nicht erreicht wird. Vor dem Hintergrund des regional sehr unterschiedlichen Umfangs erscheint der Verzicht auf das Angemessenheitskriterium und die geforderte Mindestreichweite noch gravierender, da die Bonifikation nur noch an in bestimmten Regionen ausgestrahlte Programme anknüpft.

Die Meinungsvielfalt wird daher durch die Änderungen nicht wirksam gesichert, sondern sogar geschwächt. Vielmehr liegt gegenüber den Regelungen des 6. Rundfunkstaatsvertrags eine weitere Einschränkung vor, da nicht nur die Ver-

---

768 KEK, 6. Jahresbericht, S. 215.

769 Amtliche Begründung des Entwurfs des 7. Rundfunkstaatsvertrags, zu Nr. 11, S. 10; Begründung zum Siebten Staatsvertrag zur Änderung rundfunkrechtlicher Staatverträge, Landtag Rheinland-Pfalz, Drs. 14/2688, zu Nr. 11.

770 Vgl. Kap. 4 II 2) b).

knüpfung mit einer gesetzlichen Verpflichtung besteht, sondern diese auch noch an einen Zeitpunkt in der Vergangenheit anknüpft und zudem bei Vorliegen der gesetzlichen Voraussetzungen kein Raum für Wertungen im Sinne einer „Angemessenheitsprüfung" verbleibt.

Die Regelung ist daher nicht konkret zur Vielfaltsicherung geeignet.

bb) Die Zuständigkeit nach § 36 Abs. 2 S. 2 RStV

Die Veränderung der Zuständigkeit nach § 36 Abs. 2 RStV wirkt sich ebenfalls nachteilig auf die Vielfaltsicherung aus.

Die Vielfaltsicherung wird durch die Zuständigkeitsregelung beeinträchtigt: Zwar könnte der Befürchtung, dass der KEK zu weitreichende Kompetenzen entzogen würden, entgegen gehalten werden, dass die von den Landesmedienanstalten zu treffenden Feststellungen tatsächlicher Art sind, da sie nur die Frage betreffen, ob die Voraussetzungen des § 25 Abs. 4 RStV vorliegen und ob der gesetzlich vorgeschriebene Umfang zu einem festgelegten Datum – dem 1. Juli 2002 – eingehalten wird und dass daher den Landesmedienanstalten bei ihrer Entscheidung kein Spielraum verbleibt, da die Bonusregelungen „automatisch" an das Vorliegen dieser Voraussetzungen anknüpfen. Dem Argument der Standortsicherungsinteressen der Landesmedienanstalten könnte damit begegnet werden, dass eine Mehrheit von ¾ erforderlich ist, was als Sicherungsmechanismus fungiere.

Jedoch ist Folgendes zu beachten: Die von den Landesmedienanstalten zu treffende Entscheidung hat, wie aufgezeigt, eine große Tragweite. Dazu ist die Frage, ob die Voraussetzungen des § 25 Abs. 4 RStV eingehalten sind, trotz des scheinbar klaren Wortlauts offenbar nicht immer einfach zu beantworten, wie sich im Hinblick auf die aktuellen Zentralisierungstendenzen der Regionalfensterprogramme zeigt. In der derzeit bestehenden Unsicherheit der Landesmedienanstalten, die zur Folge hat, dass bisher – von der KEK nunmehr in einer aktuellen Pressemitteilung kritisiert – noch keine Entscheidung nach § 25 Abs. 4 RStV getroffen wurde sowie in der Diskussion und den Bedenken der DLM zeigt sich die Schwierigkeit der Beantwortung der Fragestellung. In die zu treffende Entscheidung können daher neben tatsächlichen Feststellungen auch in gewissem Umfang Wertungsgesichtspunkte einfließen.

Zweifelhaft ist zudem die Begründung des Gesetzgebers, den Landesmedienanstalten aufgrund ihrer Sachnähe zur Versorgung mit Regionalfensterprogrammen die Zuständigkeit zur Feststellung des Vorliegens der Voraussetzungen des § 25 Abs. 4 S. 1 RStV zuzusprechen, da es sich nicht um eine Frage des Medienkonzentrationsrechts handele. Dies mag bei einer isolierten Betrachtung des § 25 Abs. 4 S. 1 RStV zutreffend sein. Da die Bonusregelungen jedoch an diesen

Sachverhalt anknüpfen, ist das Medienkonzentrationsrecht gerade doch betroffen. Die von den Landesmedienanstalten zu treffende Entscheidung hat weitreichende Auswirkungen auf das Vielfaltsicherungsrecht und die Bonusregelungen[771]. Die Herausnahme dieses Teilbereichs der Kompetenzen aus dem Zuständigkeitsbereich der KEK, ist, insbesondere im Hinblick auf die Bonusregelungen, die an § 25 Abs. 4 RStV anknüpfen, nicht nachvollziehbar. Hinzu tritt der Aspekt, dass die KEK auf die zeitlich vorgelagerte Feststellungsentscheidung der Landesmedienanstalten angewiesen und insoweit zunächst „handlungsunfähig" ist, bis eine solche Entscheidung vorliegt[772].

Durch die Beschneidung der Kompetenzen der KEK in diesem wichtigen Bereich liegt daher ebenfalls eine Schwächung des Vielfaltsicherungsrechts vor.

VII. Die Konsequenzen der verfassungsrechtlichen Bewertung nach dem 6. und 7. Rundfunkstaatsvertrag

Wie ausgeführt, sind die Bonusregelungen ihrer Idee nach, nicht aber in ihren konkreten Auswirkungen, zur effektiven Vielfaltsicherung geeignet. Sie sind daher verfassungsrechtlich zweifelhaft.

Haben sie, wie aufgezeigt, zur Folge, dass bei Erfüllung der gesetzlichen Voraussetzungen durch die Privatsender de facto die 30 % - Grenze gilt, ist die Frage, ob es sich bei Abs. 1 um einen eigenen Eingriffstatbestand handelt, erneut aufzuwerfen und hat eine sehr weitreichende Bedeutung: Sieht man nämlich in Abs. 1 keinen eigenen Eingriffstatbestand und in Abs. 2 keine Vermutungsregelungen, sondern die alleinige Handlungsgrundlage, ist das Vorliegen von vorherrschender Meinungsmacht nur an die quantitativ festgesetzte Grenze des Abs. 2 S. 1 mit Zuschaueranteilen in Höhe von 30 % geknüpft. Wertungen sind nicht zu berücksichtigen. Insbesondere die medienrelevanten verwandten Märkte, die im Zuge der zunehmenden Konzentration immer bedeutsamer werden, würden keine Berücksichtigung finden. Unterhalb eines Zuschaueranteils von 30 % gäbe es keinerlei Überprüfungsmöglichkeit. Dies ist aber nicht mit der Rundfunkfreiheit und der Rechtsprechung des Bundesverfassungsgerichts in Einklang zu bringen, deren Ziele so schwerlich gewährleistet werden können. Die einzige bestehende Grenze wäre sehr hoch angesetzt. Die Bonusregelungen sind damit auch in ihren Auswirkungen auf das gesamte Rundfunkkonzentrationsrecht verfassungsrechtlich bedenklich[773].

---

771 Vgl. ausführlich Kap. 4 IV.
772 Vgl. Kap. 4 II 2) a) bb) (2) und KEK, Pressemitteilung 2/04.
773 Vgl. hierzu KEK, 5. Jahresbericht, S. 217.

Verfassungsrechtlich nicht zu beanstanden sind sie dagegen dann, wenn in Abs. 1 ein eigener Eingriffstatbestand zu sehen ist, aufgrund dessen etwaige „Defizite“ des Abs. 2 abgefangen werden können. Das Bestehen nur der 30 % - Grenze als Vermutungsregel wirkt sich nicht so gravierend aus, da auch Zuschaueranteile, die unter 30 % liegen, zusammen mit anderen Umständen, die für das Vorliegen von vorherrschender Meinungsmacht relevant sind, im Rahmen des Abs. 1 berücksichtigt werden können und gegebenenfalls zur Annahme von vorherrschender Meinungsmacht führen. Die Meinungsvielfalt ist damit in einem höheren Maß gesichert.

Daher kommt der Bestimmung des Verhältnisses von § 26 Abs. 1 zu Abs. 2 RStV maßgebliche Bedeutung zu.

VIII. Das Verhältnis des § 26 Abs. 1 RStV zu den anderen Regelungen des Vielfaltsicherungsrechts

1) Die besondere Bedeutung des § 26 Abs. 1 RStV auf Grund der Einführung der Bonusregelungen

Die Einführung der Bonusregelungen wirft wie aufgezeigt auch die von der KEK und der KDLM heftig diskutierte Frage neu auf, ob es sich bei § 26 Abs. 1 RStV um einen eigenen Eingriffstatbestand handelt, aufgrund dessen die KEK das Vorliegen vorherrschender Meinungsmacht bejahen kann, oder ob sich diese allein aus den Vermutungsregeln des Abs. 2 ableiten lässt[774]. Zusätzlich zu der Ausgangssituation, dass ein Unternehmen unter 25 % Zuschaueranteil liegt und sich die Frage stellt, ob nicht unter Berücksichtigung anderer Kriterien dennoch vorherrschende Meinungsmacht gegeben sein kann[775], wird die Problematik im Zusammenhang mit den Bonusregelungen, wie aufgezeigt, dann relevant, wenn ein privater Veranstalter tatsächliche Zuschaueranteile zwischen 25 % und 30 % erreicht, zu seinen Gunsten aber eine oder beide Bonusregelungen eingreifen, so dass diese um die Bonifikation zu reduzieren sind und unter die 25 % - Grenze fallen, mit der Konsequenz, dass vorherrschende Meinungsmacht nach dem Vermutungstatbestand des § 26 Abs. 2 S. 2 RStV letztlich nicht angenommen werden kann, da dessen Voraussetzungen aufgrund des Abzugs nicht erfüllt werden[776].

---

774 Vgl. ausführlich zur Argumentation Kap. 4 VIII 2) und 3).

775 Vgl. KEK 173-1, S. 13; KEK, 6. Jahresbericht, S. 58 ff., 62.

776 Vgl. Kap. 4 IV; vgl. hierzu die neueren Fälle KEK 158, S. 15: ein Unternehmen hat tatsächliche Zuschaueranteile i. H. v. 25,07 %; aufgrund der Bonusregelung werden 2 % abgezogen; der verbleibende Zuschaueranteil beläuft sich auf 23,07 %; die

Die Diskussion betrifft nicht allein die Frage nach den Eingriffstatbeständen, aufgrund derer die KEK tätig werden kann, sondern hat auch praktische Auswirkungen auf die Verfahrensrechte und Ermittlungsbefugnisse der KEK, die diese Befugnisse nach §§ 21, 22 RStV nicht eigenständig, sondern nur durch die zuständige Landesmedienanstalt geltend machen kann (§ 36 Abs. 1 S. 3 RStV). Aufgrund der gegenläufigen Positionen von KEK und KDLM stellte dies in der Vergangenheit ein erhebliches Konfliktpotential dar: Soweit in Abs. 1 kein Eingriffstatbestand gesehen wird und nur die Zuschaueranteile des Abs. 2 zur Feststellung vorherrschender Meinungsmacht herangezogen werden können, ließen sich weitergehende Ermittlungsbefugnisse der KEK nur schwerlich begründen[777].

Zunächst soll der Streitstand vor dem Erlass der Bonusregelungen im 6. Rundfunkstaatsvertrag skizziert werden, bevor auf die Veränderungen durch deren Einführung eingegangen wird.

2) Das Verhältnis von § 26 Abs. 1 RStV zu Abs. 2 vor Einführung der Bonusregelungen

a) Die Ansicht der KDLM

Nach Ansicht der KDLM[778] sowie eines Teils der Literatur erlaubt die Systematik der gesetzlichen Regelung nicht, vorherrschende Meinungsmacht auch aus anderen Umständen als aus dem des Zuschaueranteils abzuleiten. Abs. 1 enthalte die Formulierung, dass sich das Vorliegen vorherrschender Meinungsmacht „nach Maßgabe der nachfolgenden Bestimmungen" richte. Diese Formulierung liefe leer, wenn Abs. 2 als reine Vermutungsregelung angesehen werden könne. Aufgrund dieser Verknüpfung von Abs. 1 und Abs. 2 könne das Vorliegen vorherrschender Meinungsmacht nur durch die belegbare Behauptung der Zuschaueranteile erfolgen. Die KEK und die KDLM seien zur Beachtung der Norm verpflichtet und zu sonstigen Feststellungen, die nicht mit der Ermittlung der Zuschaueranteile in Zusammenhang stünden, nicht befugt. Als Beleg für diese Auf-

---

Vermutungswirkung des § 26 Abs. 2 S. 2 RStV greift nicht ein, die KEK prüft das Vorliegen vorherrschender Meinungsmacht nach § 26 Abs. 1 RStV; vgl. auch KEK 156-2, S. 7; im 6. KEK-Jahresbericht: KEK 158, S. 27 ff.; KEK 156, S. 49 ff.; KEK 167/172/176, S. 56 f.

777 *Hain*, MMR 2000, 537, 538.

778 B. v. 7.11.1998, abgedruckt in: ZUM 1998, 1054.

fassung führt die KDLM die amtliche Begründung an[779], die sie dahingehend interpretiert, dass sich vorherrschende Meinungsmacht nur aus dem Zuschaueranteil ableiten lasse. Einzige Ausnahme zur 30 % - Grenze solle die „geringfügige Unterschreitung" (a.F.) sein. Schließlich führt die KDLM die Entstehungsgeschichte der Norm an: Die Frage, ob die medienrelevanten verwandten Märkte bei geringeren Zuschaueranteilen als den vorgegebenen in die Betrachtung einbezogen werden sollten, wurde dabei nicht weiter verfolgt, sondern es wurden die genannten Grenzen als Maßstab in Abs. 2 übernommen.

Diese Ansicht wird auch von Teilen der Literatur[780] vertreten: Danach bilden Abs. 1 und Abs. 2 ein einheitliches Gesamtsystem. Abs. 1 sei keine Generalklausel[781], vielmehr bestimme sich aus den Vermutungstatbeständen, ob vorherrschende Meinungsmacht vorliege. Die KEK könne sich nicht auf ein rundfunkspezifisches Gebot einer effizienten Konzentrationskontrolle berufen, da aufgrund des Rechtsstaats- und Gewaltenteilungsprinzips eine klare Abgrenzung der Verantwortungssphären bestehe. Die rechtliche Ausgestaltung des Rundfunkstaatsvertrags falle nicht in den Verantwortungsbereich der KEK. Vielmehr sei es Sache der Landesgesetzgeber, die Vorgabe des Bundesverfassungsgerichts bezüglich des Verhinderns des Entstehens vorherrschender Meinungsmacht zu konkretisieren und umzusetzen. Die KEK dürfe die eindeutigen gesetzlichen Vorgaben nicht ausblenden und contra legem selbst bestimmen, wie eine effiziente Konzentrationskontrolle zu funktionieren habe. Auch eine eigenmächtige verfassungskonforme Auslegung stehe ihr nicht zu, da diese mit dem Wortlaut und dem Willen des Gesetzgebers in Widerspruch stehe[782]. Daher würde eine Überprüfung und Einbeziehung der medienrelevanten verwandten Märkte unterhalb der Schwellenwerte nicht in Betracht kommen, der Gesetzgeber habe vielmehr durch die Regelung zu erkennen gegeben, dass er dies nicht wollte[783].

---

779 Amtliche Begründung zu § 26, abgedruckt in: *Hartstein/Ring/Kreile/Dörr/Stettner*, § 26.

780 *Hepach*, ZUM 2003, 112; *ders.*, ZUM 1999, 603, 610; a. A.: *Dörr* in: Mainzer Rechtshandbuch, Rn. 95 m. w . N. sowie Fn. 777.

781 *Hepach*, ZUM 2003, 112, 116.

782 *Hepach*, ZUM 2003, 112, 116.

783 So auch für die alte Geringfügigkeitsklausel vor Erlass des 6. Rundfunkstaatsvertrags *Martinek*, S. 59.

b) Die Ansicht der KEK

Die KEK sowie eine in der Literatur weit verbreitete Auffassung vertreten, dass Abs. 1 unabhängig von Abs. 2 verwirklicht sein könne[784]. Die KEK hat dies auch in der praktischen Anwendung der Norm bestätigt[785]. Dabei wird in erster Linie hervorgehoben, dass Abs. 2 keine abschließende Regelung, sondern eine Vermutungsregelung enthalte, die die Darlegungs- und Beweislast modifiziere, ohne eine materiellrechtliche Aussage zu treffen[786]. Es widerspreche zudem der Entstehungsgeschichte und der amtlichen Begründung zu § 26, die von der KEK anders ausgelegt werde als von der KDLM: Danach kann ein Anbieter, der die 30 % - Grenze überschreitet, das Bestehen vorherrschender Meinungsmacht widerlegen, da es sich bei der Regelung des § 26 Abs. 2 RStV um eine widerlegbare gesetzliche Vermutung i. S. d. § 292 ZPO handele[787]. Umgekehrt könne aber auch dann vorherrschende Meinungsmacht vorliegen, wenn die 30 % - Grenze zwar nicht erreicht sei, aber zusätzlich besondere Anforderungen erfüllt seien; dies müsse die KEK nachweisen[788]. Die Vermutung wirke also in beide Richtungen[789]. Dies ergebe sich auch aus der amtlichen Begründung[790]. Dieser zufolge sei Abs. 1 der Gefährdungstatbestand gegen das Entstehen vorherrschender Meinungsmacht[791] .

Daran ändere auch die Formulierung in Abs. 1 „nach Maßgabe der nachfolgenden Bestimmungen“ nichts. Der Vermutungscharakter des Abs. 2 komme in dieser Formulierung besonders klar zum Ausdruck. Es sei gerade nicht so, dass Abs. 2 dadurch seinen Vermutungscharakter verlieren würde und Abs. 1 als Gefährdungstatbestand ausgeschlossen sei[792].

Der Gesetzgeber habe mit Einführung der Schwellenwerte in Abs. 2 nicht das Ziel verfolgt, sich den Anforderungen des Verfassungsauftrags aus Art. 5 Abs. 1

---

784 Vgl. *Hain*, MMR 2000, 537, 539; *Dörr* in: Mainzer Rechtshandbuch, Rn. 95; *Prütting* in: *Stern/Prütting*, S. 115 ff.; *Kübler* in: *Stern/Prütting*, S. 17 ff.; *ders.*, MP 1999, 379, 382, 383; *Hess*, AfP 1997, 680, 682; *Kreile/Stumpf*, MMR 1998, 192, 193; *Neft*, ZUM 1998, 458, 460, alle m. w . N.

785 KEK, 5. Jahresbericht, S. 213; dies., 1.Konzentrationsbericht, S. 54; KEK 026, KEK 029, KEK 040.

786 KEK 026; s. Kap. 3 VII.

787 Ausführlich Kap. 3 VII.

788 KEK 026, S. 21; *Dörr* in: Mainzer Rechtshandbuch, Rn. 95, 96.

789 *Hain*, MMR 2000, 537, 539.

790 Amtliche Begründung zu § 26, abgedruckt in: *Hartstein/Ring/Kreile/Dörr/Stettner*, § 26.

791 KEK 040, S. 30; KEK, 1. Konzentrationsbericht, S. 361, 362.

792 KEK 040, S. 31.

GG zu entledigen. Eine solche Auffassung wäre der Sicherung der Meinungsvielfalt abträglich[793].

Schließlich spreche das Gebot verfassungskonformer Auslegung für Abs. 1 als eigenen Eingriffstatbestand: Der Begriff der vorherrschenden Meinungsmacht in § 26 RStV, der maßgebend für die Sicherung der Meinungsvielfalt ist, entstamme der Rechtsprechung des Bundesverfassungsgerichts[794] und konkretisiere das Verfassungsgebot der Rundfunkfreiheit. Durch Übernahme dieser Terminologie folge auch die Notwendigkeit der verfassungskonformen Auslegung[795]. Diese greift ein, wenn Wortlaut, Entstehungsgeschichte, Gesamtzusammenhang der Regelung und ihr Sinn und Zweck mehrere Deutungen zulassen, von denen jedenfalls eine zu einem verfassungsgemäßen Ergebnis führt, und die nicht mit dem Wortlaut und dem Willen des Gesetzgebers in Widerspruch steht[796]. Die Praxis habe schon des Öfteren – insbesondere im Hinblick auf die verfassungsgerichtliche Rechtsprechung – rundfunkgesetzliche Regelungen verfassungskonform auslegen müssen, um diese aufrecht zu erhalten. Gerade wenn der Gesetzgeber auf die verfassungsgerichtliche Terminologie zurückgreife, sei eine solche Auslegung erforderlich[797]. Der Gesetzgeber konnte und durfte das Modell der Programmzahlbegrenzung durch das Zuschaueranteilsmodell ersetzen. Angesichts der verfassungsgerichtlichen Rechtsprechung hätte er jedoch seine Gestaltungskompetenz überschritten, wenn er ausschließlich auf das Zuschaueranteilskriterium abgestellt hätte und andere Indizien nicht berücksichtigen würde, zumal das Bundesverfassungsgericht andere Kriterien in Beispielsform – nämlich die horizontale und vertikale Verflechtung – ausdrücklich genannt habe[798]. Im Rahmen des Abs. 2 könne daher auf die Prüf- und Messgröße des Zuschaueranteils abgestellt werden, jedoch dürfe dies nicht alleiniger Anknüpfungspunkt der Konzentrationskontrolle sein. Vielmehr müsse die KEK eine wertende Gesamtschau vornehmen und alle meinungsbeeinflussenden Faktoren einschließlich derer, die durch die Zulassung hinzukämen, in die Wertung einbeziehen. Der Entstehung von vorherrschender Meinungsmacht müsse nach dem Bundesverfassungsgericht vorbeugend rechtzeitig und wirksam entgegengewirkt werden, da der so entstehende Einfluss auch politisch nutzbar gemacht werden könnte. Durch das ausschließliche Abstellen auf Zuschaueranteile könne der Zweck der Konzentrationskontrolle nicht erreicht werden[799].

---

793 KEK 040, S. 30.
794 BVerfGE 73, 118, 172; BVerfGE 97, 228, 266.
795 KEK 026, S. 21; KEK 040, S. 31.
796 BVerfGE 95, 64, 81, 93.
797 KEK 040, S. 31.
798 BVerfGE 95, 163, 173; KEK 040, S. 31.
799 *Dörr* in: Mainzer Rechtshandbuch, Rn. 95 ff.

Aus Abs. 1 („dadurch“) ergebe sich zudem, dass eine vorausschauende Betrachtung der zu erwartenden Wirkungen bei der Zulassung neuer Programme in die Konzentrationskontrolle anzustellen sei. Die Anwendbarkeit auf die Programmzulassung unterscheidet die medienrechtliche Konzentrationskontrolle auch grundlegend von der wettbewerbsrechtlichen[800].

Die KEK sieht sich daher veranlasst, bei weiteren Anhaltspunkten für das Vorliegen vorherrschender Meinungsmacht aufgrund fernsehnaher starker Stellungen auch diejenigen Tatsachen zu ermitteln[801].

Auch zahlreiche Stimmen im Schrifttum[802] vertreten diese Auffassung. Die Frage, ob vorherrschende Meinungsmacht vorliege, sei nicht nur eine Frage von Prozenten[803]. Errechenbare quantitative Merkmale reichten nicht aus. Es sei nur eine wertende Betrachtung möglich, da es sich bei den Begriffen des § 26 um aus der Verfassung hergeleitete, unbestimmte Rechtsbegriffe handele, die sich nicht mit mathematischen Formeln und rein statistischen Verfahren messen ließen. Auch spreche § 26 Abs. 2 nur von Vermutungen; daher könne es auf bloße Zuschaueranteile nicht ankommen. Ebenso wenig könnten die medienverwandten relevanten Märkte nicht als unbeachtlich dekretiert werden, wenn sich ein entsprechendes Urteil über das Vorliegen vorherrschender Meinungsmacht erst aus ihrer Einbeziehung ergeben könne. Daher sei § 26 verfassungskonform auszulegen und an materiellen Gesichtspunkten zu orientieren. Soweit dies nicht möglich sei, sei § 26 Abs. 2 RStV unwirksam und von den Medienkontrollbehörden nicht anzuwenden. Starre Grenzwerte seien nur dann wörtlich und ausschließlich anzuwenden, wenn sie es auch erlaubten, objektiv festzustellen, dass darunter vorherrschende Meinungsmacht nicht gegeben ist. Dies könne § 26 Abs. 2 RStV aber nicht entnommen werden. Da der Begriff der vorherrschenden Meinungsmacht ohnehin verfassungsabhängig sei, könne nicht davon ausgegangen werden, dass die Prüfungskompetenz der KEK erst bei den starren Grenzwerten ansetze und ihr ansonsten keinerlei Spielraum verbleibe.

Die medienkonzentrationsrechtliche Grundnorm sei § 26 Abs. 1. Abs. 2 sei nur eine Hilfsfunktion und enthalte nur Vermutungen zur Beweiserleichterung. Sollte der Gesetzgeber etwas anderes gewollt haben, sei die Form der Vermutungsregelung falsch gewählt und er hätte verkannt, dass er eine normative verbindliche Regelung aufgrund von Art. 5 Abs. 2 GG nicht habe schaffen dürfen. § 26 Abs. 2 liefere nur Auslegungsmaßgaben für Abs. 1[804]. Die Konzentrations-

800 Vgl. Kap. 2 II, V.
801 KEK 029, S. 25.
802 *Renck-Laufke*, ZUM 2000, 105; *dies.*, ZUM 2003, 109; *Trafkowski*, S. 190 ff.
803 *Renck-Laufke*, ZUM 2000, 105, 109 f.
804 *Renck-Laufke*, ZUM 2000, 105, 108.

kontrolle werde aber weder inhaltlich noch ihrem Umfang nach im Verhältnis zu Abs. 1 einschränkt.

Gestützt wurde diese Auffassung auch auf ein Argument aus § 26 Abs. 2 S. 2 RStV (3. Rundfunkstaatsvertrag), der die „Geringfügigkeitsklausel" enthielt, deren Auslegung heftig umstritten war und die im 6. Rundfunkstaatsvertrag durch die 25 % - Grenze ersetzt wurde. Sie wurde als Argument dafür herangezogen, dass der Gesetzgeber durch die Verwendung des unbestimmten Rechtsbegriffs zu erkennen gegeben habe, dass er eine Wertung und keine starre quantitativ bestimmte Grenze wollte[805]. Dieses Argument ist aber deshalb nicht tragfähig, weil die Geringfügigkeitsklausel und deren Auslegung in § 26 Abs. 2 S. 2 RStV a. F. von der Frage der Eigenständigkeit des Tatbestands des Abs. 1 zu trennen sind. Sie betrifft nur die Auslegung eines Merkmals des Vermutungstatbestands. Insofern wurden zwei völlig verschiedene Fragestellungen miteinander vermischt.

3) Das Verhältnis von § 26 Abs. 1 RStV zu Abs. 2 nach Einführung der Bonusregelungen

Die Argumente beider Seiten vor Erlass des 6. Rundfunkstaatsvertrags behalten weiterhin ihre Gültigkeit. Zudem nimmt jedoch jede der widerstreitenden Auffassungen für sich in Anspruch, dass ihre Position durch die Einführung der Bonusregelungen nicht berührt oder sogar noch verdeutlicht worden sei.

a) Die Ansicht der KDLM

Nach der Ansicht, die in Abs. 1 keinen eigenen Eingriffstatbestand sieht, gehe aus der Neuregelung hervor, dass die Einbeziehung der medienrelevanten verwandten Märkte erst ab einem Schwellenwert von 25 % gewollt sei[806]. Dann greife aber auch die Bonusregelung ein; eine generelle Einbeziehung sei gerade nicht gewollt. Auch wenn dies bei dem Tatbestandsmerkmal der „Geringfügigkeit" noch denkbar gewesen sei, sei dies nun nicht mehr der Fall, da die Festlegung numerischer Schwellenwerte keinen Sinn ergebe, wenn es auch darunter Raum für eine Überprüfung geben würde[807]. Durch Beibehaltung des bisherigen Zustands von Regionalfenstern und Sendezeit für unabhängige Dritte werde deutlich, dass bis zu einem Zuschaueranteil von 30 % jede Prüf- und Entschei-

805 Vgl. hierzu *Hepach*, ZUM 2003, 112, 116, der dieser Auslegung kritisch gegenüber stand.
806 *Bornemann*, K & R 2002, 301, 302; *Hess*, AfP 2002, 313, 317.
807 *Hepach*, ZUM 2003, 112, 116.

dungsbefugnis der KEK ausgeschlossen sei und es darunter keine Einbeziehung der medienrelevanten verwandten Märkte geben solle[808]. Durch die Bonusregelungen werde der Schwellenwert wieder um 5 % gehoben, so dass eine effektive Einbeziehung der medienrelevanten verwandten Märkte – entgegen der Ansicht der KEK, wonach diese gerade im Rahmen des Abs. 1 zu berücksichtigen seien[809] – ausgeschlossen sei[810].

b) Die Ansicht der KEK

Die vorstehend geschilderte Ansicht verkennt die praktischen Auswirkungen der Bonusregelungen[811].

Nach Ansicht der KEK sei eine Schwächung des Schutzes der Meinungsvielfalt durch die Bonusregelungen nicht intendiert gewesen[812], auch wenn sich dies in der Praxis so auswirke[813]. Diese Absicht könne dem Gesetzgeber nicht unterstellt werden und stehe nicht in Einklang mit der Rechtsprechung des Bundesverfassungsgerichts und der Rundfunkfreiheit. Im Rahmen des Grundtatbestandes des Abs. 1 müsse der zunehmenden intermediären Verflechtung Rechnung getragen werden, als die Zusammenhänge zwischen Fernsehen und den medienrelevanten verwandten Märkten in die Untersuchung einfließen müssten. Die Neuregelung der Vermutungsgrenze sowie die Einführung der Bonusregelungen könnten nicht so verstanden werden, als setze die Prüf- und Entscheidungskompetenz der KEK bei Eingreifen der Bonusregelungen erst ab dem hohen Schwellenwert von 30 % ein[814].

Diese Ansicht, wonach sich die Einführung der Bonusregelungen nicht darauf auswirkt, dass Abs. 1 als eigener Tatbestand anzusehen ist, hat die KEK auch in ersten Fällen, in denen die Anwendung der Bonusregelungen relevant wurde, bestätigt[815]. Dass der Gesetzgeber unterlassen habe, wie von ihr vorgeschlagen, zur Klarstellung die Formulierung in Abs. 1 „nach Maßgabe der folgenden Vorschriften" zu streichen und er stattdessen das Geringfügigkeitskriterium des § 26

808 *Bornemann*, K & R 2002, 301, 302.
809 *Dörr* in: Mainzer Rechtshandbuch, Rn. 100.
810 *Janik*, AfP 2002, 104, 110.
811 Vgl. Kap. 4 IV.
812 KEK, 5. Jahresbericht, S. 213 ff.
813 KEK, 5. Jahresbericht, S. 217; a.A. *Hepach*, ZUM 2003, 112, 115.
814 Renck-Laufke, ZUM 2003, 109.
815 KEK 158, S. 16; KEK 156-2, S. 7; KEK 173-1, S. 13; sowie KEK, 6. Jahresbericht: KEK 158, S. 27 ff.; KEK 156, S. 49 ff.; KEK 173-1, S. 58 ff.

Abs. 2 S. 2 RStV durch die 25 % - Grenze ersetzte, habe keinen Einfluss auf ihre Entscheidungspraxis[816].

Allerdings wird gefordert, die KEK müsse beachten, dass der Gesetzgeber durch die Festlegung der 30 % - Grenze und durch Ersatz des Geringfügigkeitskriteriums durch die 25 % - Grenze seinen Ausgestaltungsspielraum bereits weitgehend konkretisiert habe[817]. Die Festlegung dieser Werte sei nicht durch die Kritik an der Bonusregelung bedeutungslos und dürfe nicht dadurch umgangen werden, dass sie beliebig abgesenkt würden. Auch aufgrund der hohen Investitionen im Fernsehbereich und der Planungssicherheit müssten sie beachtet werden. Vielmehr müsse die KEK im Rahmen der Darlegungs- und Beweislast erhöhte Anforderungen an das Vorliegen vorherrschender Meinungsmacht erbringen[818].

c) Stellungnahme

Der Ansicht der KEK, wonach es sich bei Abs. 1 um einen eigenen Tatbestand handelt, ist zu folgen.

Das ist zunächst bei Anwendung der klassischen Auslegungsmethoden ersichtlich:

Die Wortlaut-Auslegung ist zwar nicht eindeutig. Der Zusatz „nach Maßgabe der nachfolgenden Bestimmungen“ scheint eher darauf hinzudeuten, dass die Kriterien für die Beurteilung des Vorliegens von vorherrschender Meinungsmacht sich ausschließlich nach den folgenden Absätzen richten. Demgegenüber ist in Abs. 2 davon die Rede, dass unter bestimmten Bedingungen das Bestehen von vorherrschender Meinungsmacht „vermutet“ wird. Dies deutet auf eine Vermutungsregelung hin, die aber einen materiell-rechtlichen Tatbestand – nämlich Abs. 1 – voraussetzt. Die systematische Auslegung ergibt, dass es sich bei Abs. 1 um den Grundtatbestand handelt, bei Abs. 2 nur um bestimmte Vermutungen. Aus dem Sinn und Zweck der Vorschrift kann ebenfalls abgeleitet werden, dass vorherrschende Meinungsmacht verhindert werden soll, weshalb

816 KEK 156-2, S. 7.

817 *Hartstein/Ring/Kreile/Dörr/Stettner*, § 26 Rn. 8; ähnlich *Ukrow* in: *Hartstein/Ring/Kreile/Dörr/Stettner*, zu B 1 Ziff. 225; vgl. auch KEK 156-2, S. 7; bei der Argumentation mit dem Ersatz des Geringfügigkeitserfordernisses ist jedoch Vorsicht geboten.

818 *Hartstein/Ring/Kreile/Dörr/Stettner*, § 26 Rn. 8, die nicht davon ausgehen, dass aufgrund der Konkretisierung in Abs. 2 ein Fall nach Abs. 1 in der Praxis häufig denkbar ist; das käme der Auffassung der KDLM in der Praxis sehr nahe. Vgl. auch *Neft*, ZUM 1998, 458, 460 mit ähnlicher Auffassung zur alten Geringfügigkeitsklausel.

ein Grundtatbestand, der zugleich als Auffangtatbestand dient, erforderlich ist. Auch aus der Entstehungsgeschichte kann dies entnommen werden, da sich die Auswahl des Begriffs an die verfassungsgerichtliche Rechtsprechung anlehnt, die aber einen effektiven Schutz fordert, der allein aufgrund der Regelungen des Abs. 2 nicht gegeben wäre, sowie der amtlichen Begründung, der zufolge das Vorliegen von vorherrschender Meinungsmacht unterhalb der 30 % - Grenze angenommen werden kann, wenn entsprechende Anhaltpunkte vorliegen, dieses umgekehrt aber auch widerlegt werden kann[819].

Weiterhin ergibt sich dies daraus, dass die Bonusregelung, wie aufgezeigt, verfassungsrechtlich bedenklich ist und das System der Medienkonzentrationskontrolle nur durch eine von der KEK bereits vor Erlass der Bonusregelung vertretene verfassungskonforme Auslegung gerettet werden kann, die nach Erlass des 6. Rundfunkstaatsvertrags aber noch virulenter erscheint und der zufolge Abs. 1 als eigener Tatbestand anzusehen ist. Die Reglungen des Abs. 2 können eine effektive Konzentrationskontrolle nach der hier vertretenen Auffassung nicht gewährleisten; sie sind daher verfassungskonform dahingehend auszulegen, dass Abs. 1 einen eigenen Eingriffstatbestand darstellt, um die Auswirkungen des Abs. 2 S. 2, 3 „abzufangen".

Ihr ist auch deshalb zu folgen, weil nicht ausgeschlossen, sondern nachvollziehbar ist, dass eine hohe Aktivität auf medienrelevanten verwandten Märkten auch dann Berücksichtigung finden sollte, wenn die Voraussetzungen der Vermutungstatbestände nicht vorliegen. Im Sinne einer effektiven Vielfaltsicherung kann dem Gesetzgeber nicht unterstellt werden, dass in diesen Fällen vorherrschende Meinungsmacht überhaupt erst bei tatsächlichen Zuschaueranteilen in Höhe von 30 % angenommen werden könnte. Insbesondere aufgrund der zunehmenden intermediären Verflechtung ist die Entstehung vorherrschender Meinungsmacht gerade auch unterhalb dieser Schwelle möglich. Es muss daher auch eine Überprüfungsmöglichkeit geben, die durch Abs. 1 eröffnet ist.

4) Anforderungen an den Eingriffstatbestand des Abs. 1

a) Allgemeine Anmerkungen

Stellt Abs. 1 nach dem Gesagten damit einen eigenen Eingriffstatbestand dar, muss geklärt werden, wann er zum Einsatz kommt. Dabei stellt sich insbesondere die Frage, ob im Rahmen des Abs. 1 tatsächlich erhöhte Anforderungen zu

819 Amtliche Begründung zu § 26, abgedruckt in: *Hartstein/Ring/Kreile/Dörr/Stettner*, § 26.

stellen sind und wie diese erhöhten Anforderungen gegebenenfalls aussehen müssen.

Es gibt verschiedene Konstellationen, in denen Abs. 1 als Eingriffstabestand relevant werden kann. In allen Konstellationen liegt der zurechenbare Zuschaueranteil des Veranstalters unter 30 %. Dies folgt daraus, dass ansonsten die Vermutungswirkung des Abs. 2 S. 1 eingreifen würde. Ansonsten unterscheiden sich die Ausgangspunkte der verschiedenen Fallgruppen erheblich.

Abs. 1 kommt in Betracht, wenn der tatsächliche Zuschaueranteil zwischen 25 % und 30 % liegt, eine Vermutungswirkung jedoch nicht eingreift. Hierbei stellt sich das Problem, ob durch Abs. 1 die Voraussetzungen der Vermutungsregelungen umgangen werden und ob dies zulässig ist. Diese Problematik stellte sich unabhängig von der Bonusregelung und bereits vor deren Einführung.

Ebenso kommt Abs. 1 als Eingriffstatbestand in Betracht, wenn der tatsächliche Zuschaueranteil aufgrund des Abzugs durch die eingreifenden Bonusregelungen unterhalb der 25 % - Grenze liegt, die Vermutungswirkung also aufgrund der Bonusregelungen nicht ausgelöst wurde.

Schließlich kann Abs. 1 zur Anwendung kommen, wenn der tatsächliche Zuschaueranteil von vornherein unter 25 % liegt, die Vermutungsregelung also schon aus diesem Grund gar nicht eingreifen konnte.

b) Die Anwendung der in Abs. 2 S. 2 vorgesehenen Kriterien und deren Wertungsgefüge im Rahmen des Abs. 1

Die Anwendung und Einbeziehung der in Abs. 2 S. 2 genannten Kriterien im Rahmen der Untersuchung nach Abs. 1 ist zulässig: Abs. 2 enthält nur die Voraussetzungen, unter denen die Vermutungswirkung eintritt. Für den Eintritt der Vermutungswirkungen hat der Gesetzgeber eine Konkretisierung vorgenommen. Diese hat aber keine Auswirkung auf den materiell-rechtlichen Tatbestand, bei dem die objektive Beweislastverteilung eine andere ist. Die Regelung des Eintritts der Vermutungswirkung in Abs. 2 wird durch Anwendung des Abs. 1 als materiell-rechtlichem Tatbestand nicht umgangen.

Da eine Konkretisierung des gesetzgeberischen Ausgestaltungsspielraums somit nur im Hinblick auf die Vermutungswirkungen angenommen werden kann und durch Abs. 1 eine Umgehung nicht vorliegt, können die in Abs. 2 für den Eintritt der Vermutungswirkung vorgesehenen Kriterien auch im Rahmen des Abs. 1 Berücksichtigung finden[820].

820 Vgl. KEK, 2. Konzentrationsbericht, S. 46; die KEK geht ebenfalls davon aus, dass neben den Voraussetzungen des Abs. 2 alle aussagekräftigen Faktoren in die Bewertung einzubeziehen sind.

Darin kann jedoch nicht nur die Befugnis zur Verwendung der in Abs. 2 S. 2 genannten Kriterien gesehen werden. Vielmehr ist das Wertungsgefüge des Abs. 2 in die Bewertung einzubeziehen: Im Verhältnis der S. 1, 2 und 3 des Abs. 2 zueinander hat der Gesetzgeber für die Vermutungstatbestände bestimmte Festlegungen getroffen und Abstufungen eingeführt, wie die 30 % - Grenze, die 25 % - Grenze i. V. m. den medienrelevanten verwandten Märkten bzw. der Gesamtbetrachtung und die Bonusregelungen. Diese sind auch für Abs. 1 nicht irrelevant.

Der Gesetzgeber gibt durch dieses Wertungsgefüge zu erkennen, dass bei einem tatsächlichen Zuschaueranteil in Höhe von 30 % allein dieser quantitativ messbare Wert genügt, um vorherrschende Meinungsmacht zu vermuten. Demgegenüber reichen tatsächliche Zuschaueranteile, die unter dieser Grenze liegen, für sich allein genommen nicht aus, um die Vermutungswirkung auszulösen. Hinzukommen müssen vielmehr andere Indizien in Gestalt der Berücksichtigung der Marktbeherrschung auf medienrelevanten verwandten Märkten oder einer Gesamtbetrachtung. Daraus kann entnommen werden, dass auch im Rahmen des Eingriffstatbestandes des Abs. 1 neben dem Zuschaueranteil, der, wie aufgezeigt, zwangsläufig unter 30 % liegt, Zusatzanforderungen erfüllt sein müssen, um das Bestehen vorherrschender Meinungsmacht zu bejahen. Bei diesen Zusatzanforderungen kann es sich um die in Abs. 2 S. 2 aufgeführten Indizien handeln, da auch diese lediglich in die Vermutungsregelung eingebettet sind, aber im Rahmen eines materiell-rechtlichen Tatbestands dennoch berücksichtigt werden können. Darüber hinaus können sämtliche sonstigen Anhaltspunkte, die für das Bestehen vorherrschender Meinungsmacht sprechen, herangezogen und gewertet werden. Zu beachten ist dabei allerdings, dass die sonstigen Aktivitäten eines Unternehmens umso höher ausfallen müssen, je niedriger der Zuschaueranteil ist. Dies ist logische Folge des S. 2 und erschließt sich insbesondere aus der 2. Alternative, die ein Äquivalent zu einem Zuschaueranteil von 30 % fordert – je niedriger der Zuschaueranteil ist, desto schwieriger ist es, einen Meinungseinfluss zu erreichen, der dem eines Zuschaueranteils von 30 % im Fernsehen entspricht. In der Praxis dürfte sich diese Prüfung auch deshalb schwierig gestalten, da es keine festen Vorgaben darüber gibt, welche medienrelevanten verwandten Märkte im Rahmen des § 26 Abs. 2 Satz 2 RStV in die Untersuchung einzubeziehen und wie sie zu gewichten sind. Insoweit ist auf die Bemühungen der KEK zur Erstellung von Bewertungskriterien sowie auf das zu diesem Zweck eingeholte kommunikationswissenschaftliche Gutachten von Hasebrink zu verweisen[821]. Für Abs. 1 als Eingriffstatbestand dürfte sich dies noch erheblich komplexer gestalten, da die KEK die objektive Beweislast trägt und sich die Ge-

821 Vgl. Kap. 3 VII 2) b) bb) (2) m. w. N.

wichtung der Zusatzanforderungen mit niedrigeren Zuschaueranteilen ebenfalls ändert.

Auch die Wertung, die durch die Bonusregelungen eingeführt wurde, dürfte hierbei ihrem Sinne nach zu berücksichtigen sein: Der Gesetzgeber hat im Rahmen des Abs. 2 zu erkennen gegeben, die Durchführung bestimmter Maßnahmen privilegieren zu wollen. Hierin liegt die Wertung, dass trotz Vorliegens gewisser Zuschaueranteile und sonstiger Voraussetzungen die Durchführung von Maßnahmen, die die Meinungsvielfalt fördern, dem Veranstalter zugute kommen soll. Hat der Veranstalter damit Regionalfensterprogramme und Drittsendezeit in sein Programm aufgenommen, sollte die KEK dies auch nach dem materiellrechtlichen Grundtatbestand des Abs. 1 in die Gesamtbetrachtung sinngemäß einfließen lassen. Darüber hinaus kann die KEK aber auch sonstige vielfaltsichernde Beiträge des Veranstalters, die in Abs. 2 nicht für einen Bonus vorgesehen sind, einbeziehen und Gewichtungen nach Ausmaß und Umfang vornehmen.

In der letzten oben beschriebenen Fallkonstellation, wenn also die tatsächlichen Zuschaueranteile unter 25 % liegen, dürfte in der Praxis das Vorliegen von vorherrschender Meinungsmacht unwahrscheinlich sein. Insbesondere in dieser Konstellation wäre in jedem Fall ein besonderes Gewicht auf die sinngemäße Beachtung der Wertung der Bonusregelungen oder ähnlicher zugunsten des Veranstalters eingreifender Faktoren, etwa der Durchführung sonstiger, die Vielfaltsicherung fördernder Maßnahmen, gelegt werden: Wenn diese bei Zuschaueranteilen über 25 % im Fernsehen von Gesetzes wegen zu berücksichtigen sind, dann erst recht bei Veranstaltern, deren Zuschaueranteil darunter liegt.

c) Fazit

Im Rahmen des Abs. 1 können demnach alle Faktoren Berücksichtigung finden, die für das Vorliegen vorherrschender Meinungsmacht sprechen. Auch Umstände zugunsten des Veranstalters sind in die Gesamtbetrachtung einzubeziehen. Die Voraussetzungen und Wertungen des Abs. 2 dürfen und müssen berücksichtigt werden: Eine Umgehung des gesetzgeberischen Ausgestaltungsspielraums liegt nicht vor, da sich Abs. 2 auf Vermutungsregelungen bezieht. Andererseits sollte das Wertungsgefüge des Abs. 2 berücksichtigt werden, da der Gesetzgeber insoweit zum Ausdruck brachte, was nach seiner Vorstellung in die Untersuchung einzubeziehen ist.

Es ist daher prinzipiell – insbesondere aufgrund der zunehmenden Medienverflechtung – in allen drei Konstellationen denkbar, dass die Tätigkeit auf medienrelevanten verwandten Märkten in Verbindung mit dem Zuschaueranteil im Fernsehen so weit reicht, dass eine Gefährdung der Meinungsvielfalt nicht ausgeschlossen werden kann, so dass vorherrschende Meinungsmacht nach Abs. 1 angenommen werden kann.

Abs. 1 kommt damit eine wichtige Funktion als Auffangtatbestand zu.

IX. Zusammenfassung

Aufgrund der erheblichen praktischen Auswirkungen der Bonusregelungen durch die Verknüpfung mit der Erfüllung gesetzlicher Verpflichtungen sind diese nicht mit der Rechtsprechung des Bundesverfassungsgerichts in Einklang zu bringen, die eine effektive Vielfaltsicherung vorschreibt. Sie sind verfassungsrechtlich bedenklich. Da die Anwendung der Bonusregelungen in der Praxis zur Folge hat, dass bei Vorliegen der gesetzlichen Voraussetzungen und der damit verbundenen Gewährung der Bonuspunkte de facto die 30 % - Grenze des § 26 Abs. 2 S. 1 RStV gilt, stößt das gesamte System des Medienkonzentrationsrechts auf verfassungsrechtliche Bedenken, wenn die Tatbestände des Abs. 2 als einzige Eingriffsgrundlage angesehen werden. Es ist daher eine verfassungskonforme Auslegung vorzunehmen, die dazu führt, dass die Vorschrift des § 26 Abs. 1 RStV als eigener materiell-rechtlicher Tatbestand angesehen wird.

X. Reformvorschläge

Wie aufgezeigt, besteht der wesentliche Mangel der Bonusregelungen darin, dass sie an – teils statische – gesetzliche Verpflichtungen geknüpft sind. Dies wird durch den 7. Rundfunkstaatsvertrag verstärkt. Für die Veranstalter besteht kein Anreiz, weitergehende vielfaltsichernde Maßnahmen zu ergreifen, da diese Maßnahmen nicht honoriert werden, sie aber mit Nachteilen und Unannehmlichkeiten, bisweilen sogar finanziellen Einbußen, verbunden sind[822].

Um die privaten Veranstalter zur Einrichtung zusätzlicher vielfaltsichernder Maßnahmen zu veranlassen, wäre es demnach sinnvoller, Bonuspunkte an freiwillige oder zusätzliche Leistungen zu knüpfen. Hier wären verschiedene Vorgehensweisen denkbar: So könnten Bonuspunkte in Höhe der mit den vielfaltsichernden Maßnahmen erreichten Zuschaueranteilen in Abzug zu bringen sein, anstatt abstrakte Werte von 2 % und 3 % vorzugeben. Die Ermittlung von tatsächlich erreichten Zuschaueranteilen ist dem System des Rundfunkstaatsvertrags immanent. Es könnte eine Staffelung der Bonifikationen – je nach dem Umfang der vielfaltsichernden Maßnahmen – vorgesehen werden. Ebenso wäre

822 Vgl. Kap. 4 II 1), 3).

die Einräumung eines gewissen Spielraums für die KEK zu begrüßen, wie dies bisher im Bereich des § 26 Abs. 2 S. 3 Hs. 1 RStV nach der Fassung des 6. Rundfunkstaatsvertrags der Fall war. Die Rechtssicherheit der Veranstalter wäre dadurch nicht übermäßig eingeschränkt. Darüber hinaus könnten die Bonuspunkte im Gegensatz zur jetzigen Regelung unabhängig voneinander gewährt werden.

Im Bereich der sonstigen medienkonzentrationsrechtlichen Vorschriften wäre eine Klarstellung wünschenswert, dass es sich bei § 26 Abs. 1 RStV um einen eigenen Eingriffstatbestand handelt. Die – ohnehin hoch angesetzten – Vermutungsschwellen des Abs. 2 für das Vorliegen vorherrschender Meinungsmacht könnten abgesenkt werden. Dies würde bei niedrigeren Zuschaueranteilen die Vermutungswirkung für das Vorliegen vorherrschender Meinungsmacht auslösen, so dass die Beweislast für das Gegenteil bei den privaten Veranstaltern liegen würde.

Jedenfalls wäre es wünschenswert, bei Veränderungen im Bereich des Medienkonzentrationsrechts den Blick auch auf die praktischen Auswirkungen der Regelungen zu richten und die – teils weitreichenden – Verknüpfungen der Vorschriften im Auge zu behalten. Dies gilt beispielsweise im Hinblick auf die Änderungen im 7. Rundfunkstaatsvertrag, die das Vielfaltsicherungsrecht – trotz Vornahme scheinbar nur kleiner Veränderungen – erneut weitgehend modifizieren. Da diese nicht beziehungslos nebeneinander stehen, ergeben sich aus deren Zusammenspiel bisweilen erhebliche Wirkungen, die vom Gesetzgeber nicht beabsichtigt waren und teilweise wohl nicht einmal erwünscht sind[823]. Hinzu tritt, auch das sollte im Auge behalten werden, die dynamische Entwicklung des Mediums, der durch entsprechende Regelungen Rechnung getragen werden sollte.

823 Vgl. Kap. 4 VI 6).

Schlussbemerkung

Das geltende Rundfunkkonzentrationsrecht ist ein sehr komplexes Regelungssystem und hat insbesondere durch die Verknüpfung der Vorschriften miteinander in der Praxis erhebliche Auswirkungen. Es wird auch in Zukunft aufgrund fortschreitender Konzentrationstendenzen eine wichtige Rolle spielen. Mit Neuerungen und Veränderungen des Medienkonzentrationsrechts ist weiterhin zu rechnen, wie sich auch im Hinblick auf den 7. Rundfunkstaatsvertrag und die zahlreichen Diskussionen – auch bezüglich der Annäherung von wettbewerbsrechtlicher und medienrechtlicher Konzentrationskontrolle – zeigt. Dabei wird die Medienkonzentrationskontrolle aufgrund der dargestellten kompetenzrechtlichen Probleme weitgehend eine nationale Aufgabe bleiben.

Bei all dem bleibt zu hoffen, dass der Gesetzgeber den Auftrag des Bundesverfassungsgerichts im Auge behält, damit das Rundfunkrecht seine Aufgabe für die demokratische Gesellschaft weiterhin erfüllen kann.

Zusammenfassung in Thesen

Kapitel 1: Die Entwicklung des Rundfunksystems in Deutschland

1. Die Entwicklung des heute bestehenden Rundfunksystems nahm ihren Ausgang nach dem Ende des Zweiten Weltkriegs: Aufgrund der schlechten Erfahrungen mit dem zentralistischen staatsnahen Rundfunk der Weimarer Republik und dem Missbrauch des Rundfunks als Propagandainstrument im Nationalsozialismus kam es in den westlichen Besatzungszonen unter dem maßgeblichen Einfluss der Briten und Amerikaner zur Ausbildung eines förderalen öffentlich-rechtlichen Rundfunksystems. Erst im Zuge der technischen Ausweitung der Übertragungskapazitäten wurden nach einigen Kontroversen 1984 privater Rundfunk zugelassen und Privatrundfunkgesetze erlassen. Die Entwicklung wurde maßgeblich durch die Rechtsprechung des Bundesverfassungsgerichts mitbestimmt.
2. Das Bundesverfassungsgericht hat stets die besondere Bedeutung der Rundfunkfreiheit für die demokratische Gesellschaft hervorgehoben. Es interpretiert sie primär als dienende Freiheit, die der öffentlichen und individuellen Meinungsbildung dient. Der Gesetzgeber hat daher eine Rundfunkordnung zu schaffen, die sicherstellt, dass alle relevanten Meinungen im Rundfunk zu Wort kommen können. Subjektiv-rechtliche Elemente sind in der Rechtsprechung nur ansatzweise enthalten.
3. Im Schrifttum wird teilweise nach den Grundsätzen der Organisationsgesetzgebung eine objektiv-rechtliche Interpretation vertreten. Nach einer anderen Ansicht stellt die Rundfunkfreiheit vorwiegend ein Individualgrundrecht der Rundfunkveranstalter dar.
4. Auf europäischer Ebene ist die Rundfunkfreiheit in Art. 10 EMRK und Art. 11 der Europäischen Grundrechtecharta verankert; Art. 10 EMRK wurde vom Europäischen Gerichtshof für Menschenrechte zunächst überwiegend als Individualrecht angesehen. Der Gedanke der dienenden Freiheit ist inzwischen im Rahmen der Schrankenbestimmung zu berücksichtigen. Art. 11 der Europäischen Grundrechtecharta enthält in Abs. 2 eine Regelung über Freiheit und Pluralität der Medien und erkennt somit die objektiv-rechtliche Komponente ausdrücklich an. Die Charta ist rechtlich nicht verbindlich. Art. 11 wurde in Art. II-11 des Europäischen Verfassungsvertrags übernommen und wird mit dessen Inkrafttreten Rechtsverbindlichkeit erlangen. Art. 10

EMRK und Art. 11 der Europäischen Grundrechtecharta haben keinen unmittelbaren zwingenden Einfluss auf die deutsche Interpretation des Art. 5 Abs. 1 S. 2 GG, beeinflussen aber die Rechtsprechung zur subjektivrechtlichen Komponente der Rundfunkfreiheit.

Kapitel 2: Medienrecht und wettbewerbsrechtliche Fusionskontrolle

1. Im Medienbereich sind zunehmend horizontale, vertikale und diagonale Konzentrationstendenzen zu verzeichnen. Die Veranstalter versprechen sich eine Steigerung ihrer Wettbewerbsfähigkeit. Für den wirtschaftlichen und publizistischen Wettbewerb stellt die fortschreitende Konzentration aufgrund der Verengung des Angebots eine Bedrohung dar.
2. Im nationalen Recht bestimmt sich die wettbewerbsrechtliche Kontrolle nach dem Gesetz gegen Wettbewerbsbeschränkungen, auf der Ebene der Europäischen Gemeinschaft nach der Fusionskontrollverordnung.
3. Die wettbewerbsrechtliche Konzentrationskontrolle kommt neben der medienrechtlichen zur Anwendung. Beide sehen verschiedene Regelungssysteme und Mechanismen zur Verhinderung von Konzentration vor. Bestrebungen, beide Rechtsgebiete zusammenzuführen, blieben bisher aufgrund der unterschiedlichen Zielsetzungen der Regelungssysteme – Gewährleistung des ökonomischen Wettbewerbs einerseits, Sicherung der Meinungsvielfalt andererseits – und der unterschiedlichen Zuständigkeit weitgehend erfolglos; § 39 a des 7. Rundfunkstaatsvertrags enthält nunmehr eine Bestimmung zur verbesserten Zusammenarbeit der zuständigen Behörden.

Kapitel 3: Das Vielfaltsicherungsrecht nach dem Rundfunkstaatsvertrag

1. Der Europäischen Gemeinschaft steht nach dem EG-Vertrag keine Zuständigkeit für den Erlass von Regelungen im Mediensektor zu. Auch nach dem Entwurf des Verfassungsvertrags ändert sich hieran nichts. Nach der Rechtsprechung des Europäischen Gerichtshofs ist die Ausübung von Rundfunk als Dienstleistung im Sinne des Art. 49 ff. EG-Vertrag anzusehen, so dass Rechtsetzungskompetenzen der Europäischen Gemeinschaft auf diese Vorschriften gestützt werden. Dabei ist die Reichweite weitgehend ungeklärt.
2. Die Grenzen der aus den Vorschriften über die Dienstleistungsfreiheit abgeleiteten Regelungsbefugnisse sind bisher nicht abschließend geklärt. In seiner neueren Rechtsprechung ist dem Europäischen Gerichtshof die Tendenz zu entnehmen, dass die Kompetenzen der Gemeinschaft gegenüber den Mitgliedstaaten eingeschränkt werden. Weiterhin hat der Europäische Gerichtshof den Medienpluralismus als Ziel anerkannt, das dem Allgemeininteresse

dient und aufgrund dessen die Mitgliedstaaten zu Beschränkungen der Dienstleistungsfreiheit befugt sind.

3. Versuche der EG-Kommission, auf eine Harmonisierung der nationalen medienkonzentrationsrechtlichen Vorschriften hinzuwirken, scheiterten an der Kompetenzproblematik und dem Widerstand der Mitgliedstaaten.
4. Innerstaatlich sind die Länder aufgrund ihrer Kulturhoheit (Art. 30, 70 GG) für den Erlass von Regelungen zur Sicherung der Meinungsvielfalt im Medienbereich zuständig. Der Bund hat demgegenüber die Kompetenz im Bereich der Sendetechnik (Art. 73 Nr. 7 GG).
5. Die Länder haben aufgrund ihrer Zuständigkeit in ihren Landesrundfunk- und Landesmediengesetzen Regelungen über den Hörfunk sowie den lokalen und regionalen Fernsehmarkt erlassen. Die Sicherung der Meinungsvielfalt im bundesweiten Fernsehmarkt ist im Rundfunkstaatsvertrag geregelt.
6. Zuständig für die Aufsicht über die privaten Rundfunkveranstalter sind die Landesmedienanstalten. Die KEK und die KDLM dienen diesen als Organe bei der Erfüllung ihrer Aufgaben zur Sicherung der Meinungsvielfalt.
7. Nach § 26 Abs. 1 RStV ist das Entstehen von vorherrschender Meinungsmacht zu verhindern. Zu diesem Zweck sind präventive und repressive Instrumente vorgesehen. Die vorherrschende Meinungsmacht knüpft nach dem Zuschaueranteilsmodell an die erreichten Zuschaueranteile an.
8. Problematisch und ungeklärt ist die Frage der Auswirkung der Mediennutzung auf die Meinungsbildungsprozesse. Allerdings kann Meinungsmacht nur entstehen, wenn das Medium möglichst viele Zuschauer erreicht.
9. § 26 Abs. 2 RStV enthält drei Vermutungswirkungen für das Bestehen von vorherrschender Meinungsmacht. Deren Vorliegen wird vermutet bei einem Zuschaueranteil von 30 % sowie bei Zuschaueranteilen von 25 %, wenn eine Marktbeherrschung aus medienrelevanten verwandten Märkten vorliegt oder eine Gesamtbetrachtung der Aktivitäten ergibt, dass der erreichte Meinungseinfluss dem eines Fernsehprogramms mit 30 % Zuschaueranteil entspricht. Die Veranstalter können die Vermutung widerlegen. Im Rahmen des § 26 Abs. 2 S. 2 RStV sind die im 6. Rundfunkstaatsvertrag eingeführten sog. Bonusregelungen des § 26 Abs. 2 S. 3 zu beachten.
10. Die Ermittlung der Zuschaueranteile erfolgt bis zur Anwendung der zu diesem Zweck eingeführten Regelung des § 27 RStV auf der Basis der als Übergangsregelung vorgesehenen Vorschrift des § 34 RStV durch Auswertung und Hochrechnung von durch die Gesellschaft für Konsumgüterforschung in Zusammenarbeit mit der Arbeitsgemeinschaft Fernsehforschung erhobenen Daten ausgewählter Testhaushalte. Erfasst werden so zahlreiche Programme, die über 90 % der Zuschaueranteile ausmachen. Die Daten dienten ursprünglich den Sendern und der Werbewirtschaft. Die Verlässlich-

keit der Daten wird auch aufgrund von Messungenauigkeiten und Messfehlern häufig bezweifelt.

11. Bei Vorliegen von vorherrschender Meinungsmacht wird dieser nach § 26 Abs. 3 RStV in den Fällen des internen Wachstums bzw. Abs. 4 in den Fällen des externen Wachstums entgegengetreten.

Kapitel 4: Die Bonusregelungen des § 26 Abs. 2 S. 3 RStV

1. Die Bonusregelungen wurden mit dem 6. Rundfunkstaatsvertrag neu eingeführt; sie knüpfen an § 26 Abs. 2 S. 2 RStV an und sollen die Einräumung von Drittsendezeiten und Regionalfensterprogrammen honorieren, indem auf den ermittelten Zuschaueranteil 2 % bzw. 3 % in Abzug zu bringen sind und somit die Grenzwerte der Vermutungsregelungen gar nicht oder erst zu einem späteren Zeitpunkt eingreifen.
2. Die Regionalfensterprogramme sind in § 25 Abs. 4 S. 1 RStV geregelt. Der 2 % - Bonus knüpfte bis zum In-Kraft-Treten des 7. Rundfunkstaatsvertrags daran an, dass sie in angemessenem, mindestens bisherigem Umfang ausgestrahlt wurden. Nach der KEK orientierte sich der Begriff „bisherig" am Stand des 01.07.2001, „angemessen" aufgrund der geschlossenen Einheit des Rundfunkstaatsvertrag an § 31 Abs. 2 RStV. Hierfür legte die KEK in jüngerer Zeit jedoch nicht die Drittsendezeitrichtlinie zugrunde, nach der es lediglich auf die Lage des Haushalts in einem bestimmten Verbreitungsgebiet ankommt, sondern prüfte die tatsächliche Empfangbarkeit der Regionalfensterprogramme. Mangels einer geeigneten Datengrundlage hat sie die Mindestreichweite selbst aufgeklärt. Danach erfüllten die beiden größten privaten Veranstalter die Mindestreichweitenerfordernisse, so dass die Bonuspunkte zu ihren Gunsten gewährt wurden. Ebenso hatte die Erfüllung des Mindestreichweitenkriteriums zur Folge, dass eine Anrechnung der Regionalfensterprogramme im Rahmen der Drittsendezeitausstrahlung erfolgte.
3. Nach der Fassung des 7. Rundfunkstaatsvertrags sind Regionalfensterprogramme durch die beiden größten privaten Veranstalter nach dem Stand des 01.07.2001 im zeitlich und regional differenzierten Umfang verpflichtend auszustrahlen. Die Bonusregelung verzichtet daher auf die Prüfung des „angemessenen, mindestens bisherigen Umfangs". Die Anknüpfung an einen Zeitpunkt in der Vergangenheit wird als problematisch und der Vielfaltsicherung abträglich angesehen, da den privaten Veranstaltern aufgrund der Festschreibung kein Anreiz geboten wird, die Ausstrahlung von Regionalfensterprogrammen zu verbessern. Dies gilt auch im Hinblick auf den unterschiedlichen Umfang der Regionalfensterprogramme in den verschiedenen Regionen.

4. Für die Einräumung von Drittsendezeit, die sich nach §§ 26 Abs. 5, 31 RStV richtet, wird ein Bonus in Höhe von 3 % gewährt. Diese Bonifikation kann nicht eigenständig gewährt werden, sondern ist an den 2 % - Bonus gekoppelt; daher ist insgesamt nur eine Bonusgewährung von 2 % oder 5 % möglich. Drittsendezeit ist einzuräumen, wenn ein Veranstalter mit einem Vollprogramm oder Spartenprogramm mit Schwerpunkt Information einen Zuschaueranteil von 10 % erreicht. Ist diese Bedingung nicht gegebenen und erreicht ein Unternehmen einen Zuschaueranteil von 20 %, ist es ebenfalls hierzu verpflichtet. Das Verfahren ist in § 31 Abs. 4 RStV und der Drittsendezeitrichtlinie näher geregelt. Es versucht, die Interessen des Hauptveranstalters und der Vielfaltsicherung zum Ausgleich zu bringen. Die Einräumung von Drittsendezeit „neutralisiert" das Vorliegen von vorherrschender Meinungsmacht nicht. Programme, die Drittsendezeit einräumen, werden bei der Zuschaueranteilsberechung berücksichtigt. Dies ist insbesondere aus der Einführung der Bonusregelungen ersichtlich, da diese obsolet wären, wenn das Programm durch die Drittsendezeit komplett neutralisiert würde.
5. Die Bonusregelungen greifen in der Praxis zugunsten der beiden größten privaten Veranstalter ein, wenn sie Regionalfensterprogramme in entsprechendem Umfang ausstrahlen. Dies war nach dem 6. Rundfunkstaatsvertrag der Fall. Nach § 25 Abs. 4 in der Fassung des 7. Rundfunkstaatsvertrags sind die Regionalfensterprogramme verpflichtend auszustrahlen und müssen dem zeitlich und regional differenzierten Umfang zum 01.07.2002 entsprechen. Ob diese Vorgaben eingehalten sind, ist derzeit nicht sicher und hängt davon ab, ob die stattfindenden Zentralisierungen der Regionalfensterprogramme den Vorgaben des § 25 Abs. 4 RStV genügen; aufgrund des Wortlauts der Vorschrift dürfte diese Frage zu verneinen sein. Bisher haben die Landesmedienanstalten keine Entscheidung getroffen. Wird sie jedoch bejaht oder kommen die Veranstalter durch Wiederherstellung des Umfangs, der vor Durchführung der Zentralisierungsmaßnahmen bestand, der Verpflichtung nach, kommt ihnen der Bonus von 2 % zugute. Da Drittsendezeiten von ihnen nach den Regelungen der §§ 26 Abs. 5, 31 RStV zwingend einzuräumen sind und nach der Prüfung des Mindestreichweitenkriteriums des § 31 Abs. 2 RStV durch die KEK die geforderten Mindestreichweiten durch beide Veranstalter bisher eingehalten wurden, kam ihnen auch der 3 % - Bonus zu. Nach der Fassung des 6. Rundfunkstaatsvertrags stand beiden damit ein Abzug in Höhe von 5 % auf den tatsächlichen Zuschaueranteil zu, so dass sie aufgrund des Abzugs unter der 25 % - Grenze blieben und die Vermutungsregelung nicht auslösten. De facto existierte damit nur die unangetastete 30 % Grenze. Wie sich die Situation nach dem 7. Rundfunkstaatsvertrag darstellt, kann

derzeit nicht abschließend beantwortet werden. Ob die Regelung des Abs. 1 daneben einen eigenen Eingriffstatbestand darstellt, ist umstritten.

6. Zuständig für die Überprüfung der Voraussetzungen ist nach den allgemeinen Regelungen des 6. Rundfunkstaatsvertrags die KEK. Nach der Fassung des 7. Rundfunkstaatsvertrags sind die Landesmedienanstalten mit einer Mehrheit von ¾ für die Prüfung der Voraussetzungen der Regionalfensterprogramme nach § 25 Abs. 4 S. 1 RStV zuständig. Die KEK sieht darin eine massive Einschränkung ihrer Prüfungsbefugnisse.
7. Dem Gesetzgeber steht nach der Rechtsprechung des Bundesverfassungsgerichts und der primär objektiv-rechtlichen Auslegung der Rundfunkfreiheit ein weiter Gestaltungsspielraum für die positive Rundfunkordnung zu. Ausgestaltungsgesetze sind von Schrankengesetzen zu unterscheiden und nicht an Art. 5 Abs. 2 GG zu messen, da sie keinen Eingriff in subjektive Rechtspositionen enthalten. Grenze des Gestaltungsspielraums ist einerseits die Zweckbindung an die Rundfunkfreiheit. Die Regelungen müssen geeignet sein, diese zu wahren. Andererseits darf die Ausstrahlung privaten Rundfunks, sofern dieser zugelassen ist, nicht unmöglich gemacht werden. Kontrolldichte ist die Vertretbarkeitskontrolle.
8. Nach der subjektiv-rechtlichen Auslegung werden Ausgestaltungsgesetze entweder generell abgelehnt oder den Schranken des Art. 5 Abs. 2 GG und dem Verhältnismäßigkeitsgrundsatz unterzogen.
9. Der Verhältnismäßigkeitsgrundsatz kann nicht als Prüfungsmaßstab für Ausgestaltungsgesetze im Rahmen der Rundfunkfreiheit herangezogen werden, da er auf deren Funktion als dienende Freiheit nicht übertragbar ist, sondern auf die „klassische" Konstellation der Grundrechte als subjektiv-rechtliche Abwehrpositionen gegen staatliches Handeln ausgerichtet ist. Aus der Rechtsprechung des Bundesverfassungsgerichts kann als Maßstab einerseits die Zweckbindung an Art. 5 Abs. 1 S. 2 GG entnommen werden, andererseits die „Funktionsfähigkeit" privaten Rundfunks. Über die bloße Zweckbindung hinaus müssen die Maßnahmen jedoch auch geeignet sein, die Meinungsvielfalt wirksam zu sichern. Daher ist die abstrakte von der konkreten Geeignetheit, in die gewisse Wertungen einfließen, zu unterscheiden.
10. Die Bonusregelung ist zwar abstrakt, nicht jedoch konkret geeignet, die Meinungsvielfalt wirksam zu sichern. Aufgrund der Verknüpfung mit gesetzlichen Verpflichtungen wird deren Erfüllung durch die Erteilung von Bonuspunkten honoriert. Ein Spielraum bei der Bewertung durch die KEK bestand nach der Fassung des 6. Rundfunkstaatsvertrags nur minimal durch deren Interpretation des „angemessenen, mindestens bisherigen Umfangs".
11. Die Fassung des 7. Rundfunkstaatsvertrags schwächt die Bedeutung der Bonusregelungen für die Vielfaltsicherung noch mehr, da sie an die statische

Regionalfensterprogrammverpflichtung anknüpft und keinerlei Raum mehr für Bewertungen der KEK lässt.

12. Auch die Zuständigkeitsänderung des § 36 Abs. 2 des 7. Rundfunkstaatsvertrags, wonach die Landesmedienanstalten mit einer Mehrheit von ¾ eine Feststellungsentscheidung nach § 25 Abs. 4 RStV treffen, wirkt sich negativ auf die Vielfaltsicherung aus, da die Landesmedienanstalten nicht nur Feststellungen tatsächlicher Art treffen, sondern auch Wertungsaspekte in die zu treffende Entscheidung einfließen. Darüber hinaus ist es nicht nachvollziehbar, warum dieser Teilbereich der Kompetenzen der KEK entzogen wurde.
13. Die Bonusregelungen bewirken keine wirksame Vielfaltsicherung, sondern führen dazu, dass bei Vorliegen der Voraussetzungen de facto die 30 % - Grenze gilt. Diese Auswirkung der Bonusregelung ist nur dann verfassungsrechtlich unbedenklich, wenn in § 26 Abs. 1 RStV ein eigener Eingriffstatbestand zu sehen ist, der die Wirkungen der Bonusregelungen „abschwächen" bzw. „auffangen" kann.
14. Teilweise wird Abs. 1 nicht als eigener Eingriffstatbestand angesehen, da sich die Beurteilung „nach Maßgabe der folgenden Bestimmungen" richtet. Überwiegend und nach Ansicht der KEK ist dagegen in Abs. 1 ein eigener Eingriffstatbestand zu sehen, da Abs. 2 ausdrücklich nur Vermutungsregelungen enthält und die klassischen Auslegungsmethoden auf einen eigenen Eingriffstatbestand hindeuten. Außerdem ist insbesondere nach Einführung der Bonusregelungen aufgrund der verfassungsrechtlichen Bedenken eine verfassungskonforme Auslegung geboten.
15. Der Eingriffstatbestand des Abs. 1 kommt zum Tragen, wenn der tatsächliche Zuschaueranteil von vornherein unter 25 % liegt, nach Abzug von 2 % bzw. 5 % aufgrund des Eingreifens einer oder beider Bonusregelungen unter 25 % sinkt oder zwischen 25 % und 29,99 % liegt. Insoweit überschneidet sich das Anwendungsfeld mit dem der Vermutungsregelungen.
16. Im Rahmen des Eingriffstatbestandes des Abs. 1 können auch die Merkmale der Vermutungsregelungen des Abs. 2 herangezogen werden, da der Gesetzgeber nur insoweit einen Gestaltungsspielraum konkretisiert hat, nicht aber im Hinblick auf den materiell-rechtlichen Tatbestand. Das Wertungsgefüge des Abs. 2 ist jedoch zu berücksichtigen. Darüber hinaus können weitere relevante Anhaltspunkte, sowohl zugunsten als auch zulasten der Veranstalter, einbezogen werden. An die Voraussetzungen des Eingriffstatbestandes sind hohe Anforderungen zu stellen, um eine Aushöhlung der Vermutungsregelungen zu vermeiden.
17. Die Bonusregelungen sind in einigen Bereichen verbesserungswürdig: Es wäre sinnvoll, sie nicht an die Erfüllung einer gesetzlichen Verpflichtung zu knüpfen, sondern an freiwillige Leistungen der privaten Veranstalter. Das

würde einen Anreiz bieten, weitere vielfaltsichernde Maßnahmen durchzuführen. Ebenso wäre die Einräumung von Wertungsspielräumen der KEK zu begrüßen.

Studien zum deutschen
und europäischen Medienrecht

Herausgegeben von Dieter Dörr und Udo Fink
mit Unterstützung der Dr. Feldbausch Stiftung

Band 1 Peter Charissé: Die Rundfunkveranstaltungsfreiheit und das Zulassungsregime der Rundfunk- und Mediengesetze. Eine verfassungs- und europarechtliche Untersuchung der subjektiv-rechtlichen Stellung privater Rundfunkveranstalter. 1999.

Band 2 Dieter Dörr: Umfang und Grenzen der Rechtsaufsicht über die Deutsche Welle. 2000.

Band 3 Claudia Braml: Das Teleshopping und die Rundfunkfreiheit. Eine verfassungs- und europarechtliche Untersuchung im Hinblick auf den Rundfunkstaatsvertrag, den Mediendienste-Staatsvertrag, das Teledienstegesetz und die EG-Fernsehrichtlinie. 2000.

Band 4 Dieter Dörr, unter Mitarbeit von Mark D. Cole: *Big Brother* und die Menschenwürde. Die Menschenwürde und die Programmfreiheit am Beispiel eines neuen Sendeformats. 2000.

Band 5 Martin Stock: Medienfreiheit in der EU-Grundrechtscharta: Art. 10 EMRK ergänzen und modernisieren! 2000.

Band 6 Wolfgang Lent: Rundfunk-, Medien-, Teledienste. Eine verfassungsrechtliche Untersuchung des Rundfunkbegriffs und der Gewährleistungsbereiche öffentlich-rechtlicher Rundfunkanstalten unter Berücksichtigung einfachrechtlicher Abgrenzungsfragen zwischen Rundfunkstaatsvertrag, Mediendienstestaatsvertrag und Teledienstegesetz. 2001.

Band 7 Torsten Schreier: Das Selbstverwaltungsrecht der öffentlich-rechtlichen Rundfunkanstalten. 2001.

Band 8 Dieter Dörr: Sport im Fernsehen. Die Funktionen des öffentlich-rechtlichen Rundfunks bei der Sportberichterstattung. 2000.

Band 9 Dieter Dörr (Hrsg.): www.otello.de. Klassik nur noch im Internet oder per pay? Symposium aus Anlass des 85. Geburtstages von Professor Dr. Heinz Hübner. 2000.

Band 10 Markus Nauheim: Die Rechtmäßigkeit des Must-Carry-Prinzips im Bereich des digitalisierten Kabelfernsehens in der Bundesrepublik Deutschland. Illustriert anhand des Vierten Rundfunkänderungsstaatsvertrages. 2001.

Band 11 Stefan Sporn: Die Ländermedienanstalt. Zur Zukunft der Aufsicht über den privaten Rundfunk in Deutschland und Europa. 2001.

Band 12 Christian Ebsen: Fensterprogramme im Privatrundfunk als Mittel zur Sicherung von Meinungsvielfalt. 2003.

Band 13 Dieter Dörr / Stephanie Schiedermair: Rundfunk und Datenschutz. Die Stellung des Datenschutzbeauftragten des Norddeutschen Rundfunks. Eine Untersuchung unter besonderer Berücksichtigung der verfassungsrechtlichen und europarechtlichen Vorgaben. 2002.

Band 14 Dieter Dörr (Hrsg.): Rundfunk über Gebühr. Die Finanzierung des öffentlich-rechtlichen Rundfunks im Zeitalter der technischen Konvergenz. 3. Mainzer Mediengespräch. 2003.

Band 15 Dieter Dörr / Stephanie Schiedermair: Die Deutsche Welle. Die Funktion, der Auftrag, die Aufgaben und die Finanzierung heute. 2003.

Band 16 Frauke Blechschmidt: Das Instrumentarium audiovisueller Politik der Europäischen Gemeinschaft aus kompetenzrechtlicher Sicht. 2003.

Band 17 Christine Jury: Die Maßgeblichkeit von Art. 49 EG für nationale rundfunkpolitische Ordnungsentscheidungen unter besonderer Berücksichtigung von Art. 151 EG. Eine Untersuchung am Beispiel öffentlich-rechtlicher Spartenkanäle. 2005.

Band 18 Sabine Groh: Die Bonusregelungen des § 26 Abs. 2 S. 3 des Rundfunkstaatsvertrages. 2005.

www.peterlang.de

Kolibri 360 GmbH
Ferdinand-Jühlke-Straße 7
99095 Erfurt, Deutschland
produktsicherheit@kolibri360.de

Druck:
CPI Druckdienstleistungen GmbH
im Auftrag der
Kolibri 360 GmbH
Ferdinand-Jühlke-Str. 7
99095 Erfurt